bikeline

Was ist bikeline?

Wir sind ein Team von Redakteuren, Kartografen, Geografen und anderen Mitarbeitern, die allesamt begeisterte Radfahrerinnen und Radfahrer sind. Ins „Rollen" gebracht hat das Projekt 1987 eine Wiener Radinitiative, die begonnen hat, Radkarten zu produzieren. Heute tun wir dies als Verlag mit großem Erfolg. Mittlerweile gibt's bikeline® Bücher in fünf Sprachen und in vielen Ländern Europas.

Um unsere Bücher immer auf dem letzten Stand zu halten, brauchen wir auch Ihre Hilfe. Schreiben Sie uns, wenn Sie Unstimmigkeiten oder Änderungen in einem unserer Bücher entdeckt haben.

Wir freuen uns auf Ihre Rückmeldung (redaktion@esterbauer.com),

Ihre bikeline-Redaktion

Vorwort

Kamp, Thaya, March, Triesting, Gölsen, Piesting, Schwarza, Traisen, Donau, Pielach und Ybbs – diese Flüsse ebnen den Weg durch die beeindruckenden und zugleich abwechslungsreichen Landschaften Niederösterreichs. Auf verkehrsarmen Landstraßen, ruhigen Güterwegen und ausgebauten Radwegen fahren Sie durch Wälder und Wiesen, Flussauen und Hügelgebiete, die allesamt der Landschaft ihre einzigartige Form verleihen. Die eine oder andere Tour lockt mit hochkarätigen Sehenswürdigkeiten inmitten lebendiger Städte, historischen Plätzchen sowie erstklassigem Wein und kulinarischen Schmankerln bei einem zünftigen Heurigenbesuch.

Ob genussvoller Ausflug am Wochenende oder erlebnisreiche Mehrtagestour, hügeliges oder flaches Gebiet, Natur- oder Kulturliebhaber – das detailreiche Radtourenbuch hat mit seinen 14 Touren für jeden begeisterten Radler die richtige Route zu bieten.

Präzise Karten, zahlreiche Stadt- und Ortspläne, Hinweise auf das kulturelle und touristische Angebot der Region und ein umfangreiches Übernachtungs- und Serviceverzeichnis – in diesem Buch finden Sie alles, was Sie zu einer Radtour entlang der Flüsse Niederösterreichs brauchen – außer gutem Radlwetter, das können wir Ihnen nur wünschen.

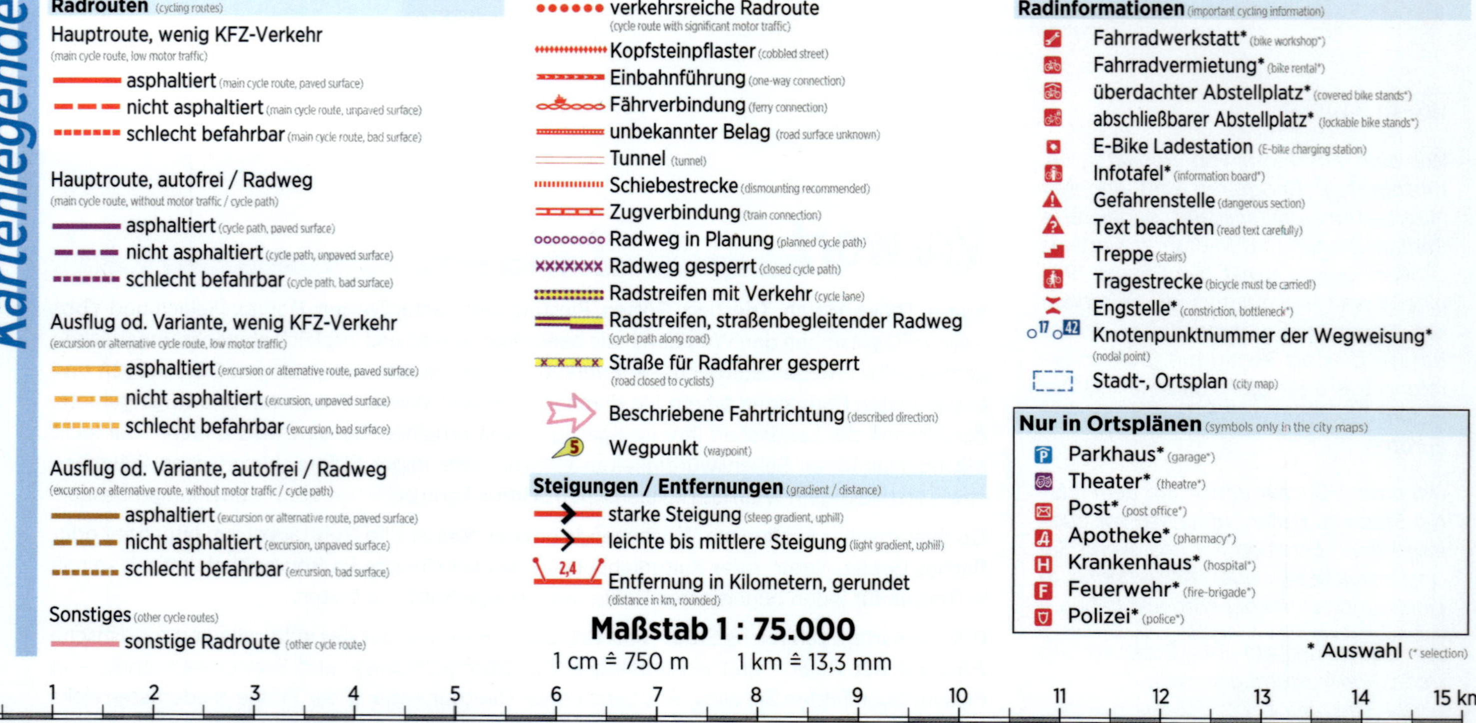
Kartenlegende
Radrouten (cycling routes)
Hauptroute, wenig KFZ-Verkehr
(main cycle route, low motor traffic)
asphaltiert (main cycle route, paved surface)
nicht asphaltiert (main cycle route, unpaved surface)
schlecht befahrbar (main cycle route, bad surface)
Hauptroute, autofrei / Radweg
(main cycle route, without motor traffic / cycle path)
asphaltiert (cycle path, paved surface)
nicht asphaltiert (cycle path, unpaved surface)
schlecht befahrbar (cycle path, bad surface)
Ausflug od. Variante, wenig KFZ-Verkehr
(excursion or alternative cycle route, low motor traffic)
asphaltiert (excursion or alternative route, paved surface)
nicht asphaltiert (excursion, unpaved surface)
schlecht befahrbar (excursion, bad surface)
Ausflug od. Variante, autofrei / Radweg
(excursion or alternative route, without motor traffic / cycle path)
asphaltiert (excursion or alternative route, paved surface)
nicht asphaltiert (excursion, unpaved surface)
schlecht befahrbar (excursion, bad surface)
Sonstiges (other cycle routes)
sonstige Radroute (other cycle route)
verkehrsreiche Radroute
(cycle route with significant motor traffic)
Kopfsteinpflaster (cobbled street)
Einbahnführung (one-way connection)
Fährverbindung (ferry connection)
unbekannter Belag (road surface unknown)
Tunnel (tunnel)
Schiebestrecke (dismounting recommended)
Zugverbindung (train connection)
Radweg in Planung (planned cycle path)
Radweg gesperrt (closed cycle path)
Radstreifen mit Verkehr (cycle lane)
Radstreifen, straßenbegleitender Radweg
(cycle path along road)
Straße für Radfahrer gesperrt
(road closed to cyclists)
Beschriebene Fahrtrichtung (described direction)
5
Wegpunkt (waypoint)
Steigungen / Entfernungen (gradient / distance)
starke Steigung (steep gradient, uphill)
leichte bis mittlere Steigung (light gradient, uphill)
2,4
Entfernung in Kilometern, gerundet
(distance in km, rounded)
Maßstab 1 : 75.000
1 cm ≙ 750 m
1 km ≙ 13,3 mm
Radinformationen (important cycling information)
Fahrradwerkstatt* (bike workshop*)
Fahrradvermietung* (bike rental*)
überdachter Abstellplatz* (covered bike stands*)
abschließbarer Abstellplatz* (lockable bike stands*)
E-Bike Ladestation (E-bike charging station)
Infotafel* (information board*)
Gefahrenstelle (dangerous section)
Text beachten (read text carefully)
Treppe (stairs)
Tragestrecke (bicycle must be carried!)
Engstelle* (constriction, bottleneck*)
17
42
Knotenpunktnummer der Wegweisung*
(nodal point)
Stadt-, Ortsplan (city map)
Nur in Ortsplänen (symbols only in the city maps)
Parkhaus* (garage*)
Theater* (theatre*)
Post* (post office*)
Apotheke* (pharmacy*)
Krankenhaus* (hospital*)
Feuerwehr* (fire-brigade*)
Polizei* (police*)
* Auswahl (* selection)
0
1
2
3
4
5
6
7
8
9
10
11
12
13
14
15 km

Sehenswertes / Einrichtungen (sights of interest / facilities)

Kirche; Kapelle (church; chapel)
Kloster (monastery/convent)
Synagoge; Moschee (synagogue; mosque)
Schloss, Burg; Ruine (palace, castle; ruin)
Turm; Leuchtturm (tower; lighthouse)
Wassermühle; Windmühle (watermill; windmill)
Kraftwerk (power station)
Bergwerk; Höhle (mine; cave)
Flughafen; Denkmal (airport; monument)

sonstige Sehenswürdigkeit (other sight of interest)
Museum (museum)
Ausgrabungen; röm. Objekte (excavations; roman site)
Tierpark; Natur-Information (zoo; nature info)
Naturschutzgebiet, -denkmal (nature reserve, monument)
sonstige Natursehenswürdigkeit (natural sight of interest)
Aussichtspunkt* (panoramic view*)
Tourist-Information; Gasthaus* (tourist information; restaurant)
Unterkunft; Jugendherberge (hotel, guesthouse; youth hostel)
Camping-; Naturlagerplatz* (camping site; simple tent site*)
Einkaufsmöglichkeit*; Kiosk* (shopping facility*; kiosk*)
Rastplatz*; Unterstand* (picnic tables*; covered stand*)
Freibad; Hallenbad (outdoor pool; indoor pool)
Naturbad; Thermal-; Erlebnisbad (natural pool; thermal baths; waterpark)

Brunnen*; Parkplatz* (drinking fountain*; parking lot*)
Schönern sehenswertes Ortsbild (picturesque town)
Einrichtung im Ort vorhanden (facilities available)

Topographische Informationen (topographic information)

Kirche; Kapelle (church; chapel)
Kloster (monastery)
Synagoge; Moschee (synagogue; mosque)
Schloss, Burg; Ruine (palace, castle; ruins)
Turm; Leuchtturm (tower; lighthouse)
Wassermühle; Windmühle (windmill; water mill)
Kraftwerk; Solaranlage (power station; solar power station)
Bergwerk; Höhle (mine; cave)
Denkmal; Hügelgrab (monument; burial mound)
Flughafen; Flugplatz (airport; airfield)

Windkraftanlage (windturbine)
Funk- und Fernsehanlage (TV/radio tower)
Umspannwerk, Trafostation (transformer station)
Wegkreuz; hist. Grenzstein (wayside cross; boundary stone)
Sportplatz, Stadion (playing field, stadium)
Golfplatz; Tennisplatz (golf course; tennis courts)
Schiffsanleger; Schleuse (boat landing; sluice/lock)
Quelle; Kläranlage (natural spring; wastewater treatment plant)
Staatsgrenze mit Übergang (international border crossing)
Landesgrenze (country border)
Kreis-, Bezirksgrenze (district border)
Naturschutzgebiet, Naturpark, Nationalpark (nature reserve, national park)
Truppenübungsplatz, Sperrgebiet (prohibited zone)
Höhenlinie 100m/50m (contour line)

Autobahn; Schnellstraße (motorway/freeway; expressway)
Fernverkehrsstraße (highway)
Hauptstraße (main roads)
untergeordnete Hauptstraße (secondary main road)
Nebenstraße; Fahrweg (secondary road; side street/access road)
Weg; Fähre (track; ferry)
Straße geplant/in Bau (road planned/under construction)
Eisenbahn/Bahnhof; S-Bahnhof (railway/station; suburban station)
Eisenbahn stillgelegt; geplant (railway disused; planned)
Schmalspurbahn (narrow gauge railway)
Bergbahn; Seilbahn (mountain railway; cable car)
Wald; Parkanlage (forest; park)
Sumpf; Heide (marsh/bog; heath)
Weinbau; Gartensiedlung* (vineyards; allotment gardens*)
Steinbruch, Tagebau* (quarry, open cast mine*)
Friedhof; Düne, Strand (cemetery; dunes, beach)
Watt; Gletscher (tidal flats; glacier)
Felsen; Geröll (rock, cliff; scree)
Gewächshäuser*, Plantage* (greenhouses*, plantation*)
Gewerbe-, Industriegebiet (commercial/industrial area)
Siedlungsfläche; öffentl. Gebäude (built-up area)
Stadtmauer, Mauer (defensive wall, wall)
Damm, Deich (embankment, dike)
Kanal (canal)
Fluss/Staumauer/See (river/dam/lake)

Inhalt

Stadtpläne

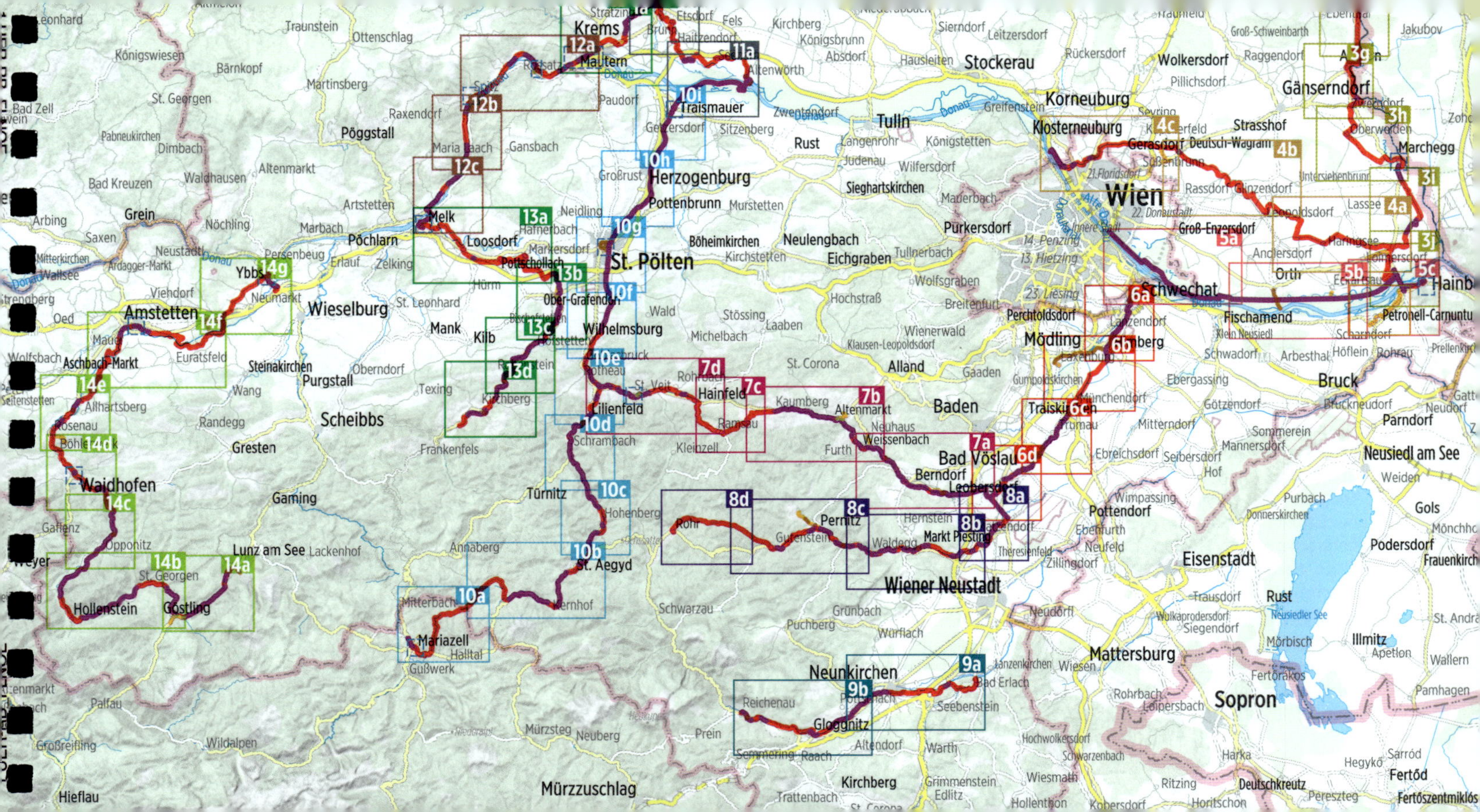

Krems
12a
Mautern
11a
Stockerau
Korneuburg
Gänserndorf
3g
3h
Marchegg
12b
10i
Traismauer
Tulln
Klosterneuburg
4c
Strasshof
Gerasdorf
Deutsch-Wagram
4b
Pöggstall
Maria Laach
Gansbach
Rust
10h
Herzogenburg
12c
Wien
3i
Lassee
4a
Grein
Melk
13a
Pottenbrunn
Murstetten
Sieghartskirchen
Purkersdorf
Groß-Enzersdorf
5a
3j
Pöchlarn
Loosdorf
10g
St. Pölten
Böheimkirchen
Neulengbach
Eichgraben
5b
5c
Orth
Hainburg
Ybbs
14g
Persenbeug
Wieselburg
13b
10f
Ober-Grafendorf
Wilhelmsburg
Hochstraß
6a
Schwechat
Fischamend
Petronell-Carnuntum
Amstetten
14f
Mank
Kilb
13c
Mödling
6b
Aschbach-Markt
Euratsfeld
Steinakirchen
Purgstall
10e
Stössing
Laaben
Alland
Bruck
14e
13d
7d
7c
Hainfeld
7b
Kaumberg
Altenmarkt
Baden
6c
Traiskirchen
Scheibbs
Frankenfels
Kirchberg
Lilienfeld
10d
Parndorf
14d
Gresten
Weissenbach
7a
6d
Bad Vöslau
Berndorf
Neusiedl am See
Waidhofen
Gaming
Türnitz
10c
8d
8c
Pernitz
8a
Leobersdorf
Pottendorf
14c
8b
Markt Piesting
Opponitz
Lunz am See
Lackenhof
Annaberg
10b
St. Aegyd
Waldegg
Wiener Neustadt
Eisenstadt
14b
14a
Hollenstein
Göstling
10a
Mitterbach
Kernhof
Mariazell
Gußwerk
Schwarzau
Mattersburg
9a
Neunkirchen
9b
Reichenau
Gloggnitz
Seebenstein
Sopron
Mürzzuschlag
Kirchberg
Hieflau

bikeline®-Radtourenbuch
Niederösterreich

A-3751 Rodingersdorf, Hauptstr. 31
Tel.: +43/2983/28982-0, Fax: -500
E-Mail: bikeline@esterbauer.com
www.esterbauer.com
3. überarbeitete Auflage, Sommer 2022
ISBN 978-3-7111-0076-4
Bitte geben Sie bei jeder Korrespondenz die ISBN an!

Dank an alle, die uns bei der Erstellung dieses Buches tatkräftig unterstützt haben.

Das *bikeline*-Team: Birgit Albrecht-Walzer, Katrin Baumhauer, Beatrix Bauer, Michael Binder, Veronika Bock, Petra Bruckmüller, Roland Esterbauer, Dagmar Güldenpfennig, Martina Kreindl, Gregor Münch, Mario Nakić, Karin Neichsner, Carmen Paradeiser, Amélie Pommier, Manuel Randa, Petra Schartner, Sonja Schleifer, Christian Thoren, Isabella Tillich, Martin Trippmacher, Carina Winkelhofer, Martin Wischin, Wolfgang Zangerl

Umschlagbilder: Bild gr.: © marteck - fotolia; Bild kl. oben: © Zechal - fotolia; Bild kl. unten: © roboroborob - fotolia
Bildnachweis: © Ansichtssache - fotolia: 12; © awfoto - fotolia: 58; Birgit Albrecht-Walzer: 74, 76, 91, 94; © borisb17 - fotolia: 118; © brauma_at - fotolia: 9; © Christian Camus - fotolia: 110; DerHHO - Wikimedia Commons: 155; © eirwen - fotolia: 104; © fotogerstl - fotolia: 142; © Freesurf - fotolia: 140; © Gina Sanders - fotolia: 70; © grafxart - fotolia: 82; © Herbert - fotolia: 107; © Hulli - fotolia: 64; © imagine.iT - fotolia: 158; © karaka14 - fotolia: 31; © Karl Lugmayer - fotolia: 18, 50; Krems Tourismus, Gregor Semrad: 131; © krokotraene315 - fotolia: 148; © LianeM - fotolia: 124, 135; Michael Bernhard: 138; mdworschak - stock.adobe.com: 154; MG Persenbeug-Gottsdorf: 159; Matthias Thal: 149; ÖBf AG: 84; © PHB.cz - fotolia: 24; © photo 5000 - fotolia: 120; © reichhartfoto - fotolia: 48; © Renáta Sedmáková - fotolia: 113; © robert1717 - fotolia: 151; © Schlitzohr086 - fotolia: 38; © Steve Haider - Fotolia: 134; © tschecki - fotolia: 116; © TTstudio - fotolia: 90; Verinika Bock: 63; © visualpower - fotolia: 44; © Waldviertel Tourismus, Christoph Kerschbaum, www.ishootpeople.at: 28, 30; © Wolfgang - fotolia: 144; © Zechal - fotolia: 123, 128

Kartographie erstellt mit axpand (www.axes-systems.com)

Wetterfest und robust!

Für die Innenseiten dieses Buches haben wir uns etwas Besonderes einfallen lassen. Die Seiten bestehen aus hochwertigem Landkartenpapier, welches mit einer robusten und wasserabweisenden Beschichtung versehen wurde. Somit übersteht es unbeschadet auch mal ein Regenwetter. Bitte beachten Sie: wetterfest und wasserabweisend bedeutet nicht wasserfest! Die Seiten sind gut gegen Spritzwasser geschützt und kleben, wenn sie feucht werden, nicht aneinander. Dennoch darf das Buch nicht komplett durchnässt werden.
Bitte verwenden Sie bei Dauerregen zusätzlich einen Regenschutz.

Leobersdorf

Vorwahl: 02256

Marktgemeinde, Rathauspl. 1, ✆ 62396, @ axp747

LEUM - Lichtmuseum & mehr, Liese Prokop Pl. 1, ✆ 63671 Wissenswertes über die Sammlung alter Beleuchtungskörper und die Leobersdorfer Ortsgeschichte. Filme, Hörstationen und Angebote zur Sinneswahrnehmung (Fühlen und Riechen) machen den Museumsbesuch zu einem einzigartigen Erlebnis. @ rle866

Generationenpark, Robert Stolz G. Neben Spaß und Spannung für Kinder bietet der Park auch Erholung und Entspannung für Erwachsene an. @ xkh341

900 m
800 m
700 m
600 m
500 m
400 m
300 m
200 m
100 m
0 km 10 km 20 km 30 km 40 km 50 km
1 Leobersdorf
Böhler
2 Sollenau
Felixdorf
Steinabrückl
Wöllersdorf
3 Markt Piesting
Ober-Piesting
4 Waldegg
Oed
Quarb
5 Pernitz
Blättertal
6 Gutenstein
Steinapiesting
Wieser
Haselrast
Klauswirt
7 Rohr

Erlebnisbad, Obere Grabeng. 18, ✆ 62723, @ wgx537

Wellnessoase, Obere Grabeng. 18, ✆ 63225. Sauna, Dampfbad und Tepidarium. @ lvw641

PLANUNG

1 Diese Tour startet am Wiener Neustädter Kanal bei Leobersdorf und beim Schönauer Teich.

2 Sollenau

Felixdorf

Freibad, Badg., ✆ 02628/6371134, @ dum347

Wöllersdorf-Steinabrückl

Gemeindeamt, Marktzentrum 1, ✆ 02633/43000, @ yns284

Das Dorf des Welan, Staudiglg. 4-6, ✆ 02633/4300 Sehenswert: Steinzeitgräber, Bronzezeitfunde, Keltensiedlung- und gräber, frühgeschichtliche Siedlung. @ wae584

Tatra Museum, Leopold Lehner Str. 5, ✆ 02622/43298 Die Tatra-Sammlung bietet Einblick in die Fahrzeugtypologie. Des Weiteren werden Autos, Motorräder und zeitgenössisches Zubehör ausgestellt. @ lsa873

Höhlturm, Höhlturmweg 24 Der Turm wurde im 15. Jh. erbaut und

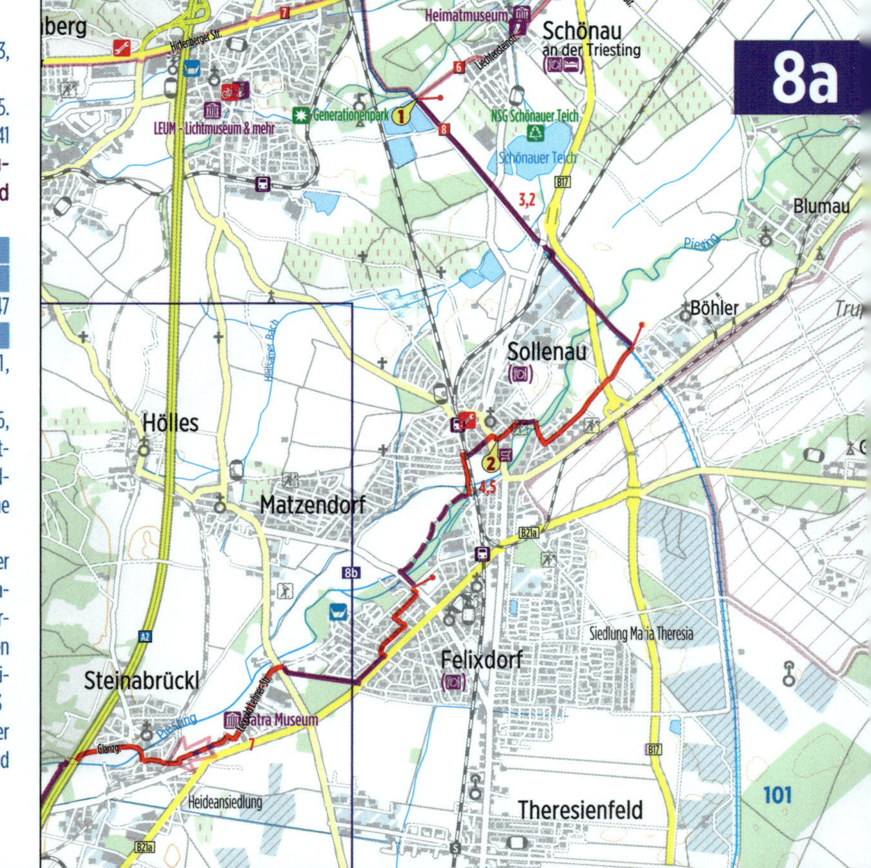

8b
Hernstein
Aigen
Schloss Hernstein
Pechermuseum
Hölles
Vordere Mandling
925
Alkersdorf
Markt Piesting
Oed
Waldegg
Wopfing
Mühltal
Ober-Piesting
Steinabrückl
Wöllersdorf
Alpaka Erlebnis & Zirbe
Heimatmuseum
Peisching
Baumgarten
Einsiedlerklause
Das Dorf des Welan
Höhlturm
Heideansiedlung
Fischaberg
Dreistetten
Einhornhöhle
Malleitenberg
560
Dürnbach
Herrgottschnitzerhaus
Villenkolonie
Waldegger Haus
Hanselsteighaus
Felbring
Muthmannsdorf
Kohlröserlhaus
102
Almfrieden
Kalkofen
St. Peter im Moos
Größenberg
605
Kristalltherme
Bad Fischau
Bromberg
1080
Stollhof
Gaaden
Eisensteinhöhle
Postl
B21
B21a
A2
8a
8c
4,2
1,4
1,2
3,4
Piesting

8c
Thal
Kreuth
Karnerwirt
Hausstein
669
809
Muggendorf
Myrafälle
Purbach
4
Feichtenbach
ehem. Erholungsheim
Geyer
Geyersattel
Luckerter Stein
Pernitz
Petersberg
Pfarrkirche
5
Ortmann
Matzingtaler Höhe
945
8d
9
Steinapiesting
Hohe Mandling
965
Franz-Hofer-Str.
Ferdinand-Raimund-Str.
5,2
Schallhof
Kl. Kitzberg
614
3,8
8b
Blättertal
B21
Neusiedl
Gr. Kitzberg
772
Bernhuberhütte
Gutenstein
Quarb
Reichental
Oed
Waldbauernmuseum
Raimundmuseum
6
Raimundspiele
Vorderbruck
2,6
4,2
Waidmannsfeld
Steinbach
Wallfahrtskirche
Servitenkloster
Mariahilfberg
Waidmannsbach
Fröhnberg
Großer Neukogel
1055
103
Dürnbach

Myrafälle Muggendorf

diente der Bevölkerung als Schutz vor Räuberbanden und zur Sicherung einer unterirdischen Höhle, die auch begehbar ist. @ orm642

3 Markt Piesting

Vorwahl: 02633

- **Gemeindeamt**, Marktpl. 1, ☎ 42241, @ efn747
- **Heimatmuseum**, Marktpl., ☎ 0699/19082334 Ⓒ Ausgestellt sind historische Werkzeuge, Alltagsgegenstände und Kriegsrelikte. @ qxv242
- **Waldbad**, Bocksbachg. 13, ☎ 42437, ☎ 0664/88231681. Umringt von Föhrenwäldern zählt das Freibad zu den schönsten in Niederösterreich. @ chn617

Ober-Piesting (Waldegg an der Piesting)

Wopfing (Waldegg an der Piesting)

AUSFLUG 4 Um die exotischen Tiere der Alpaka Erlebniswelt zu entdecken, fahren Sie nach rechts über die Bahngleise und kurz darauf wieder nach links.

4 Waldegg an der Piesting

Vorwahl: 02633

- **Gemeindeamt**, Nr. 246, ☎ 42285, @ gbq152
- **Alpaka Erlebnis & Zirbe**, Waldegg 111b, ☎ 0676/5259930, ☎ 0676/5204209 Ⓖ Ⓒ In der Alpaka Erlebniswelt erfahren Sie näheres zur Zucht der Tiere. Zudem entdecken Sie im Hofladen verschiedenste Produkte; u.a. das Alpaka-Vlies, das zu den wertvollsten und edelsten Naturfasern zählt. @ rio141
- **Freibad**, Waldegg 28, @ hgl878

Oed (Waldegg)

Reichental (Waldegg)

Quarb (Pernitz)

Ausflug zu den Myrafällen 4 km

AUSFLUG 5 In Pernitz angelangt geht es ein Stückchen bergauf – also treten Sie in die Pedale – denn die Anstrengung lohnt. Das Naturdenkmal Myrafälle ist ein atemberaubendes Naturspektakel und gilt als wahre Kraftquelle für Körper und Seele.

Muggendorf

Vorwahl: 02632

- **Gemeindeamt**, Hauptstr. 1, ☎ 74330, @ lcn448
- **Myrafälle**, Myrafälle 1, ☎ 74955. Erfahren Sie anhand von Informationstafeln Interessantes entlang der Wander- und Wasserwelt Myrafälle und kommen Sie dabei in den Genuss der eindrucksvollen Landschaft. @ fus122

5 Pernitz

Vorwahl: 02632

- **Gemeindeamt**, Gentschg. 1, ☎ 72220, @ xmb878
- **Pfarrkirche**, Hauptstr. 79, ☎ 72373. Die sehenswerte Kirche besteht aus einem sechseckigen Hauptraum, der von 1969-70 von Architekt Georg Lippert errichtet wurde. @ ddf373
- **Luckerter Stein**. Das Naturdenkmal ist eine einzigartige Felsbildung bzw. Kalksteinformation auf einem Hügel nördlich des Ortes. @ rof146

Blättertal (Gutenstein)

Vorderbruck (Gutenstein)

6 Gutenstein

Vorwahl: 02634

- **Marktgemeindeamt**, Markt 100, ☎ 7220, @ ccs118
- **Raimundmuseum und Gedenkstätte**, Hauptstr. 21, ☎ 7509 Ⓖ Ⓒ Ausstellung persönlicher Gegenstände, diverse Abbildungen auf Marken, Papiergeld und Münzen sowie Literatur von und über Raimund. @ ycr132
- **Waldbauernmuseum**, Markt 31, Alte Hofmühle, ☎ 7313, ☎ 0676/7370454 Ⓖ Erfahren Sie Wissenswertes über das bäuerliche Kulturgut des oberen Piestingtals. @ sux113

Wallfahrtskirche und Servitenkloster, Mariahilfberg, ✆ 7263 (7d) Die Kirche mit dem angebauten Kloster ist ein berühmter Wallfahrtsort im südlichen Niederösterreich. Ebenso sind ein Kreuzweg mit heiligem Grab, eine Einsiedelei, sakrale Kleindenkmäler und einige profane Bauten vorhanden. @ irt331

Raimundspiele, Markt 100, ✆ 0676/840023205, ✆ 0676/840023200, @ ans463

Freibad, Hauptstr. 86, ✆ 7220

ANSTIEG Von Gutenstein bis kurz nach Wieser steht ein schweißtreibender Abschnitt bevor. Genügend Kondition für die starke, anhaltende Steigung ist wünschenswert.

Steinapiesting (Gutenstein)

7 Rohr im Gebirge

Vorwahl: 02667

Gemeindeamt, Nr. 24, ✆ 8201, @ pds815

Kirche St. Ulrich, ✆ 258. Die heutige Pfarrkirche wurde 1878/79 erbaut. @ glt717

Rohr im Gebirge liegt in einem Gebirgskessel in den wasserdurchlässigen Kalkalpen. Der Talboden war einst von Flussschlingen durchzogen, die Wiesen waren versumpft, starker Schilfwuchs zeichnete dieses Tal aus. Von dieser hier gut gedeihenden Pflanzenart bekam Rohr im Gebirge seinen Namen.

Tour 9 Schwarzatal-Radweg 37,1 km

HM/km: ↗ 6,5 (241m) ↘ 1,7 (64m) Radweg: 34 % Unbefestigt: 1 % Verkehr: 0 %

Der Radweg entlang der klaren Schwarza ist ein einmaliger Ausflug in die Geschichte der Region der Wiener Alpen. Die süd-alpine Landschaft am Fuße der Raxalpe von der Ebene des Steinfeldes rund um Bad Erlach führt durch Föhrenwälder und bietet einen schönen Blick auf den Schneeberg bis zum Beginn des Höllentales. Dort befindet sich die schmalspurige, elektrisch betriebene Höllentalbahn, die seine Gäste von Reichenau nach Hirschwang bringt.

Der Schaugarten in Pitten ist die zweitgrößte Rosengartenanlage Niederösterreichs und bietet einen beeindruckenden Querschnitt an Arten und Sorten. Zahlreiche Museen in Neunkirchen, Gloggnitz und Payerbach laden zu einem Besuch. Am Zielort in Reichenau befindet sich die erste Hochgebirgsbahn Europas – die landschaftsprägende Semmeringeisenbahn, die die UNESCO zum Weltkulturerbe erklärte.

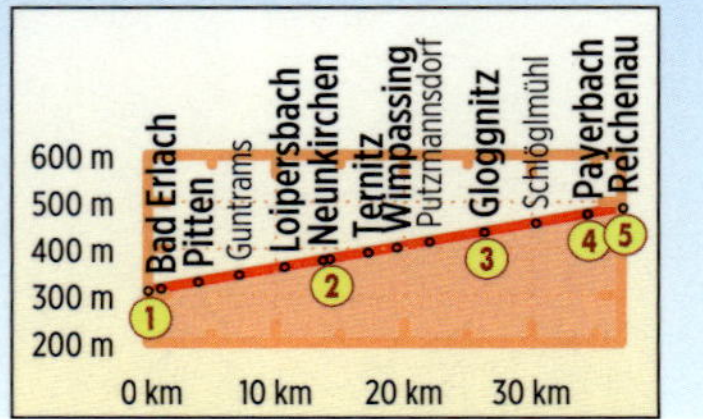

Charakteristik

Start: Bad Erlach

Ziel: Reichenau an der Rax

Wegbeschaffenheit: Die Tour verläuft ausschließlich auf asphaltierten Radwegen und verkehrsarmen Straßen.

Verkehr: Der Radweg führt großteils auf ruhigen Radwegen und Straßen dahin.

Beschilderung: Schwarzatal-Radweg

Steigungen: Die Tour führt sanft bergauf, mit einer kräftigeren Steigungen bei Pitten.

Schwierigkeitsgrad: mittel

An- und Abreise: Bhf Bad Erlach, Bhf Payerbach-Reichenau

Aussicht auf den Schneeberg

1 Bad Erlach

Vorwahl: 02627

- **Erlebnisregion Bucklige Welt**, Fabriksg. 1, ✆ 0676/842215440, @ hfa813
- **Marktgemeindeamt**, Fabriksg. 1, ✆ 48214, @ ohs167
- **Therme Linsberg Asia**, Thermenpl. 1, ✆ 48000. Der großzügige Thermalbad- sowie Spa-Bereich bietet auf rund 15.000 m² Gästen ab 16 Jahren genügend Erholung. @ thr212

Pitten

Vorwahl: 02627

- **Marktgemeindeamt**, Marktpl. 1, ✆ 82212, @ bmm431
- **PIZ1000 - Pittener Regionsmuseum**, Wiener Neustädter Str. 24, ✆ 82212, ✆ 0664/1668067 Themen: Besiedelung, Geologie und Industrialisierung. Entlang der fünf Stationen des Historienpfades, der direkt am Museum vorbeiführt, erfahren Sie Informatives der vergangenen 3500 Jahre. @ emm611
- **Berg- und Felsenkirche**, Alleeg. 57, ✆ 82229, ✆ 21014, ✆ 0664/1668097 Die Pittener Pfarrkirche ist aufgrund der besonderen Lage und der 900 Jahre alten Felsenmalereien weithin bekannt. Führung: Ostern-Okt. Fr, 16 Uhr, @ eub658
- **Burg Pitten**, Bergstr. 37. Die ehem. Burg wird in der Klage des Nibelungenliedes, ein mittelalterlicher Heldenepos auf Mittelhochdeutsch, genannt und wurde 1884 zu einem Jagdschloss umgestaltet. Besichtigung von außen möglich; ca. 15 Min. Gehzeit entlang des markierten Weges.
- **Rosengarten**, Alleeg. 57, ✆ 0664/5257940 Der Garten gilt als Niederösterreichs zweitgrößte Rosengartenanlage und befindet sich vor dem barocken Pfarrhof des Ortes. Auf einer

Fläche von 1.600 m² entdecken Sie großzügig angelegte Rosenbeete, einen Pavillon, Rosenbögen mit Steinbänken u.v.m. @ qoo168

Schlossbad, Obere Feldstr., ✆ 82412, @ mej366

Schwarzau am Steinfeld

Gemeindeamt, Neunkirchner Str. 107, ✆ 02627/82346, @ mom755

Guntrams (Schwarzau am Steinfeld)

Gut Guntrams, Guntrams 11, ✆ 83333, ✆ 0676/7003117 Auf rund 3,6 ha befindet sich ein Schaugarten mit Streuobstwiesen, Eichen und Wildpflanzen. Die reifen Erntefrüchte werden zu Säften, Marmeladen und pikanten Saucen veredelt. Im Obstgarten befindet sich das Open-Air Museum Kristallgarten mit glitzernden Kristallen, seltenen Edelsteinen und versteinertem Holz. @ wrb633

Natschbach-Loipersbach

INS ZENTRUM: Zum Hauptplatz von Neunkirchen geht's entlang der Postgasse am Radfahrstreifen (nicht in der Karte eingezeichnet). Dieser darf im Bereich der Einbahn nur in Richtung Hauptplatz (gegen die Einbahnrichtung) befahren werden.

TIPP: Das Erholungsgebiet im Stadtpark können Pedalritter entlang des Raimundweges durchqueren.

2 Neunkirchen

Vorwahl: 02635

Stadtgemeindeamt, Hauptpl. 1, Rathaus, ✆ 6010, @ rhq423

Städtisches Museum, Stockhammerg. 13, ✆ 61147, ✆ 0676/83601201, ✆ 0676/83601600 Bereits im Jahr 1910 hielt der Lehrer Heinrich Moses eine Ausstellung ab, auch die damaligen Pläne der Museumserrichtung gingen auf ihn zurück. Themen: geologisch-paläontologische Sammlung sowie ur- und frühgeschichtliche Sammlung. @ akj771

Stadtpfarrkirche, Kircheng. 10, ✆ 62485. Die Kirche ist baulich mit dem Minoritenkloster verbunden und steht unter Denkmalschutz. @ sag684

Märkte in der Innenstadt. Bauernmarkt am Holzplatz, Italia Markt sowie Antik- und Sammlermarkt am Hauptplatz.

Stadtpark, ✆ 60140 Der 7,5 ha große Park lädt mit seinem Kneippweg und einem Energie-Labyrinth zum Kräfte tanken ein. @ oki173

Erholungszentrum, Am Erholungszentrum 8, ✆ 62408. Die 30.000 m² große Anlage bietet ein Hallenbad mit Sauna und Massageräumen, ein Freibad, eine Minigolfanlage, ein Beach-Volleyballplatz u.v.m. @ bnu565

Ternitz

Vorwahl: 02630

Stadtgemeindeamt, Hans-Czettel-Pl. 1, ✆ 38240, @ flh832

Stahlstadtmuseum, Werkstr. 2, ✆ 3824034 Themen: Entwicklungsgeschichte des Ortes, Geschichte der Schoeller-Bleckmann Stahlwerke, wechselnde Sonderausstellungen (2-3 Mal jährlich). @ cky358

Erlebnisparkbad blub, Brückeng. 2, ✆ 38400. Das 2.000 m² große Sport- und Erholungsgebiet bietet optimale Abkühlung an schweißtreibenden Tagen. @ qqj232

Blindendorf (Ternitz)

Wimpassing im Schwarzatale

3 Gloggnitz

Vorwahl: 02662

Stadtgemeindeamt, Sparkassenpl. 5, ✆ 424010, @ xch462

Brot & Mühle, Hauptstr. 49, ✆ 02622/8250030, ✆ 0676/9385254 In der ehem. Kunstmühle erfahren Sie Wissenswertes über die Geschichte und Technik um unser täglich Brot. @ xro784

Renner-Museum, Rennerg. 2, ✆ 42498 Das Museum für Zeitgeschichte befindet sich im Garten der ehem. Villa von Dr. Karl Renner. Ausstellungen: Karl Renner – vom Bauernsohn zum Bundespräsidenten; Österreich vom Vielvölkerstaat zur EU; Die Frauen der Republik; Das Epochenahr 1917; Karl Renner in der politischen Karikatur. @ oar831

Schlöglmühl (Payerbach)

4 Payerbach

Vorwahl: 02666

Tourismusbüro, Ortspl. 7, ✆ 0266/5242312, ✆ 0660/2516160, @ fyp321

Feuerwehrmuseum, Dr. Eduard-Comount Str., ✆ 52277, ✆ 0676/5367697, ✆ 0676/9454662 Das Museum vermittelt einen Überblick über die Entstehung der Freiwilligen Feuerwehr

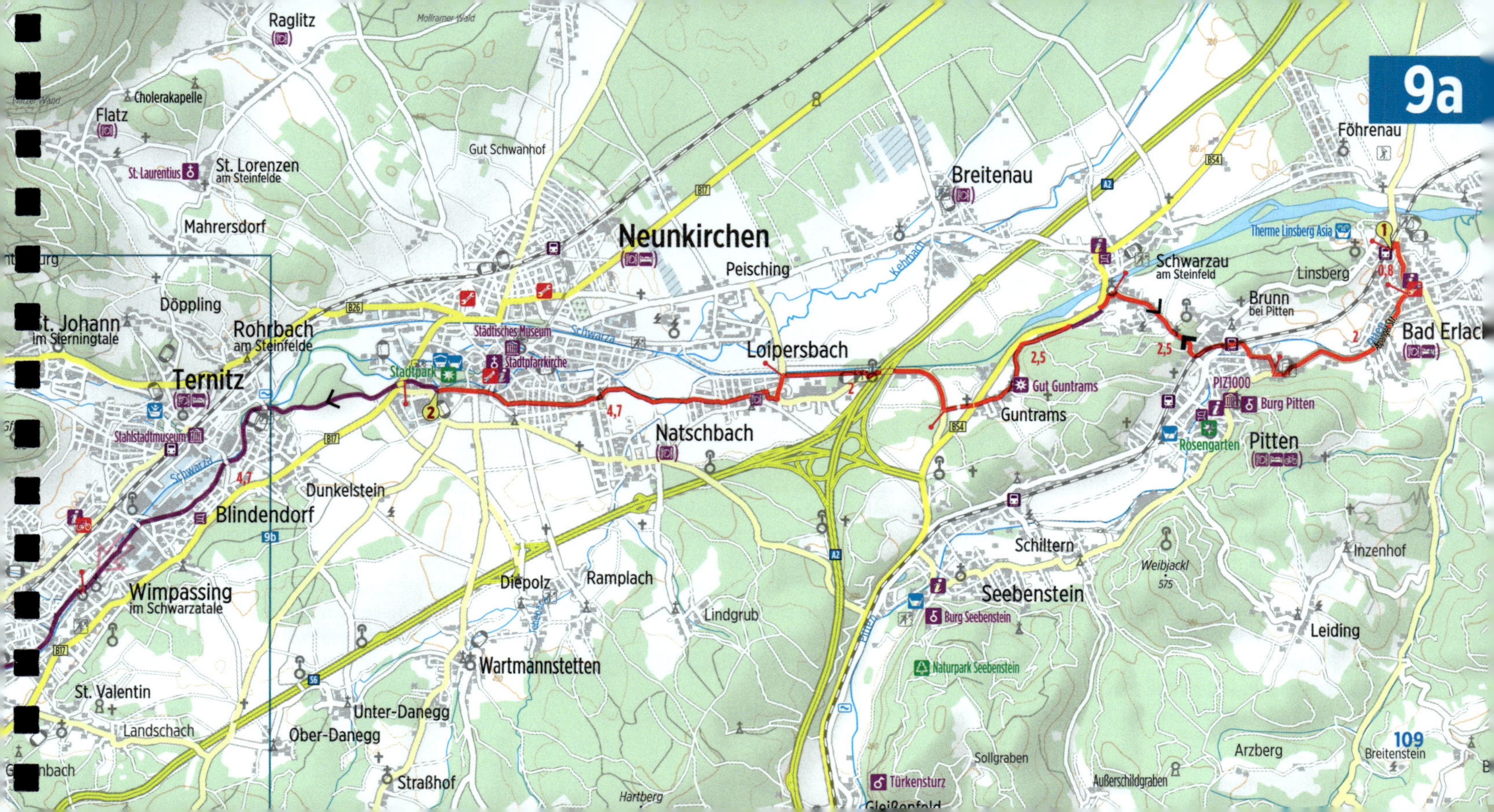

9a
Raglitz
Flatz
Cholerakapelle
St. Laurentius
St. Lorenzen am Steinfelde
Mahrersdorf
Gut Schwanhof
Neunkirchen
Breitenau
Föhrenau
Peisching
Schwarzau am Steinfeld
Therme Linsberg Asia
Linsberg
Brunn bei Pitten
Bad Erlach
Döppling
St. Johann im Sierningtale
Rohrbach am Steinfelde
Ternitz
Städtisches Museum
Stadtpfarrkirche
Stadtpark
Loipersbach
Gut Guntrams
Guntrams
PIZ1000
Burg Pitten
Rosengarten
Pitten
Natschbach
Stahlstadtmuseum
Schwarza
Dunkelstein
Blindendorf
Wimpassing im Schwarzatale
Diepolz
Ramplach
Lindgrub
Schiltern
Seebenstein
Burg Seebenstein
Naturpark Seebenstein
Weibjackl
575
Inzenhof
Leiding
Wartmannstetten
St. Valentin
Landschach
Unter-Danegg
Ober-Danegg
Straßhof
Hartberg
Türkensturz
Sollgraben
Außerschildgraben
Arzberg
109
Breitenstein
4,7
4,7
2,5
2,5
2
2
0,8
1
2
9b
A2
B17
B26
B54
S6

Semmeringeisenbahn und Viadukt

Payerbach und über die Geschichte des Brandschutzes der Region. @ hfl813

Museumspark, Bahnhofpl. 1, ✆ 52611. Hier befinden sich historisch interessante Verkehrsmittel: die Semmeringlokomotive mit historischem Wasserkran, die älteste Schmalspur-E-Lok Österreichs sowie einige historische Transportmittel. @ cgv815

Pavillon im Payerbacher Park, Ortspl. Hier finden der Jakobikirtag (Juli), das Weltkulturerbefest (Mai-Okt.) und die Jakobimärkte (1. Sa des Monats) statt. Sehenswert ist der Pavillon aufgrund seines eingeschwungenen Zeltdaches und seiner Glockentürmchen. @ iie868

Freibad, Dr. Eduard-Coumont-Str. 4, ✆ 0699/10494649. Das Freibad befindet sich zwischen dem Park und dem Pavillon inmitten der schönen Bergkulisse. @ ghs515

5 Reichenau an der Rax

Vorwahl: 02666

Tourismusbüro, Hauptstr. 63, ✆ 52865, @ ura326

Schloss Reichenau, Schlosspl. 9, ✆ 52206 Bei der Ausstellung „Kulturerbe Reichenau – vom traditionellen Bergbauort zum internationalen Kur- und Festspielort" erfahren Sie mehr über den ur- und frühgeschichtlichen Bergbau, die Semmeringbahn, das Haus Habsburg u.v.m. @ fjm664

Sommereiche, Schneedörfl. Das Alter der prächtigen Eiche wird auf 500 Jahre geschätzt, steht unter Naturschutz und befindet sich an einem Wanderweg in Schneedörfl.

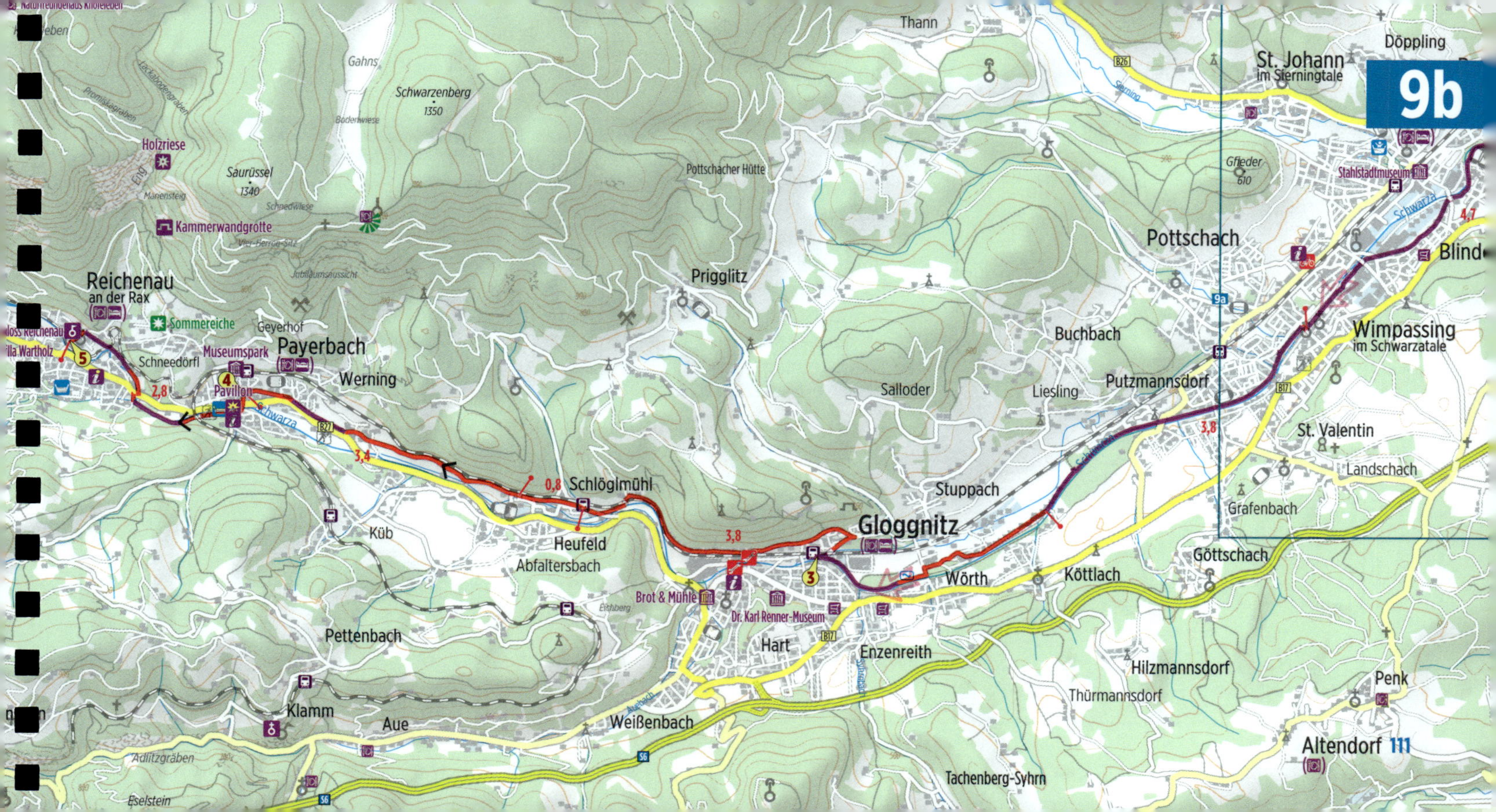
9b
Reichenau an der Rax
Holzriese
Kammerwandgrotte
Saurüssel 1340
Schwarzenberg 1350
Gahns
Thann
Sommereiche
Geyerhof
Payerbach
Museumspark
Pavillon
Schneedörfl
Werning
Schwarza
Pottschacher Hütte
Prigglitz
Schlöglmühl
Heufeld
Abfaltersbach
Küb
Pettenbach
Klamm
Aue
Adlitzgräben
Eselstein
Weißenbach
Brot & Mühle
Dr. Karl Renner-Museum
Gloggnitz
Hart
Enzenreith
Wörth
Salloder
Stuppach
Buchbach
Liesling
Putzmannsdorf
Pottschach
St. Johann im Sierningtale
Döppling
Gfieder 610
Stahlstadtmuseum
Wimpassing im Schwarzatale
St. Valentin
Landschach
Grafenbach
Göttschach
Köttlach
Hilzmannsdorf
Thürmannsdorf
Tachenberg-Syhrn
Penk
Altendorf 111
2,8
3,4
0,8
3,8
3,8
4,1

Tour 10 Traisental-Radweg 106,5 km

HM/km: ↗ 3,0 (315m) ↘ 9,2 (977m) Radweg: 58 % Unbefestigt: 1 % Verkehr: 2 %

Der Traisental-Radweg wird auch gerne als Pilgerradweg bezeichnet, da die Tour ganz in der Nähe des bekannten Wallfahrtsortes Mariazell startet. Nach einem Besuch der bekannten Mariazeller Basilika erwartet Sie gleich zu Beginn die einzige, anspruchsvollere Steigung zwischen Ulreichsberg und Gscheid. Danach geht es stets bergab nach Kernhof zu den Touristenmagneten des Ortes – zum Kameltheater und zum weißen Zoo. Anschließend folgen Sie dem Radweg nach St. Aegyd und Lilienfeld, wo sich ein Besuch des Stiftes anbietet. Ab sofort ist die Traisen Ihr permanenter Wegbegleiter und bringt Sie zunächst nach Wilhelmsburg und in die niederösterreichische Landeshauptstadt. St. Pölten bietet jede Menge Paradebauten aus Barock, Jugendstil und moderner Architektur. Die letzte Etappe ist auf-

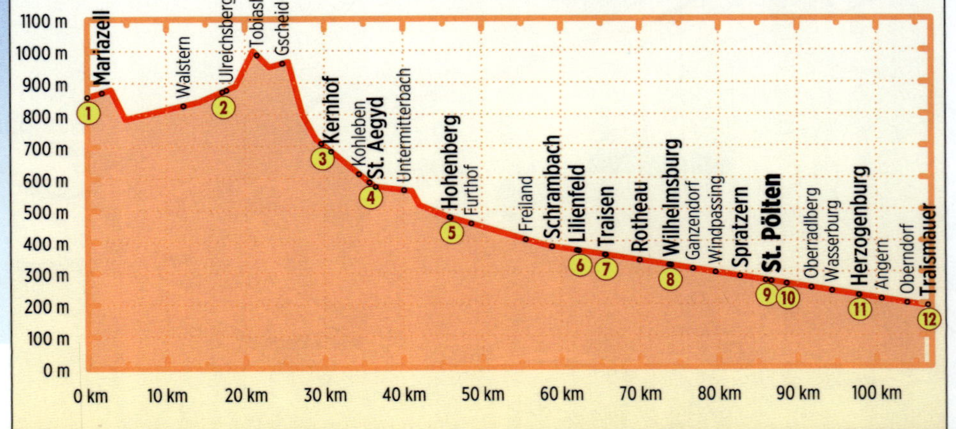

grund seiner ruhigen Uferradwege besonders familienfreundlich. Weiter nördlich befindet sich das Herzogenburger Chorherrenstift, das als spirituelles Zentrum viele Besucher anzieht. Sobald Sie das geschichtsträchtige Schloss in Traismauer besucht haben, gelangen Sie entlang des Radweges zum zweitlängsten Fluss Europas – zur Donau.

Charakteristik

Start: St. Sebastian (Mariazell)
Ziel: Traismauer
Wegbeschaffenheit: Die Route verläuft durchgehend auf Asphalt.
Verkehr: Der Radweg führt auf ruhigen Rad- und Uferwegen sowie wenig befahrenen Landstraßen dahin. Ein kurzes Stück beim Verlassen von Mariazell entlang der B21 ist verkehrsreicher.
Beschilderung: Traisental-Radweg (4)
Steigungen: Es gilt einen steilen Abschnitt von Ulreichsberg auf das Gscheid (970 m) zu überwinden, danach geht es zuerst steil dann sanft bergab.
Schwierigkeitsgrad: mittel
Anschlusstour(en): 7, 11
An- und Abreise: Mariazellerbahn von St. Pölten nach Mariazell, Bhf Traismauer oder Radtramper-Bus von St. Pölten nach Kernhof

Wallfahrtskirche Mariazell

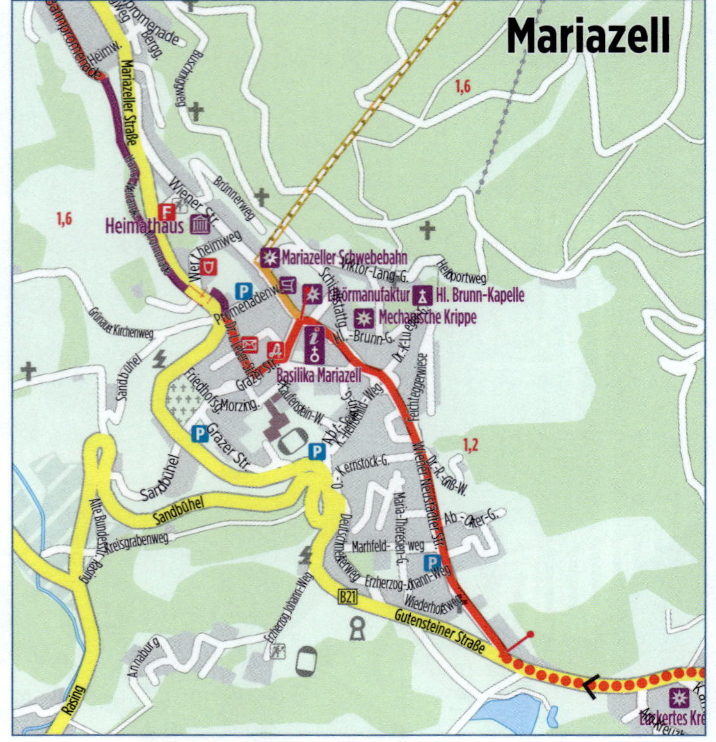

1 St. Sebastian (Mariazell)

Vorwahl: 03882

Museumstramway Mariazell-Erlaufsee, An der Museumsbahn 5, ✆ 3014. Die Museumsbahn wurde als Straßenbahn konzipiert und wird mit historischen Straßenbahnwägen betrieben. Die Bahnstrecke wurde in den 80er-Jahren komplett neu errichtet, der Fahrdienst erfolgt ausschließlich durch gut geschulte, ehrenamtliche Mitglieder des Vereins. @ ljc673

Mariazellerbahn. Die Mariazellerbahn bringt Sie zu den verschiedensten Punkten entlang des Pielachtal-Radweges und bietet Anschluss in St. Pölten. Beim Erwerb einer Fahrrad-Tageskarte reservieren Sie gleichzeitig auch einen Stellplatz für Ihr Rad. Fahrplan: Mariazell-St. Pölten. @ cfu336

AUSFLUG

Nahe der Wallfahrtskirche Mariazell befindet sich die Bürgeralpe mit der Mariazeller Schwebebahn. Lassen Sie sich nicht den einzigartigen Rundumblick des Voralpenpanoramas entgehen.

Mariazell

Vorwahl: 03882

Tourismusverband Mariazeller Land, Hauptpl. 13, ✆ 2366, @ agm653

Heimathaus, Wiener Str. 35, ✆ 43126. Das Mariazeller Heimathaus wurde im 17. Jh. als Bürgerspital erbaut, in dem die Allerärmsten, die sich selbst nicht mehr helfen konnten, versorgt wurden. Heute dient das Gebäude mit seinen 5 Geschossen als Heimatmuseum, in dem die wechselreiche Geschichte des Ortes anhand zahlreicher Ausstellungsstücke demonstriert wird. @ oci544

Basilika Mariazell, Benedictuspl. 1, ✆ 2595. Die Basilika Mariazell ist eine der bedeutendsten Wallfahrtskirchen der Welt, jährlich pilgern mehr als eine Million Pilger in diese Kirche. Mitte des 12. Jhs. wurde die sehr prunkvoll und prächtig gestaltete Kirche erbaut. @ kga468

Heiligen-Brunn-Kapelle, Dr.-Karl-Lueger-G. 11, ✆ 2131. Dem Wasser, das aus Kannen zwei am Altar geschmückter Engel fließt, wird Heilkraft zugeschrieben.

Likörmanufaktur Arzberger, Hauptpl. 6, Wiener Str. 2, ✆ 2611, @ rjo453

Luckertes Kreuz, Kreuzberg. Dem Volksglauben zufolge sollen hier heiratswillige

Frauen drei- oder neunmal betend hindurchgehen, um einen guten Mann zu bekommen. Weiters weist das Wegkreuz auf den Zugang zum Herz-Marien-Karmel (Karmeliterkloster) hin.

Mariazeller Seilbahn, Wiener Str. 26, ✆ 2555 Die Mariazeller Bürgeralpe ist als Aussichtsberg mit einmaligem Rundumblick auf das niederösterreichisch-steirische Voralpengebiet bekannt. @ iko584

Mechanische Krippe, Kalvarienberg 1, ✆ 2108. In liebevoller Handarbeit von Bruno Haberheuer angefertigt, zeigt die Krippe 12 Szenen aus dem Neuen Testament.

Der Radweg führt ein kleines Stückchen auf der stark befahrenen B21 danach geht es entlang der Walster weiter zum Hubertussee.

TIPP Der romantisch gelegene Hubertussee lädt zu einer wohltuenden Rast ein, denn er gilt als wahres Paradies für viele Tierarten und Erholungssuchende.

2 Ulreichsberg (St. Aegyd am Neuwalde)

3 Kernhof (St. Aegyd am Neuwalde)

Vorwahl: 02768

Kameltheater & Weißer Zoo, Kameplpl. 1, ✆ 20020 Zu sehen sind weiße Königstiger, Nasenbären, Alpakas, Kamele u.v.m. @ ena232

4 St. Aegyd am Neuwalde

Vorwahl: 02768

Marktgemeindeamt, Kirchenpl. 2, ✆ 2290, @ ugs611

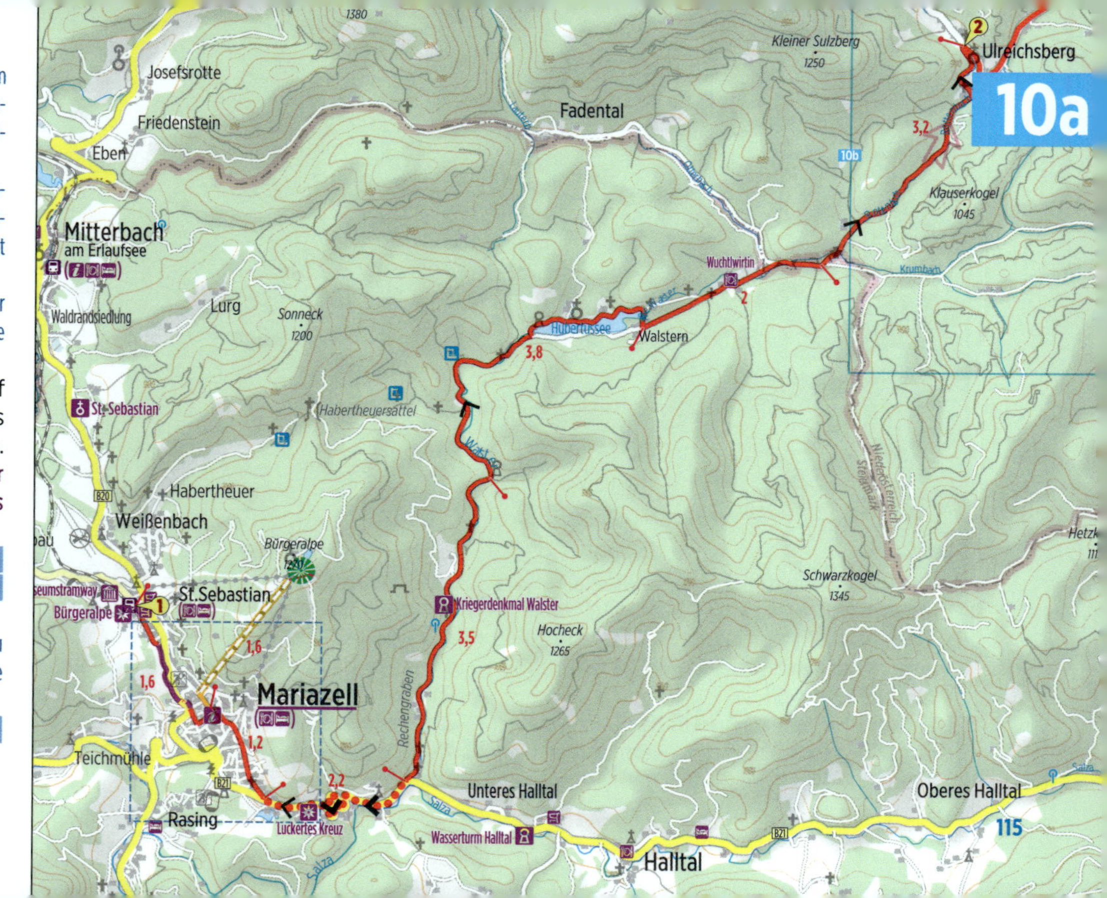

Kernhof, Tigerbaby im weißen Zoo

Heimatmuseum, Marktpl., ☎ 0664/9235840 Ausstellungsbereiche des Museums sind die Lebens- und Arbeitsbereiche der Menschen im oberen Traisental der vergangenen Jahrhunderte. @ qfw571

Pfeifenmuseum, Kirchenpl., ☎ 6144 Mehr als 650 Ausstellungsstücke befinden sich in dem Museum, darunter 450 Pfeifen. @ hyk734

Schimuseum, ca. 100 m vom Heimatmuseum entfernt, ☎ 0664/9235840 Das private Museum gibt einen Überblick über die Entwicklung des Schilaufs in Österreich und gewährt Einblicke in die Lilienfelder Schifahrtechnik, die von Mathias Zdarsky entwickelt wurde. @ bow284

Pfarrkirche St. Aegedius. Das Altarbild stammt von Kremser Schmidt

5 Hohenberg

Vorwahl: 02767

Marktgemeindeamt, Markt 1, ☎ 82020, @ gbn437

Furthof (Hohenberg)

Freiland (Türnitz)

Feld- und Industriebahnmuseum, Hohenberger Bundesstr., Eingang gegenüber dem alten Bahnhof, ☎ 0664/2749113, @ ndv488

Türkenmauer. Die Türkenmauer war Teil einer ausgeklügelten Strategie der Bevölkerung, um sich gegen den Einfall der Türken 1683 zu wehren. Es wurde eine Staumauer errichtet, die das Wasser der Traisen staute. Als sich eine große Menge von Feinden bereits in der Talenge aufhielten, wurde die Mauer eingerissen und das Wasser ertränkte die Gegner. Dieses Ereignis gab dem Ort dahinter den Namen Freiland. Beim Bau der Eisenbahn 1892 wurden leider große Teile der ehemaligen Wehranlage beseitigt, auf der orografisch linken Flussseite befinden sich hangseits noch Reste der Befestigungsanlage.

Schrambach (Lilienfeld)

6 Lilienfeld

Vorwahl: 02762

Tourismusbüro, Dörflstr. 4, ☎ 5221213, @ hya763

Heimatmuseum, Babenbergerstr. 3, ☎ 52478 Das Museum im gotischen Torturm zeigt die Geschichte des Gebietes – Bergbau, Industrie, das Schaffen der Künstler und den Weg „Vom Lein zum Linnen" in einer Webstube. Außerdem Interessantes

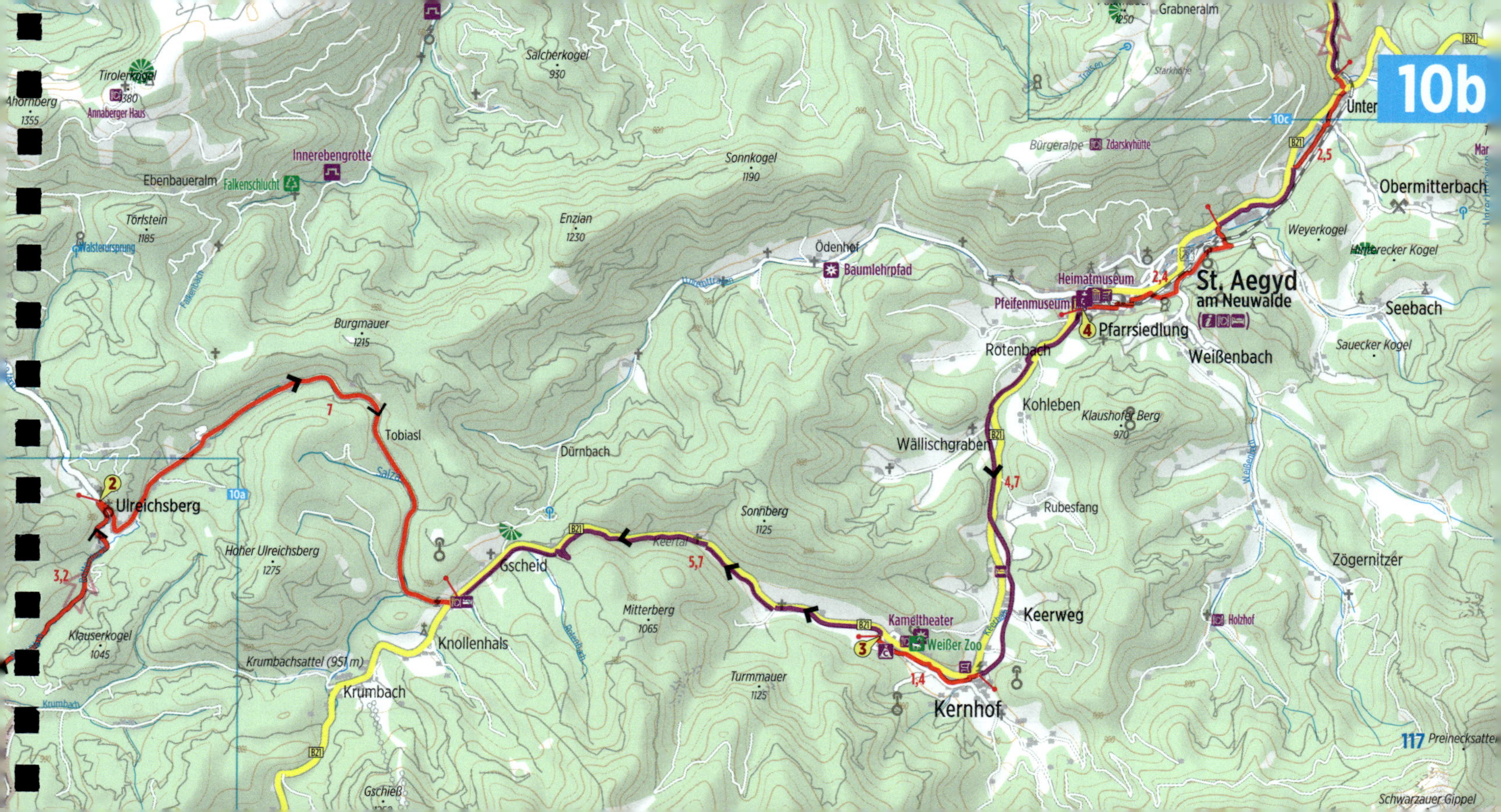
10b
Tirolerkogel
1380
Annaberger Haus
Ahornberg
1355
Innerebengrotte
Ebenbaueralm
Falkenschlucht
Törlstein
1185
Walsterursprung
Salcherkogel
930
Sonnkogel
1190
Enzian
1230
Burgmauer
1215
Ödenhof
Baumlehrpfad
Grabneralm
Bürgeralpe
Zdarskyhütte
10c
Unter
2,5
Obermitterbach
Weyerkogel
Heimatmuseum
Pfeifenmuseum
2,4
St. Aegyd
am Neuwalde
4
Pfarrsiedlung
Seebach
Rotenbach
Weißenbach
Sauecker Kogel
Kohleben
Klaushofer Berg
970
Wällischgraben
4,7
Rubesfang
7
Tobiasl
Dürnbach
2
Ulreichsberg
10a
Hoher Ulreichsberg
1275
3,2
Klauserkogel
1045
Krumbachsattel (951 m)
Krumbach
Gscheid
Knollenhals
Sonnberg
1125
Keertal
5,7
Mitterberg
1065
Kameltheater
3
Weißer Zoo
1,4
Kernhof
Keerweg
Turmmauer
1125
Zögernitzer
Holzhof
117
Preinecksattel
Schwarzauer Gippel
Gschieß
B21

Stift Lilienfeld

zur Entwicklung des Skisports, historische Skigeräte, aber auch das künstlerische Werk des Universalgenies Mathias Zdarsky. @ gyh577

Grab-Christi-Kapelle. Diese befindet sich am Fuße des Kalvarienbergs von Stangental und wurde 1677 unter Abt Matthäus Kohlweis geweiht. Die Kreuzigungsgruppe steht auf einem kleinen, natürlichen Hügel neben der Bundesstraße. Ein besonderes Detail der Kreuzigungsgruppe sind die schwer erkennbaren weiblichen Figuren im Gitter der Grab-Christi-Kapelle. Im Volksmund wurden sie „Stangentaler Hexen" genannt, stellen aber vielmehr die Haeresia, die Ketzerei, dar.

Stift Lilienfeld, Klosterrotte 1, ✆ 52420. Im Zisterzienserstift befindet sich eine der größten Kirchen Niederösterreichs. 1202 wurde es vom Babenbergerherzog Leopold VI. gestiftet. Bei einer Führung besichtigen Sie die barocke Bibliothek mit den prunkvollen Deckenfresken, das mittelalterliche Cellarium, das Laienbrüderdormitorium u.v.m. @ vwe456

Stiftspark, Klosterrotte. Er wurde im 19. Jh. angelegt und beherbergt 64 Baumarten, darunter auch Österreichs größte Tulpenbäume. @ cky881

Freibad, Schulg. 8, ✆ 52285, @ hsh662

TIPP: Eine Radlerrast bietet sich bei Motis Strandbar – Salettl direkt an der Traisen in Lilienfeld an.

7 Traisen

Gemeindeamt, Mariazellerstr. 78, ✆ 02762/620000, @ yio235

Johanneskirche, Wieserweg. Die Kirche befindet sich am ehemaligen Wallfahrerweg der Via Sacra. Der frühgotische Bau aus dem 12. Jh. wurde 1683 und 1945 erneuert. Eine Türkenglocke von L. Overvlach hängt im Dachreiter. @ ica236

Rotheau (Eschenau)

Göblasbruck (Wilhelmsburg)

8 Wilhelmsburg

Geschirr-Museum, Färberg. 11, ✆ 0676/5337220 Das Museum umfasst Sammlungen von Lilien-Porzellan und Wilhelmsburger Steingut, ein kleines Museumskino u.v.m. @ bpe688

Schloss Kreisbach, Kreisbacherstr. 27, ✆ 0664/4647140. Besuchen Sie die barocke Annakapelle und den Schlosspark LaCHort auf Schloss Kreisbach, welches ein beliebter Ort für Hochzeiten, Feste und Feiern ist. @ tnq448

Ochsenburg (St. Pölten)

Windpassing (St. Pölten)

INS ZENTRUM: 9 Fahren Sie zunächst entlang der **Clichystraße** und der **Johann-Gasser Straße** bis zur **Dr. Karl-Renner Promenade.**

9 St. Pölten

Vorwahl: 02742

Niederösterreich Werbung, Niederösterreich-Ring 2, Haus C, ✆ 90009000, @ vru487

Tourismusinformation, Rathauspl. 1, ✆ 3335000, @ ckw658

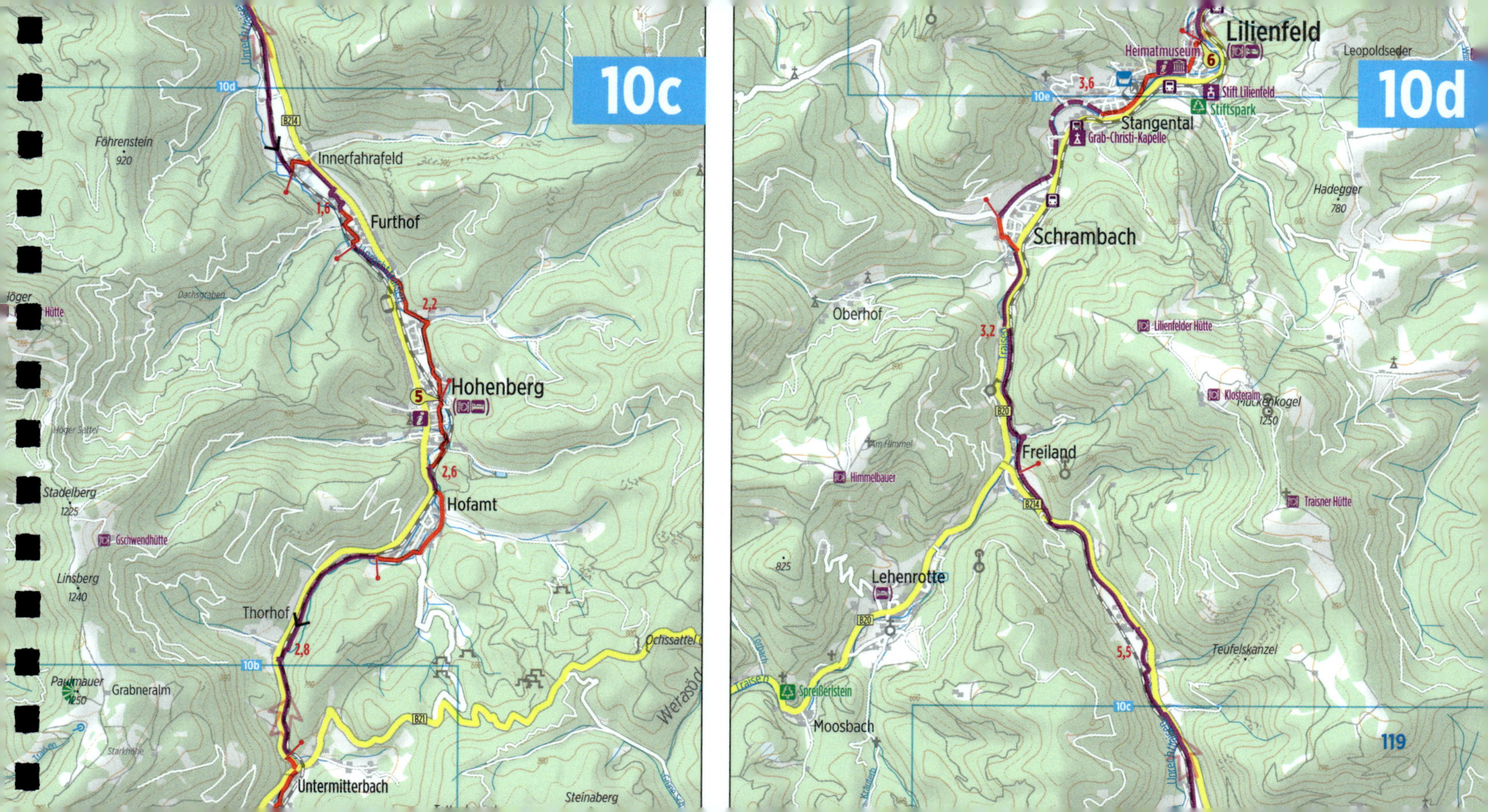
10c
Innerfahrafeld
Föhrenstein
920
Furthof
1,6
2,2
Hohenberg
5
2,6
Hofamt
Stadelberg
1225
Gschwendhütte
Linsberg
1240
Thorhof
2,8
Grabneralm
Untermitterbach
Ochssattel
Steinaberg
10d
Lilienfeld
Heimatmuseum
Leopoldseder
3,6
6
Stift Lilienfeld
Stiftspark
Stangental
Grab-Christi-Kapelle
Hadegger
780
Schrambach
Oberhof
3,2
Lilienfelder Hütte
Klosteralm
Muckenkogel
1250
Freiland
Himmelbauer
Traisner Hütte
825
Lehenrotte
Teufelskanzel
5,5
Spreißerlstein
Moosbach

10e

Ausstellungsbrücke, Landhauspl. 1, ☎ 900515916 Die Landhausgalerie verbindet als gläserne Galerie das Amtsgebäude mit dem Regierungsgebäude und präsentiert zeitgenössische Kunst aus Niederösterreich. @ nnv636

Diözesanmuseum, Dompl. 1, ☎ 324331 Das älteste Diözesanmuseum Österreichs (gegr. 1888) umfasst eine umfangreiche Sammlung sakraler Kunst verschiedenster Epochen und befindet sich unmittelbar neben dem Dom im ehem. Klosterkreuzgang. @ qya544

KUNST:WERK, Linzer Str. 16, Löwenhof, ☎ 362058 Seit Juni 2008 ist der Löwenhof in der Linzer Straße der Ausstellungsraum des St. Pöltner Künstlerbundes. @ hho271

Museum Niederösterreich, Kulturbezirk 5, ☎ 908090 Erfahren Sie im Haus der Geschichte und im Haus der Natur auf einzigartige Weise Wissenswertes über das größte Bundesland Österreichs. @ tfg381

NÖ Dokumentationszentrum für Moderne Kunst, Prandtauerstr. 2, beim Stadtmuseum, ☎ 353336 Das Ziel der Institution ist die Dokumentation der Gegenwartskunst, warten der biographischen Sammlung österreichi-

Franziskanerkirche St. Pölten

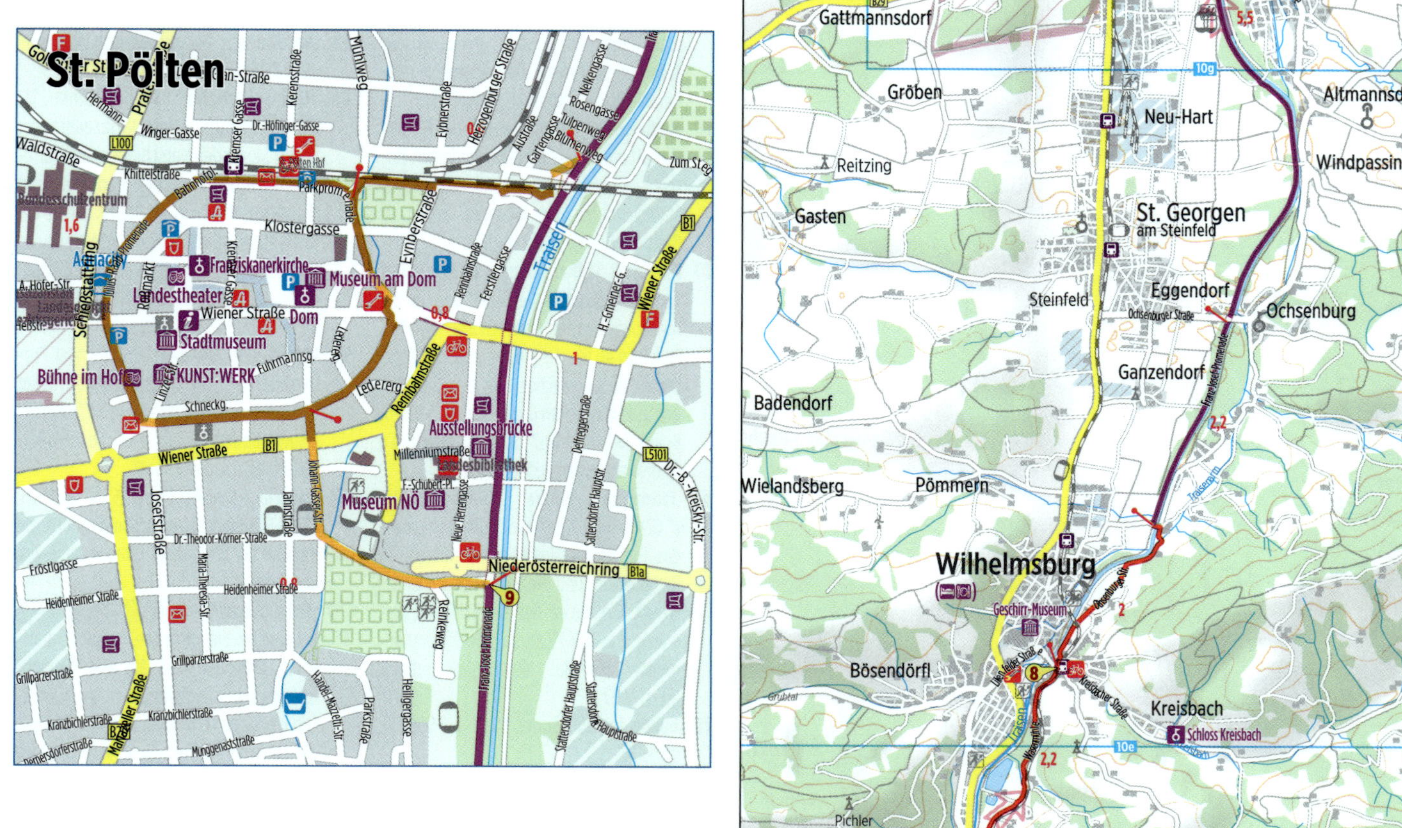
St. Pölten
Waldstraße
Winger-Gasse
Khittelstraße
Bundesschulzentrum
Bahnhofpl.
Dr.-Höfinger-Gasse
Kerensstraße
Mühlweg
Eybnerstraße
Herzogenburger Straße
Austraße
Gartengasse
Rosengasse
Nelkengasse
Tulpenweg
Blumenweg
Zum Steg
Parkpromenade
Klostergasse
Franziskanerkirche
Museum am Dom
Landestheater
Wiener Straße
Dom
Stadtmuseum
Bühne im Hof
KUNST:WERK
Fuhrmannsg.
Ledererg.
Schneckg.
Schießstattring
Rennbahnstraße
Ausstellungsbrücke
Millenniumstraße
F.-Schubert-Pl.
Museum NÖ
Neue Herrengasse
Niederösterreichring
Traisen
Wiener Straße
H.-Gmeiner-G.
Defreggerstraße
Dr.-B.-Kreisky-Str.
Josefstraße
Jahnstraße
Johann-Gasser-Str.
Dr.-Theodor-Körner-Straße
Heidenheimer Straße
Maria-Theresia-Str.
Fröstlgasse
Grillparzerstraße
Kranzbichlerstraße
Mariazeller Straße
Munggenaststraße
Handel-Mazzetti-Str.
Parkstraße
Heiligergasse
Reinkeweg
Franz-Josef-Promenade
Stattersdorfer Hauptstraße
B1
B1a
L100
L5101
1,6
0,8
1
9
10f
Harland
Gattmannsdorf
Gröben
Altmannsdorf
Schauch
Neu-Hart
Windpassing
Reitzing
Gasten
St. Georgen
am Steinfeld
Steinfeld
Eggendorf
Ochsenburg
Hummelberg
bei Hinterholz
Hinterholz
Ganzendorf
Badendorf
Wielandsberg
Pömmern
Wilhelmsburg
Geschirr-Museum
Bösendörfl
Kreisbach
Schloss Kreisbach
Pichler
Sulzhof
10g
10e
5,5
2,2
2
8
121

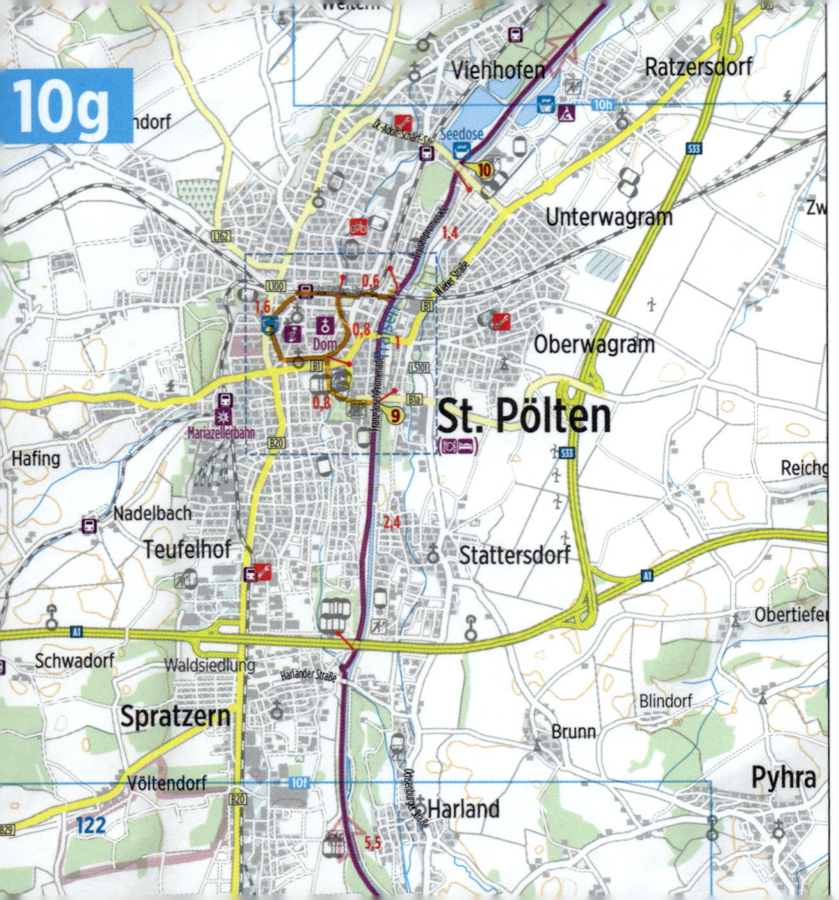

scher Künstler des 20. und 21. Jhs. u. v. m. Das Archiv umfasst rund 5.000 Biographien unterschiedlichster Künstler. @ jno585

Stadtmuseum, Prandtauerstr. 2 Erleben Sie Kultur und Geschichte im modernen Museum im Zentrum der Altstadt. Archäologie, Stadtgeschichte und Jugendstil gelten als Basis des Museums. @ uer476

Dom zu St. Pölten, Dompl. 1, ✆ 353402. Das denkmalgeschützte Gebäude war bis zur Aufhebung des Augustiner Chorherrenstiftes Ende des 18. Jhs. die Klosterkirche der Chorherren. Die Domkirche ist mit dem Bistumsgebäude verbunden und wurde nach einem Brand zwischen 1267 und 1280 großzügig spätromanisch umgebaut. @ dth731

Franziskanerkirche, Rathauspl. 12, ✆ 02745/35322022 Die Klosterkirche sowie das Franziskanerkloster befinden sich am Rathausplatz und stehen unter Denkmalschutz. Die Kirche des Karmelitenklosters wurde von 1757-1768 von dem Barockbaumeister Matthias Munggenast erbaut. @ mvy437

Bühne im Hof, Linzer Str. 18, ✆ 908050, @ ldi368

Landestheater Niederösterreich, Rathauspl. 11, ✆ 908080600, @ adf352

Mariazellerbahn, Werkstättenstr. 13, ✆ 3609901000. Die Mariazellerbahn bringt Sie zu den verschiedensten Punkten entlang des Pielachtal-Radweges und bietet Anschluss in St. Pölten. Beim Erwerb einer Fahrrad-Tageskarte reservieren Sie gleichzeitig auch einen Stellplatz für Ihr Rad. Fahrplan: St. Pölten-Mariazell. @ qsn317

Ratzersdorfer Badesee, Bimbo Binder Promenade, ✆ 353354. Das Badeparadies bietet ein umfangreiches Freizeitangebot: Minigolfanlage, Basketballplatz, zwei Beachvolleyball-Plätze u.v.m. @ ima172

Aquacity, Schießstattring 15, ✆ 3332525, ✆ 3332521. Die 6.000 m² große Wohlfühloase inmitten der Stadt ist auf 3 Etagen aufgeteilt. @ aih114

10 Viehofen (St. Pölten)

Seedose am Viehofner See, Dr. Adolf Schärf-Str. 21, ✆ 0650/4751089. Mit einer Sonnenterrasse, einem Bootsverleih, einem Picknick-Service, Liegestühle und Hängematten gilt die Seedose als Freizeitparadies, das sich

Stift Herzogenburg

100 m vom Traisental-Radweg entfernt befindet. @ vrw558

Oberradlberg (St. Pölten)

11 Herzogenburg

Vorwahl: 02782

i **Weinstraße & Tourismus Traisental-Donau**, Rathauspl. 22, ✆ 83321, @ qtw618

Stift Herzogenburg, Prandtauerring 2, ✆ 83112, Führungen tägl. um 11, 14 und 15.30 Uhr. Der Besuch des Gebäudes lohnt, denn die Stiftskirche gilt als bedeutendster Bau des österreichischen Spätbarocks. Weiteres Sehenswertes im Augustiner-Chorherrenstift: Prälaten-

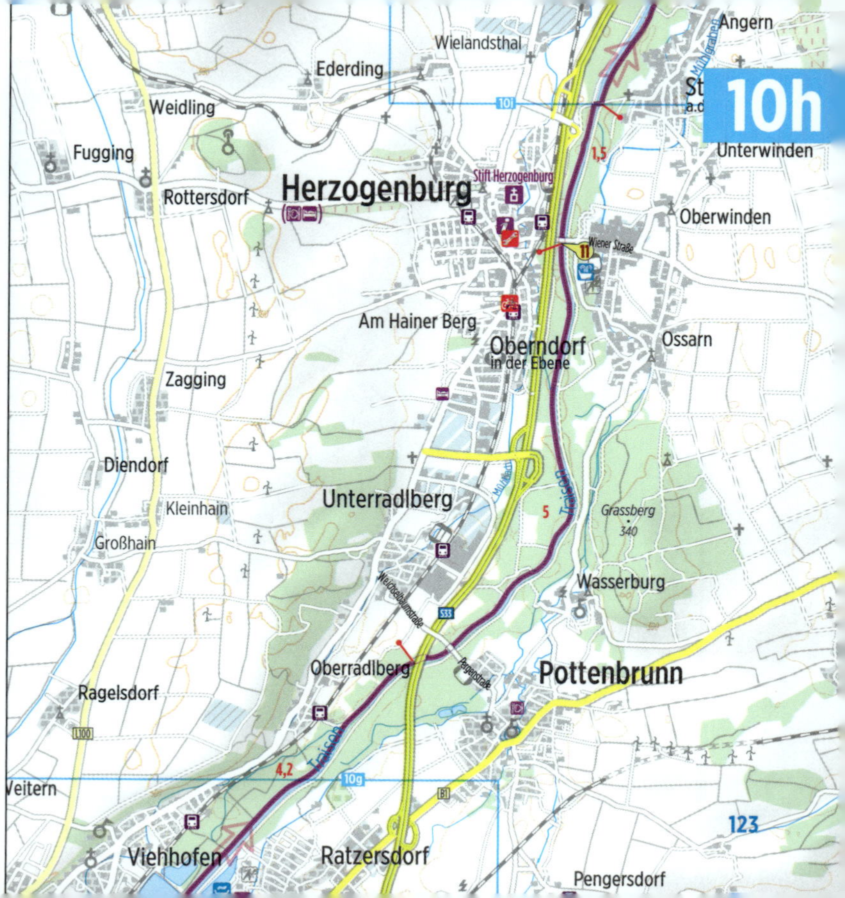

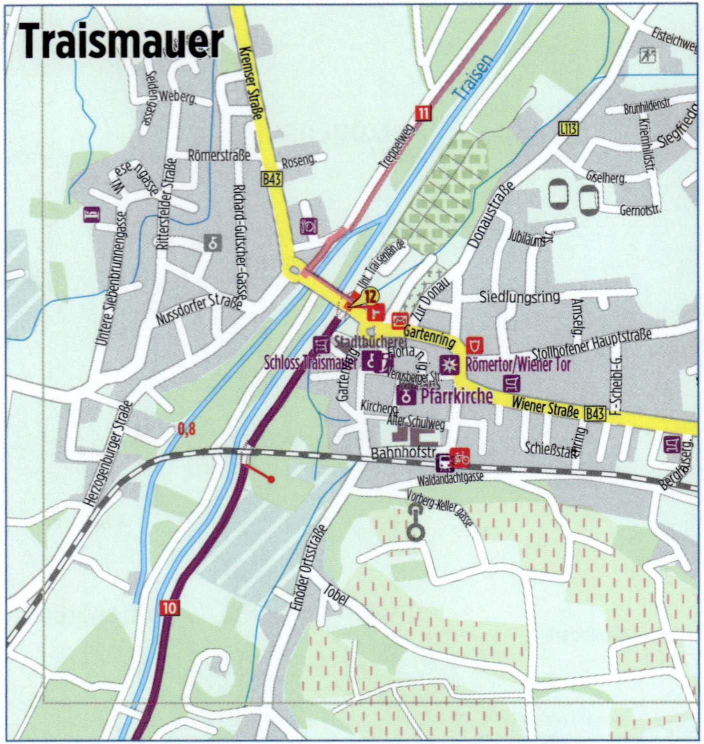

Römertor Traismauer

garten, Bibliothek, Kunstsammlung. @ tbe888

Aquapark, Dammstr. 1, ☎ 84927. Das Erlebnisbadgelände umfasst ca. 30.500 m² und bietet neben einem Naturbadeteich jede Menge Freizeitspaß. @ xgd466

Einöd (Herzogenburg)

Oberndorf am Gebirge (Traismauer)

Waldlesberg (Traismauer)

12 Traismauer

Vorwahl: 02783

Tourismusinfo, Hauptpl. 1, ☎ 8555, @ ixr815

Stadtmuseum-Hungerturm, Florianig. 11, ☎ 8555 © Das Stadt- und Heimatmuseum ist im Hungerturm untergebracht, welcher einst ein Befestigungsturm des römischen Reiterkastells war. Fundstücke eines Mammutzahnes, römische Gefäße sowie mittelalterliche Urkunden und Schützenscheiben sind zu sehen. @ hju772

Pfarrkirche und Unterkirche, Kirchenpl. 1, ✆ 6356. Bei Renovierungsarbeiten der Barockkirche wurden die Überreste des röm. Militärlagers aus dem 1. Jh. n. Chr. und die Grabkammer des Grenzgrafen Cadaloc freigelegt. @ yrq861

Schloss Traismauer, Hauptpl., ✆ 8555 Mit dem Treppenturm im Baustil der Renaissance und dem gotischen Aufzugsturm ist das Schloss definitiv einen Besuch wert. Die Grundmauern entstanden bereits im 1. Jh. nach Christus. @ jva681

Römertor/Wiener Tor, Wiener Str. 16, ✆ 0664-4351828. Heute ist das ehem. Haupttor des römischen Kastells mit seinen beiden Hufeisentürmen das Wahrzeichen der Stadt. @ lsi837

Kulturweg „sprechende Römer", Hauptpl. 1, ✆ 8555. Entlang des früheren Grenzwalls erzählen fünf röm. Figuren über die Bauwerke und die Geschichte der Römer in Traismauer, die 500 Jahre ihre Reiterlager hier hatten. @ bcp358

Naturbadesee. Die drei Naturbadeseen bieten Abkühlung in den Sommermonaten sowie genügend schattenspendende Plätzchen auf der großen Liegewiese. @ hfx237

ANSCHLUSS **Nach dem Besuch von Traismauer führt der Radweg stets geradeaus weiter, bis Sie die Donau erreicht haben. Der Anschluss zum Kamptal-Radweg nach Zwettl ist gegeben.**

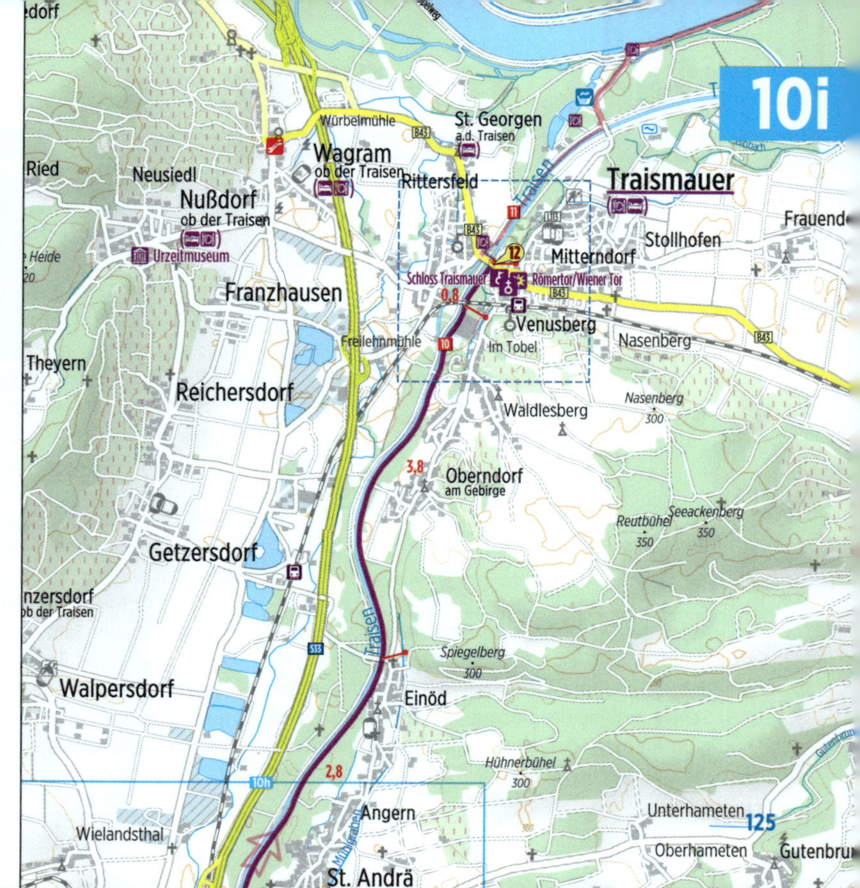

Tour 11 Kamptal-Radweg 38,1 km

HM/km: ↗ 1,3 (48m) ↘ 0,9 (35m) Radweg: 37 % Unbefestigt: 0 % Verkehr: 10 %

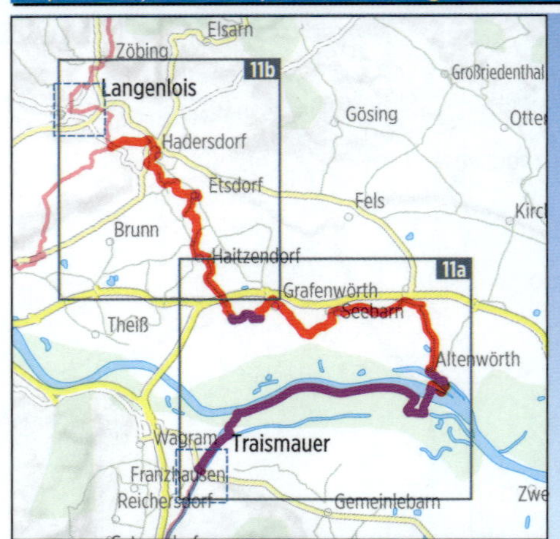

Auf seinem Weg durch das Waldviertel bis zu seiner Mündung in die Donau durchläuft der Kamp ganz unterschiedliche Landschaftsformen. Das ebene Schwemmland der Donauauen wird von den weinumsäumten Hängen des Wagrams abgelöst und ein beinahe südliches Flair umgibt den unteren Flusslauf, wogegen man sich an die Fjorde Skandinaviens im Mittellauf versetzt fühlt. Aber nicht nur die landschaftliche Vielfalt ist faszinierend, es gibt auch jede Menge kulturelle Sehenswürdigkeiten wie die Rosenburg, das Stift Altenburg, das Schloss Greillenstein, die Ottensteiner Staumauer und schließlich das Stift Zwettl.

Die Routenführung des Kamptal-Radweges ab Gobelsburg stimmt fast ausschließlich mit der Kamp-Thaya-March-Radroute überein. Der Kamptal-Radweg endet in Zwettl und ist rund 116 km lang.

Schloss Grafenegg ist zu Recht ein wahrer Touristenmagnet, denn neben Burg Kreuzenstein und Schloss Anif zählt es zu den bedeutendsten Schlossbauten des romantischen Historimus. Auch Musikliebhaber kommen ganz auf ihre Kosten: Beim Grafenegg Festival und bei den Sommerkonzerten erleben Sie musikalische Abenteuer, da internationale Orchester mit exzellenten Solisten ihr Können darbieten.

Charakteristik

Start: Traismauer

Ziel: Gobelsburg

Wegbeschaffenheit: Die Route verläuft auf befestigten bzw. asphaltierten Straßen.

Verkehr: Entlang der L 45 zwischen Kollersdorf und Seebarn ist mit höherem Verkehrsaufkommen zu rechnen.

Beschilderung: Kamptal Radweg

Steigungen: Die Tour verläuft großteils eben.

Schwierigkeitsgrad: leicht

Anschlusstour(en): 1, 10, 12

An- und Abreise: Bhf Traismauer, Postbusverbindung von Zwettl nach Krems

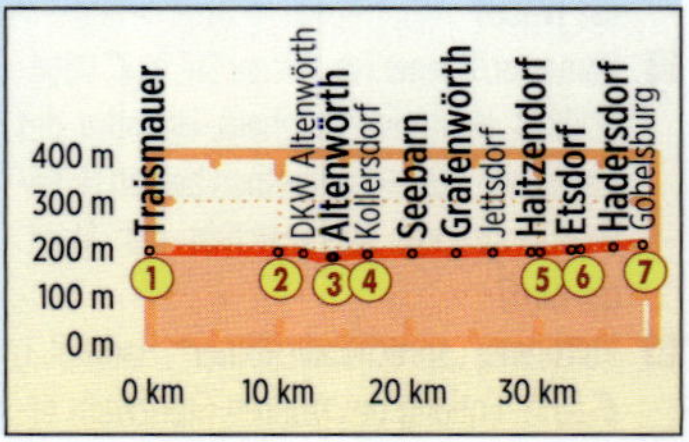

Traismauer s. S. 124

Der Radweg führt Sie geradeaus zur Donau ~ beim Restaurant rechts ~ es geht rund 8 km entlang der Donau **2** ~ danach kurz rechts und wieder nach links ~ geradeaus weiter über das **Donaukraftwerk Altenwörth**, das als Donaubrücke für Rad- und Fußgänger dient.

3 Altenwörth (Kirchberg am Wagram)

Heimat- und Fremdenverkehrsverein Altenwörth/Gigging, Hauptstr. 4, ✆ 0681/10277829, @ sha167

TIPP: Ab sofort folgen Sie den grünen Radwegschildern des Kamptalweges.

4 Kollersdorf (Kirchberg am Wagram)

Sachsendorf (Kirchberg am Wagram)

Seebarn am Wagram

St. Johann

Grafenwörth

Jettsdorf

Haitzendorf (Grafenegg)

TIPP: Lassen Sie sich nicht das touristische Highlight dieser Tour entgehen, denn Grafenegg ist die bedeutendste Schlossanlage des romantischen Historismus in Österreich!

5 Grafenegg

Vorwahl: 02735

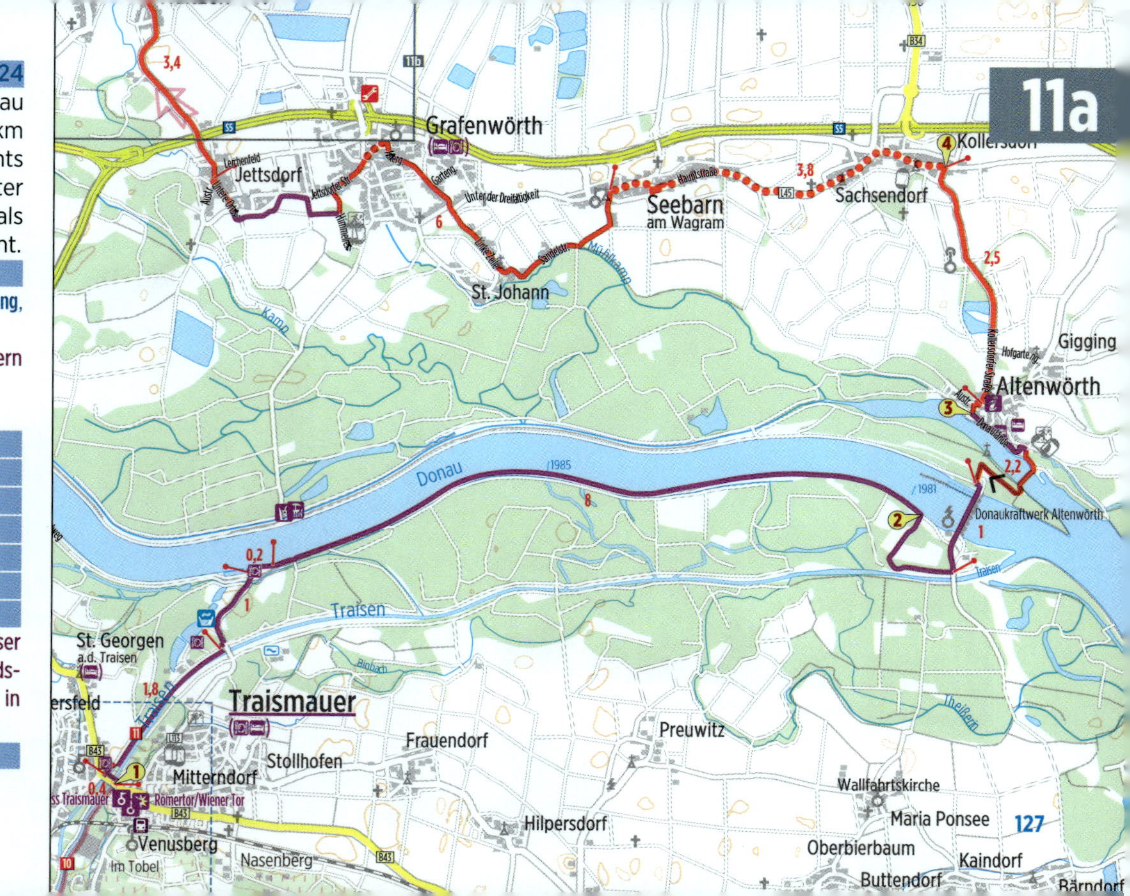

Schloss Grafenegg

Schloss Grafenegg, Grafenegg 10, ✆ 220522 Das erst in den 1970er Jahren restaurierte Schloss und der gepflegte Park bezaubern durch die romantische Atmosphäre englischer Landsitze. Die Anlage wurde in der ersten Hälfte des 19. Jhs. vom Wiener Dombaumeister Leopold Ernst errichtet. @ yqy174

Open Air-Bühne Wolkenturm, beim Schloss Grafenegg, ✆ 01/5868383. Die akustische Skulptur, die ca. 15 m in die Höhe ragt, ist Garant für perfekten Klang und ideale Kulisse. Das vom Architektenduo Marie-Therese Harnoncourt und Ernst J. Fuchs erschaffene Bauwerk wurde 2007 mit dem niederösterreichischen Bauherrenpreis ausgezeichnet. @ xfo318

Sittendorf (Grafenegg)

Etsdorf am Kamp

6 Walkersdorf am Kamp

Schloss Walkersdorf, Schlossstr. 2, ✆ 02734/2310. Im klassizistischen Bau aus dem 18./19. Jh. befindet sich das Weingut von Graf Stubenberg. Schloss Walkersdorf war ursprünglich ein Zehenthof des Stiftes Melk.

Diendorf am Kamp

Hadersdorf am Kamp

Vorwahl: 02735

Marktgemeindeamt Hadersdorf-Kammern, Landsknechtpl. 1, ✆ 2309, @ ahw644

Neumayr-Mühle, Schillerstr. 8, ✆ 2363 Die Mühle zählt zu einer der wenigen, die noch entlang des Mühlkampes steht. In der renovierten Walzmühle können Sie frisch gemahlenes Mehl kaufen. @ rjb575

Sommerbad, Umfahrungsstr. 1, ✆ 3400, @ elk441

Kammern (Hadersdorf am Kamp)

7 Gobelsburg (Langenlois)

Vorwahl: 02734

Schloss Gobelsburg, Schlossstr. 16, ✆ 24220 Das Schloss mit Renaissancekern wurde 1725 von Joseph Munggenast barockisiert, in der Kapelle ist ein Werk von Kremser Schmidt zu sehen. In der schlosseigenen Vinothek kann man Weine aus der Region verkosten. @ vuv244

PLANUNG Ab Gobelsburg führt der Kamptal-Radweg, mit kleinen Ausnahmen, auf denselben Wegen wie die Kamp-Thaya-March-Radroute (s. S. 18) entlang.

Tour 12 Durch die Wachau 39,3 km

HM/km: ↗ 2,2 (86m) ↘ 1,7 (68m) Radweg: 46 % Unbefestigt: 0 % Verkehr: 0 %

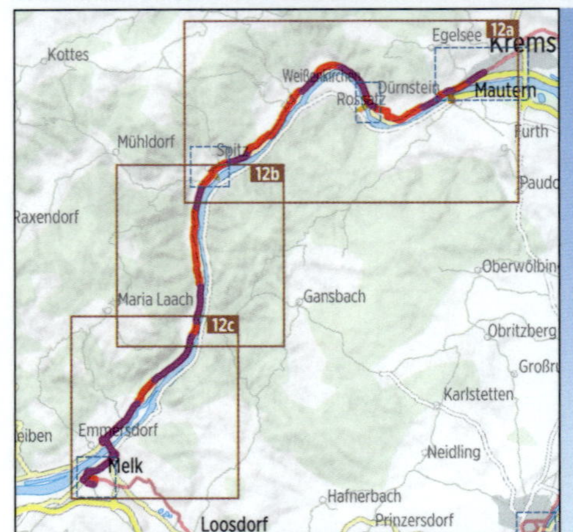

Mit der Milde und der Heiterkeit der Wachau kann kaum eine andere Landschaft an der Donau konkurrieren. Eine jahrhundertealte Winzerkultur ließ ihre Weinterrassen an steilen Südhängen zu „Himmelsstiegen" werden und verlieh diesem Tal ihre typische Gestalt. Der Donau-Radweg bietet eine Vielzahl an sehenswerten Kulturschätzen und Unternehmungen: Die Dürnsteiner Burgruine wurde durch die Inhaftierung von König Richard Löwenherz weitreichend bekannt. Die Kirchenfestung im „Tal der Wachau" befindet sich in Weißenkirchen und ragt aus der malerischen Donaulandschaft. Mit Renaissance- und Barockhäusern und dem wunderbaren Platz vor der spätgotischen Kirche wartet Spitz auf. In Willendorf wurde die erste Frauenfigur der Menschheitsgeschichte entdeckt und ist somit von immenser geschichtlicher Bedeutung und das Stift Melk dient seit mehr als 900 Jahren als geistliches und kulturelles Zentrum. Des Weiteren verschaffen Schiff- oder Fährfahrten entlang der Donau einen Rundumblick auf die einzigartige Gegend. Genehmigen Sie sich, wann immer es Ihnen die Zeit erlaubt, ein Wein- oder Heurigenerlebnis – oder natürlich beides. Weltkulturerbe und Wohlfühllandschaft – das ist die Wachau.

Charakteristik

Start: Krems an der Donau
Ziel: Melk
Wegbeschaffenheit: Die Tour verläuft ausschließlich auf asphaltiertem Untergrund.
Verkehr: Der Radweg verläuft meist auf ruhigen Nebenstraßen und straßenbegleitenden Radwegen.
Beschilderung: Donauradweg (6)
Steigungen: Die Tour verläuft großteils eben.
Schwierigkeitsgrad: leicht
Anschlusstour(en): 1, 13
An- und Abreise: Bhf Krems/Donau, Bhf Melk

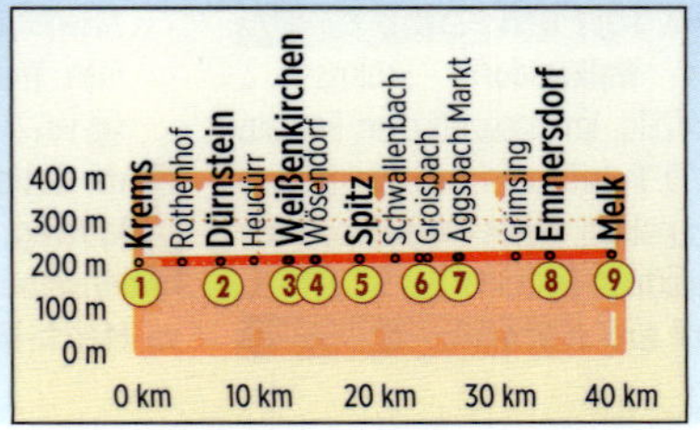

1 Krems a. d. Donau s. S. 15

Stein (Krems a. d. Donau) s. S. 16

AUSFLUG Über die Mauterner Brücke gelangen Sie nach knapp 1 km zum Römermuseum in Mautern.

Mautern a. d. Donau

Vorwahl: 02732

- **Stadtgemeindeamt**, Rathauspl. 1, ✆ 83151, @ bha821
- **Römermuseum**, Schlossg. 12, ✆ 81155 Informatives über das Leben im ehem. römischen Kastell Favianis-Mautern und seiner umgebenden Zivilsiedlung. Außerdem widmet sich das Museum dem Leben des heiligen Severin. @ ocd682
- **Wachauer Goldhauben- und Trachtenmuseum**, Frauenhofg. 5, in der Margaretenkapelle, ✆ 72643 Der Facettenreichtum der Ausstellung reicht von typischen Wachauer Goldhauben über Möbel und Alltags- und Festtrachten der Region. @ glc314
- **Pfarrkirche St. Stephan**, Kirchenpl. In der gotischen Staffelkirche mit polygonalem Chor der Zeit um 1400 sind besonders die Kreuzwegbilder von Martin Johann Schmidt (1770) sehenswert. @ riq853
- **Margarethenkapelle**, Frauenhofg. 5. Bereits 1083 erwähnt und entlang der römischen Stadtmauer errichtet. Heute befindet sich dort das Wachauer Goldhauben- und Trachtenmuseum. @ mpo643
- **Janaburg**, Südtirolerpl. 5. Der Bau im Stil des 16. Jhs., mit einem triumphbogenartigen Portal Renaissancebrunnen im Hof, dient heute als Wohngebäude.

Stein a. d. Donau

Schloss, Schlossg. Der vierflügelige Bau umfasst Renaissance-Teile aus dem 15. Jh. und diente einst als Verwaltungssitz des Passauer Bistums.

Bürgerhäuser, St. Pöltner Str. Die geschlossene Reihe wuchtiger Häuser mit Portalen, Runderkern und Einfahrtshallen im Stil der Renaissance stammen meist aus dem 16. Jh.

Im ersten Jahrtausend war die Römerstadt eines der bedeutendsten Zentren an der Donau. Im Zusammenhang mit der Errichtung des Donaulimes als nördlicher Grenze des Reiches entstand hier „Favianis", ein Militärlager und kurz darauf auch eine Zivilstadt. Im 4. und 5. Jahrhundert wirkte der Hl. Severin an diesem Ort und gründete ein Kloster. Die Mauern des mächtigen Wachturms des Kastells und das Römermuseum zeugen noch heute eindrucksvoll von der römischen Geschichte Mauterns.

Unterloiben (Dürnstein)

Oberloiben (Dürnstein)

2 Dürnstein

Vorwahl: 02711

Gästeinformation Dürnstein/Loiben, Dürnstein 132, 200, ljv272

Gemeindeamt, Dürnstein 25, 219, sdn352

Motorfähre Dürnstein-Rossatz, 0676/3084750, April/Okt., Fr-So/Fei 10-17 Uhr; Mai/Sept. tägl. 9.30-18 Uhr; Juni-Aug. Mo-Fr 9.30-18 Uhr, Sa/So 9-18.30 Uhr, boe554

Brandner Schiffahrt, DST Nr. 20, 07433/259021. Tägl. Linienfahrten durch die Wachau zwischen Melk und Krems, Fahrradtransport ca. 2 Euro. gwq547

DDSG Blue Danube, DST Nr. 20, 01/58880. Tägl. Linienverkehr zwischen Melk und Krems, Fahrradtransport ca. 2 Euro. xof824

Stiftskirche Mariä Himmelfahrt, 375. Das Meisterwerk österr. Barockarchitektur mit dem blauweiß gehaltenen Kirchturm (um 1733) ist berühmt für die Einheit von Kunst und Landschaft. egu577

Stift Dürnstein, Nr. 1, 375 1410 gegründetes und später barockisiertes ehemaliges Augustiner-Chorherrenstift. Seit 2019 zeigt die neue Ausstellung zu den Themen „das Gute", „das Schöne" und „das Wahre" auch Räume, die der Öffentlichkeit bis jetzt nicht zugänglich waren. fcr383

Schloss Dürnstein, Dürnstein 2, 212. Auch Kaiser Leopold war hier zu Gast. Etwa im September 1683, als er die Nachricht von der Türkenbefreiung Wiens erhielt. Nachdem das Adelsgeschlecht Starhemberg das Schloss 1937 verkaufte, wurde es zu einem Hotel umgebaut. rbc861

Burgruine Dürnstein Errichtet um die Mitte des 12. Jhs.; Saalbau und Kapelle leiten von der hochmittelalterlichen Burg als Zweckbau zum späteren Palastbau über. Im Winter 1192-93 wurde hier der englische König Richard Löwenherz gefangengehalten. ixg835

Domäne Wachau, Nr. 107, 371. In der Vinothek des Weinguts direkt am Radweg können eine Vielzahl an Weinen verkostet werden. Weingutsführungen werden angeboten. pev257

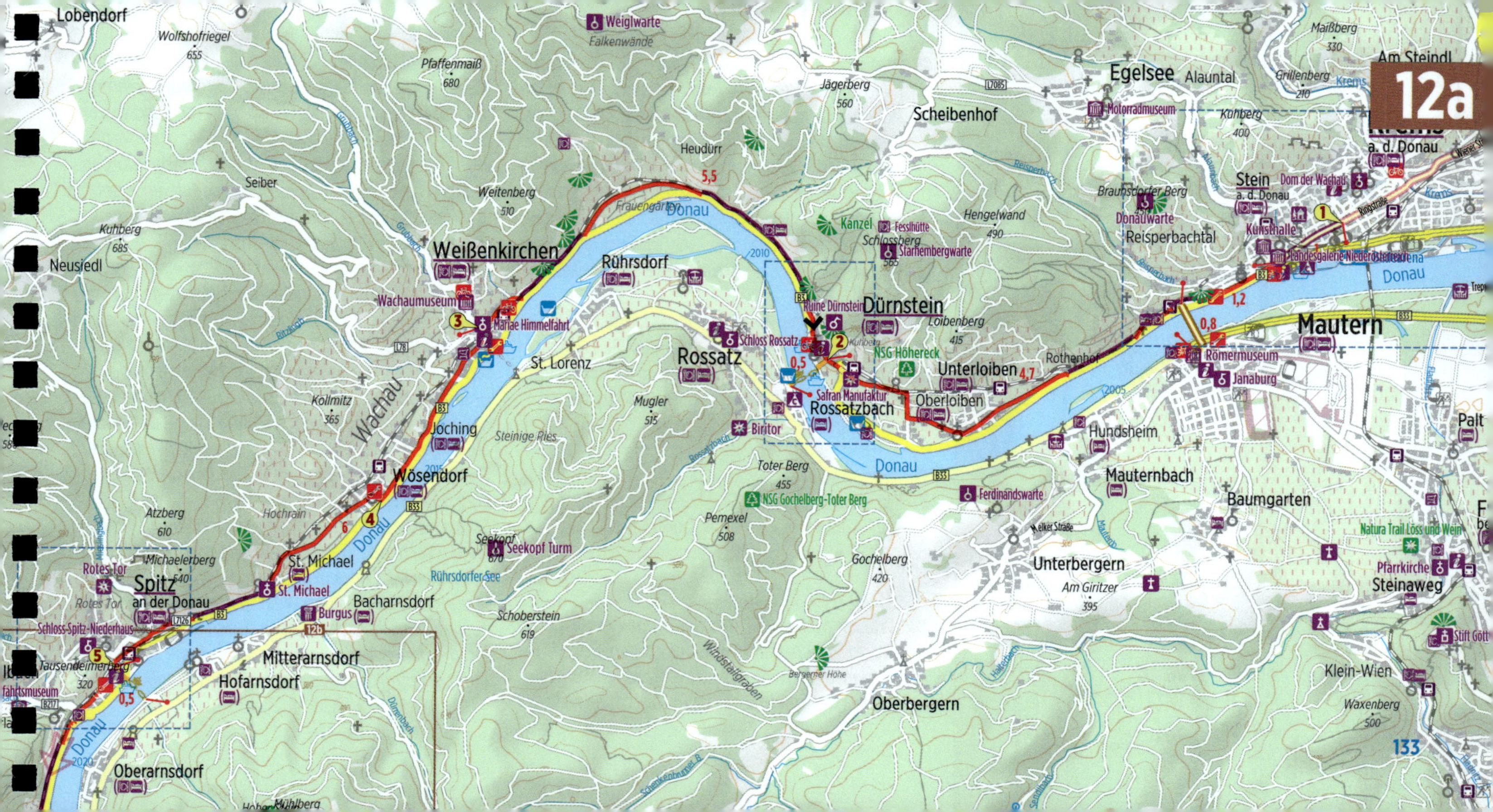

12a
Weißenkirchen
Dürnstein
Mautern
Rossatz
Spitz an der Donau
Krems a. d. Donau
Stein a. d. Donau
Donau
Wachau
Egelsee
Scheibenhof
Unterloiben
Oberloiben
Rossatzbach
Wösendorf
Joching
St. Michael
Mitterarnsdorf
Hofarnsdorf
Oberarnsdorf
Bacharnsdorf
Rührsdorf
St. Lorenz
Unterbergern
Oberbergern
Mauternbach
Baumgarten
Hundsheim
Steinaweg
Klein-Wien
Lobendorf
Neusiedl
Seiber
Heudürr
Rothenhof
Palt
Alauntal
Am Steindl
Reisperbachtal
Weigelwarte
Wachaumuseum
Mariae Himmelfahrt
Ruine Dürnstein
Schloss Rossatz
Safran Manufaktur
Biritor
NSG Höhereck
Kanzel
Starhembergwarte
Römermuseum
Janaburg
Ferdinandswarte
NSG Gochelberg-Toter Berg
Seekopf Turm
Rührsdorfer See
Burgus
Schloss Spitz-Niederhaus
Rotes Tor
Motorradmuseum
Dom der Wachau
Kunsthalle
Landesgalerie Niederösterreich
Donauwarte
Natura Trail Löss und Wein
Pfarrkirche
Stift Göttweig
5,5
4,7
1,2
0,8
0,5
6
133

Stiftskirche Dürnstein

Wachauer Safranmanufaktur, Dürnstein 76, Bahnhof, ✆ 0699/11960730. In aufgelassenen Weinterrassen wird der Safrankrokus, das teuerste Gewürz der Welt, kultiviert und geerntet, um anschließend in der Wachauer Safran Manufaktur zu köstlichen Safranprodukten verarbeitet zu werden. Diese können auch im Safrancafé am Bahnhof Dürnstein genossen werden. @ cof767

NSG Höhereck, östlich des Ortes. Das NSG steht seit 2008 unter Naturschutz und ist Teil des Flora-Fauna-Habitat-Gebietes Wachau sowie des Vogelschutzgebietes Wachau-Jauerling. @ ilv147

Kuenringerbad, Am Parkpl. 1, ✆ 320, @ rqp668

AUSFLUG **2** Entlang der **Anzuggasse** gelangen Sie zur Schifffahrtsstation. Die Gemeinde Rossatz-Arnsdorf bietet eine Vielzahl an Übernachtungsmöglichkeiten.

Rossatz (Mitterarnsdorf)

Vorwahl: 02714

Marktgemeindeamt, Rossatz 29, ✆ 6217, @ yuu828

Schloss Rossatz, Nr. 74, ✆ 6218. Seit 1859 ist das ehem. Schloss des Grafen Schönborn in Besitz der Rossatzer und ist mit seinen dreistöckigen Arkadengängen ein beliebter Veranstaltungsort. @ ukk542

Wein in der Wachau

Die Wälder wichen auf den Südhängen der Wachau bereits zu Zeiten Karls des Großen den Reben. Bis heute sind die Weinterrassen ein prägendes Landschaftselement in dem klimabegünstigten und vielleicht lieblichsten Abschnitt der Donau. Der Weinbau musste aber auch Rückschläge erleiden: So führten während des Mittelalters eine Klimaverschlechterung und später die Wirren des Dreißigjährigen Krieges zum Verfall vieler Weingärten. In der Zeit Maria Theresias wurden sogar Weinkeltereien durch Essigsiedereien ersetzt und um 1890 überfiel dann auch noch die aus Amerika eingeschleppte Reblaus die Weinstöcke.

Heute gedeihen in der Wachau wieder weltweit hochgeschätzte Weine. Besonders die Weißweine, für die die örtlichen Urgesteinsböden einen ausgezeichneten Nährboden darstellen, genießen unter Kennern einen sehr guten Ruf. Im Folgenden eine kleine Auswahl: Grüner Veltliner: Tischwein, spritzig-herb, trocken bis halbtrocken. Rheinriesling: ursprünglich aus der Wachau, wegen seines feinen Buketts sehr geschätzt. Müller Thurgau: fruchtig, süffig, mit wenig Säure. Neuburger: eher schwerer Wein, mild-würzig.

Sturm wird der trübe Traubenmost genannt, der in den ersten Wochen der Gärphase entsteht und im Herbst gern getrunken wird. Ab dem 11. November wird der Most zum „Heurigen", zum jungen Wein. „Heurige" heißen aber auch die Buschenschenken, in denen die Weinbauern ihren eigenen Wein und eine gute Jause verkaufen, meist erkenntlich am „ausg'steckten" Reisigbuschen.

3 Weißenkirchen in der Wachau

Vorwahl: 02715

- **Tourist-Information**, Wachaustr. 242, ☎ 2600, @ yst228
- **Marktgemeindeamt**, Rathauspl. 32, ☎ 2232, @ ghf256
- **Rollfähre Weißenkirchen-St. Lorenz**, ☎ 2232, ⏲ April-Okt., Mo-Fr 8-11.45 Uhr und 13.30-18.45, Sa, So/Fei. 8-18.45 Uhr, @ qku122
- **Wachaumuseum**, Marktpl. 177, Teisenhoferhof, ☎ 2268. Eine Räumlichkeit des Museums zeigt eine historische Weinpresse, weiters finden Sonderausstellungen diverser Künstler statt. @ aes612
- **Pfarrkirche Mariä Himmelfahrt**, Kremser Str. 3, ☎ 2203. Zu erreichen über eine überdachte Stiege vom Marktplatz. Die ersten Teile der hochgelegenen Kirche, die von einer fast intakten Wehranlage umgeben ist, entstanden um 1400. Im Inneren mischen sich spätgotische und barocke Elemente. @ dre831
- **Teisenhofer- oder Schützenhof**, Marktpl. 177, ☎ 2268. Der besonders schöne Arkadenhof im Stil der Renaissance stammt in seiner heutigen Erscheinung aus der 2. Hälfte des 15. Jhs. und ist Sitz der 1. Niederösterreichischen-Weinakademie (Weinseminare) und des Kreativseminars (Malkurse) Weißenkirchen. @ snq518
- **Naturbadestrand**

Joching (Weißenkirchen in der Wachau)

4 Wösendorf

St. Michael (Weißenkirchen in der Wachau)

- **Wehrkirche St. Michael**, St. Michael 7. Der gotische Neubau stammt aus der Zeit um 1500, die Pfarre aber reicht ein halbes Jahrtausend zurück und gilt als „Urpfarre" der Wachau. Die sagenhaften 7 Hasen am Dach des Presbyteriums stellen wahrscheinlich die „Wilde Jagd" mit Hirschen und Jägern dar. Es gibt jedoch noch andere legendäre Erklärungen. @ eav317

5 Spitz a. d. Donau

Vorwahl: 02713

- **Donau Niederösterreich Tourismus GmbH - Regionalbüro Wachau-Nibelungengau-Kremstal**, Schlossg. 3, ☎ 30060-60, @ vlf566
- **Tourist-Information**, Mitterg. 3a, ☎ 2363, @ iap632
- **Rollfähre Spitz-Arnsdorf**, ☎ 0650/2502103, ⏲ Apr, Okt Mo-Fr 6.15-18 Uhr, Sa, So/Fei 8.15-18 Uhr, Mai-Sept Mo-Fr 6.15-19 Uhr, Sa, So/Fei 8.15-19.30 Uhr, @ wnv613
- **Brandner Schiffahrt**, Donau Bundesstr., DST Nr. 15, ☎ 07433/259021. Tägl. Linienfahrten durch die Wachau zwischen Melk und Krems, Fahrradtransport ca. 2 Euro. @ lfa716
- **DDSG Blue Danube**, Rollfährestr., DST Nr. 16, ☎ 01/58880. Tägl. Linienverkehr zwischen Melk und Krems, Fahrradtransport ca. 2 Euro. @ qif331
- **Historischer Kaufmannsladen**, Hauptstr. 2, ☎ 2074 ⏲ Bereits seit 1736 beherbergt das Handelshaus eine Gemischtwarenhandlung. Die Räume sind mit Werbemitteln, historischen Handelswaren, detailgetreuen Einrichtungsgegenständen,

Pfarrkirche Weißenkirchen

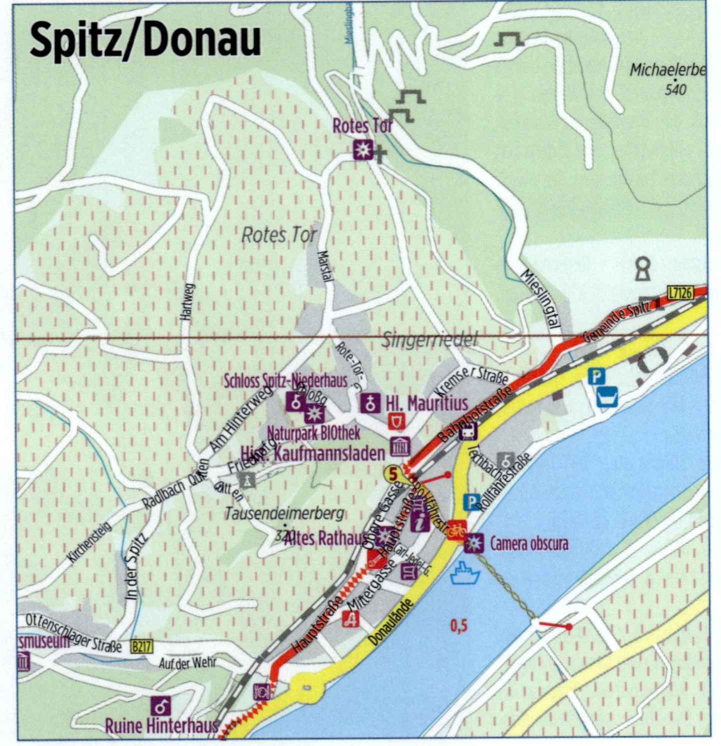

Dokumenten uvm., liebevoll ausgestattet. @ vxy386

Schloss Erlahof - Schifffahrtsmuseum, Auf der Wehr 21, ✆ 2246, ✆ 2187 Ⓣ Die reiche Darstellung der Donauschifffahrt seit römischen Zeiten geht insbesondere auf die Geschichte der Flößer, der Schiffszüge (oder der „Hohen Nau") und der Donaureisen ein. @ nga187

Pfarrkirche Hl. Mauritius, Kirchenpl., ✆ 2231. Das spätgotische Untergeschoss des 14./15. Jhs. trägt einen um 100 Jahre älteren, stattlichen Westturm. Besonderes Detail: um 20 Grad nach Norden geknickter Chorraum der Kirche; im Inneren spätgotische Architektur mit Netzgewölbe und barocke Einrichtungen wie z. B. der Hochaltar mit einem Spätwerk des Kremser-Schmidt von 1799. @ hwv818

Schloss Spitz-Niederhaus, Schlossg. 3. Renaissanceschloss aus dem 17. Jh. Besichtigung nur von außen möglich. Veranstaltungen. @ fvx571

Ruine Hinterhaus Ⓣ Auf schroffem Felsen bereits im 13. Jh. bestanden und im 16. Jh. um die Rundtürme erweitert, besitzt die wohlerhaltene Ruine einen mächtigen romanischen Bergfried, eine gotische Vorburg und Renaissancebefestigungen. @ hno862

Altes Rathaus, Hauptstr. 22. Zusammen mit dem Bürgerspital (um 1400) bildet es eine sehenswerte gotische Baugruppe mit malerischem Hof, allerdings durch den Bahnbau etwas beeinträchtigt. @ qdn513

Camera obscura auf der Rollfähre, ✆ 72935. Das Kunstobjekt des isländischen Künstlers Olafur Eliasson ermöglicht eine neue, andere Sichtweise auf die Donau. @ lyy546

Rotes Tor. Das Rote Tor ist das letzte von ursprünglich sieben Befestigungstoren, welche im Dreißigjährigen Krieg Schauplatz von blutigen Kämpfen waren – daher auch der Name „Rotes Tor". Es bietet einen wunderschönen Blick auf Spitz und befindet sich ca. 20 Gehminuten entfernt. @ oet683

Freibad, Mielingtal, ✆ 2289, @ olx648

Der Markt Spitz mit seinen rund 1.600 Einwohnern liegt rund um den Tausendeimerberg, der so heißt, weil seine Reben in guten Jahren bis zu 1.000 Eimer Wein (entspricht etwa 56.000 Litern) erbringen sollen.

AUSFLUG **5** Fahren Sie ein Stückchen entlang der **Rollfährestraße** und beim Café vorbei. Danach gelangen Sie mit der Rollfähre Spitz-Arnsdorf zum gegenüberliegenden Ufer.

Schwallenbach (Spitz a. d. Donau)

TIPP **6** Zum Venusium und zur Fundstelle der Venus von Willendorf biegen Sie rechts ab und finden gleich links das Museum. Nach der Bahnunterführung links verläuft der Fußweg zur Fundstelle mit einem Denkmal und freigelegten Kulturschichten. Von der Route, die Willendorf geradeaus durchquert, ist die nachgebildete Statue allerdings auch zu sehen.

6 Willendorf (Aggsbach Markt)

Vorwahl: 02712

Venusium, Nr. 68, ✆ 214, ✆ 0676/5174546 Im Museum erfahren Sie Wissenswertes über die Fundstücke der Ausgrabungsarbeiten der bekannten Statuette. @ rjn261

Im Zuge der Errichtung der Donauuferbahn 1908 wurde im eiszeitlichen Löss bei Willendorf eine 11 Zentimeter hohe, aus Kalkstein herausgearbeitete Statuette gefunden, die eine unbekleidete, üppige Frauenfigur darstellt. Ihre Auffindung war eine wissenschaftliche Sensation. Sie gilt als Ausdruck eines Fruchtbarkeitskultes, beziehungsweise als Symbol der „Magna Mater", einer Muttergöttin. Daher die Bezeichnung „Venus von Willendorf". Unter allen bislang aufgefundenen, vergleichbaren figürlichen Darstellungen aus dem Paläolithikum (=Altsteinzeit) – das sind immerhin über 130 Objekte von Südwestfrankreich bis nach Sibirien – soll die Willendorfer Skulptur die formschönste sein.

Groisbach (Aggsbach Markt)

7 Aggsbach Markt

Vorwahl: 02712

Marktgemeindeamt, Aggsbach 48, ✆ 214, @ ype663

Pfarrkirche, Nr. 12, ✆ 213. Spätromanische Pfeilerbasilika aus dem 13. Jh.

Grimsing (Emmersdorf a. d. Donau)

Schallemmersdorf (Emmersdorf a. d. Donau)

INS ZENTRUM Beim Kreisverkehr angelangt fahren Sie nach der Radfahrerüberfahrt rechts **8** entlang des Donau-Radwe-

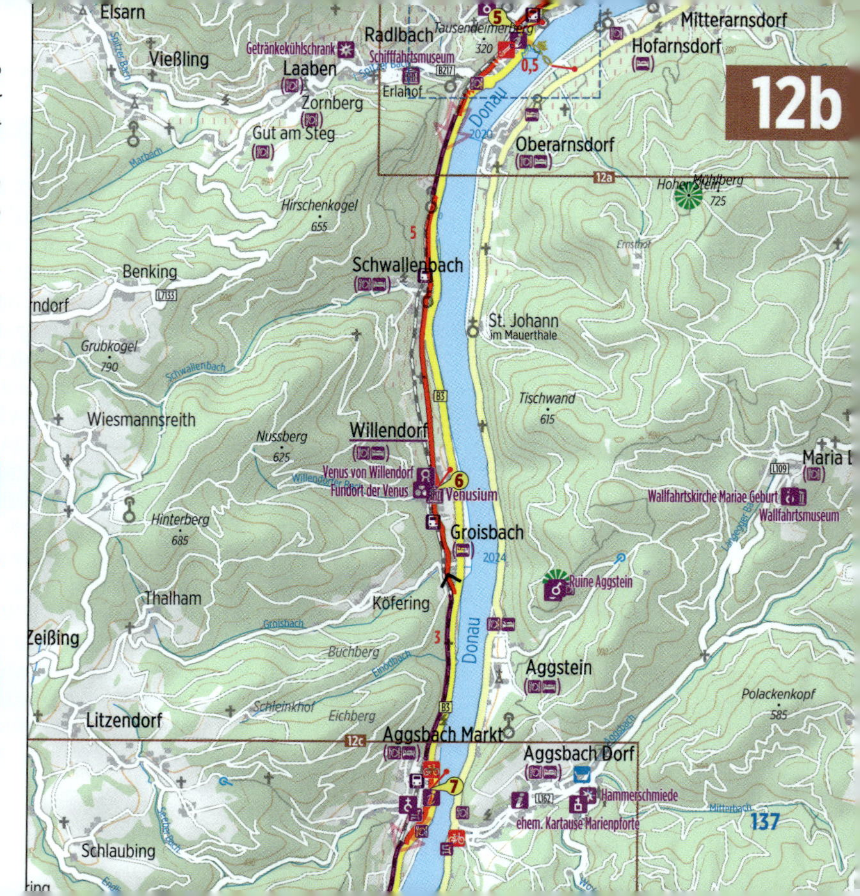

Statue der Venus von Willendorf

ges, um die idyllische Marktgemeinde Emmersdorf zu erkunden.

8 Emmersdorf a. d. Donau

Vorwahl: 02752

- **Infostelle**, Beim Kreisverkehr, ✆ 70010, @ gxd877
- **Marktgemeindeamt**, Nr. 22, ✆ 71469, @ sae631
- **Brandner Schiffahrt**, DST Nr. 38, ✆ 07433/259021 Tägl. Linienfahrten durch die Wachau zwischen Melk und Krems, Fahrradtransport ca. 2 Euro. Zustiegs- bzw. Ausstiegsmöglichkeit bei Bedarf nur für Gruppen. @ sxl518
- **DDSG Blue Danube**, Donaustr., DST Nr. 38, ✆ 01/58880 Linienverkehr zwischen Melk und Krems, Fahrradtransport ca. 2 Euro. Tickets an Board. @ jey518
- **Kramurigwölb**, Nr. 31, ✆ 71764 Über 2000 handwerkliche Geräte und Gebrauchsgegenstände, darunter skurrile Exponate wie Fußfesseln, Holz-Kühlschränke und eine alte Nudelpresse, geben Einblick ins 17. bis 19. Jh. @ ywn617
- **Ortsensemble.** Der reizvolle, langgestreckte Straßenplatz wird von charakteristischen Häusern des 16. bis frühen 19. Jhs. gesäumt.
- **Wachaubahn**, Bahnzeile, ✆ 02742/360990-1000 Zwischen Weingärten, uraltem Gemäuer und dem mächtigen Donaustrom fährt man mit der Lokalbahn stress- und staufrei zwischen Krems und Emmersdorf und erlebt tolle Ausblicke auf die Schönheit des Weltkulturerbes. Fahrradmitnahme ist kostenlos möglich. @ qul637

9 Melk

Vorwahl: 02752

- **Wachau Info Center**, Kremser Str. 5, ✆ 51160, @ gbh486
- **Brandner Schiffahrt**, Pionierstr., DST Nr. 10, ✆ 07433/259021. Tägl. Linienfahrten durch die Wachau zwischen Melk und Krems, Fahrradtransport ca. 2 Euro. @ ylp658
- **DDSG Blue Danube**, Räcking 1, DST Nr. 11, ✆ 01/58880. Tägl. Linienverkehr zwischen Melk und Krems, Fahrradtransport um 2 Euro. @ cat118
- **Stiftskirche Hl. Peter und Paul**. Der Barockbau aus der 1. Hälfte des 18. Jhs. birgt einen einzigartigen Innenraum mit Deckenfresken von Johann Michael Rottmayr, einer Kuppelhöhe von 64 m, raffinierten Lichteffekten, Bildern von Troger in den Seitenkapellen und einer beeindruckenden Anordnung von Säulen, Freiraum, Kronen, Baldachin und Medaillon. @ afx214
- **Stift Melk**, Abt-Berthold-Dietmayr-Str. 1, ✆ 5550. Der Bau dieses großartigen Barockkomplexes von europäischem Rang erfolgte unter Baumeister Jakob Prandtauer anstelle des früheren Klosters von 1702-38. Die Deckenfresken des Marmorsaales und die 100.000 Bände umfassende Stiftsbibliothek stellen die eindrucksvollsten Kostbarkeiten der Anlage dar. @ ccw273
- **KZ-Gedenkstätte (Melk Memorial)**, Schießstattweg 2, ✆ 0676/7336400, Besuch grundsätzlich jederzeit möglich, Schlüssel bei der Wache der Biragokaserne, Prinzlstr. 22 entlehnbar. Im Zuge der verstärkten Rüstungsanstrengungen im Dritten Reich wurde 1944 das Lager in Melk als

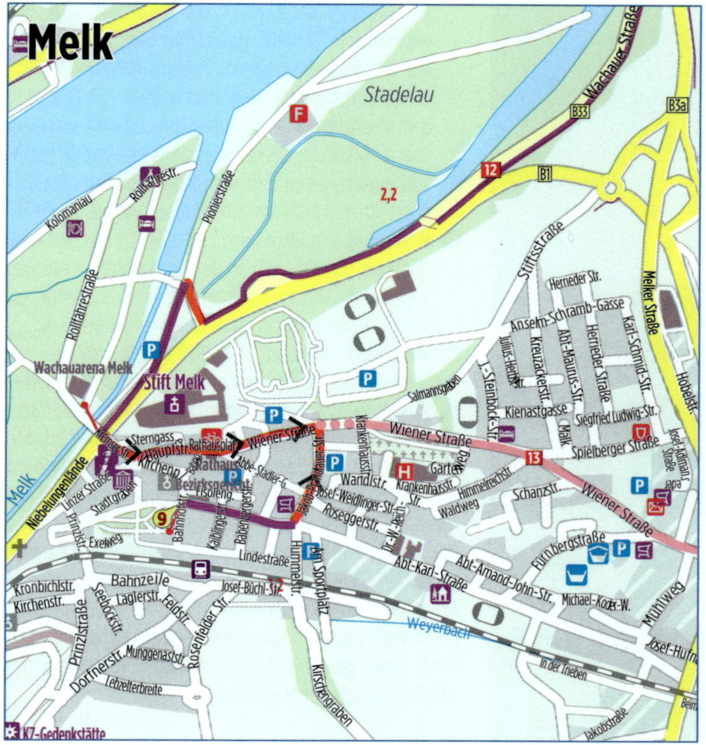

Melk

Stadelau
Wachauer Straße
Melker Straße
Stiftsstraße
Pionierstraße
Rollfährestr.
Kolomaniau
Rollfährestraße
Wachauarena Melk
Stift Melk
Nibelungenlände
Sterngass
Hauptstr.
Rathausplatz
Wiener Straße
Kirchenp.
Rathaus
Bezirksgericht
Linzer Straße
Stadtgraben
Prinzlstr.
Exelweg
Bahnhofstr.
Kaiblingerstr.
Babenbergerstr.
Abbé-Stadler-G.
Jakob-Prandtauer-Str.
Josef-Weidlinger-Str.
Roseggerstr.
Wachbergstr.
Krankenhausstr.
Wandlstr.
Garten-weg
Himmelreichstr.
Waldweg
Schanzstr.
Salmannsgraben
J.-Steinböck-Str.
Julius-Hertz-Str.
Kreuzackerstr.
Abt-Maurus-Str.
Kienastgasse
Herrieder Str.
Herrieder Straße
Anselm-Schramb-Gasse
Karl-Schmid-Str.
Siegfried Ludwig-Str.
Spielberger Straße
Josef-Adlmann-Straße
Hobelstr.
Fürnbergstraße
Abt-Karl-Straße
Abt-Amand-John-Str.
Michael-Kocher-W.
Mühlweg
Josef-Hufnagl
Lindestraße
Hummelstr.
Am Sportplatz
Bahnzeile
Kronbichlstr.
Kirchenstr.
Laglerstr.
Feldstr.
Seebockstr.
Prinzlstraße
Rosenfelder Str.
Josef-Büchl-Str.
Dorfnerstr.
Munggenastsstr.
Lebzelterbreite
Weyerbach
Kirschengraben
In der Trieben
Jakobstraße
Melk
KZ-Gedenkstätte

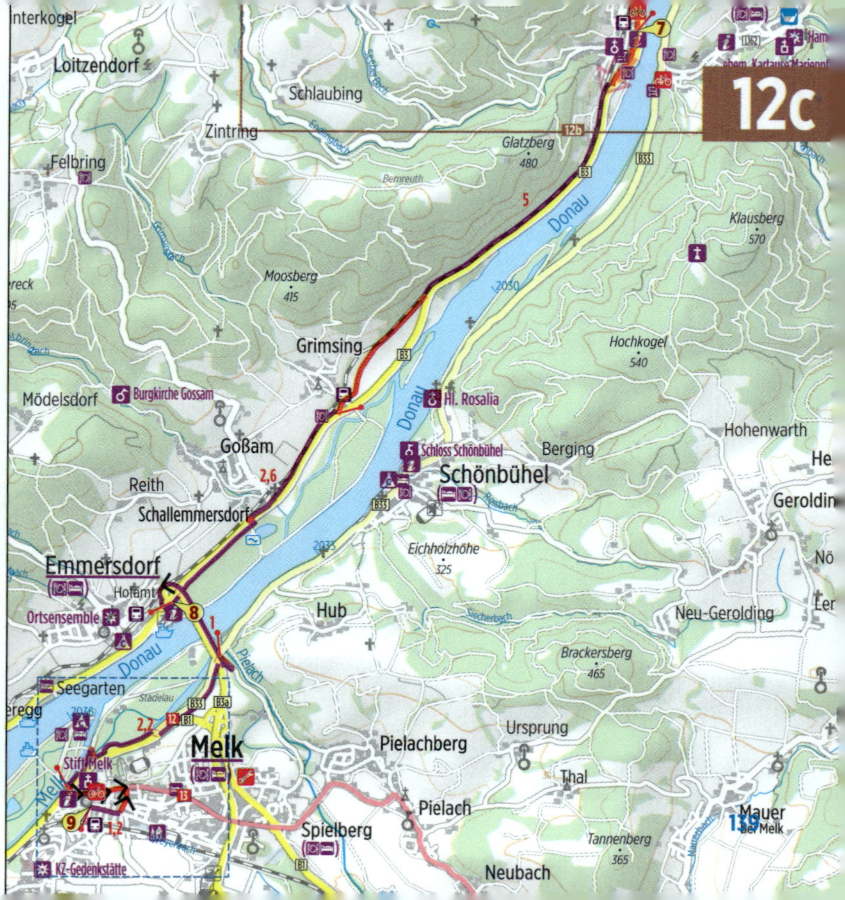

12c

Hinterkogel
Loitzendorf
Schlaubing
Zintring
Felbring
Glatzberg 480
Bemreuth
Klausberg 570
Moosberg 415
Grimsing
Hochkogel 540
Mödelsdorf
Burgkirche Gossam
Hl. Rosalia
Goßam
Schloss Schönbühel
Berging
Hohenwarth
Schönbühel
Reith
Schallemmersdorf
Eichholzhöhe 325
Emmersdorf
Hofamt
Ortsensemble
Hub
Neu-Gerolding
Geroldin
Donau
Pielach
Seegarten
Brackersberg 465
Stadelau
Melk
Stift Melk
Pielachberg
Ursprung
Thal
Pielach
Spielberg
Mauer bei Melk
Tannenberg 365
Neubach
KZ-Gedenkstätte
ehem. Kartause Marienpforte

Benediktinerstift Melk

ein Außenlager des KZ Mauthausen gegründet. Insgesamt waren über 14.390 Häftlinge hier interniert, die neben dem Auf- und Ausbau des Lagers u. a. auch zum Bau der Stollenanlage in Roggendorf eingesetzt wurden. Seit 1992 ist in dem ehemaligen Krematoriumsgebäude eine Ausstellung über die Geschichte des KZ-Außenlagers zu sehen. @ nrq178

- **Rathausplatz**. Neben dem ehemaligen Lebzelterhaus (1657) findet sich auch mittelalterliche profane Baukunst. @ xoa631
- **Wachauring**, Am Wachauring 2, ✆ 0699/11510348. Auf einer Fläche von über 12 ha eröffnet der Wachauring ein vielseitiges Angebot vom Sicherheitstraining über Rallycross, Kartfahren, Rennveranstaltungen bis hin zu Seminaren. @ hct415
- **Wachaubad**, Fürnbergstr. 12, ✆ 21100-8144, @ icr577

Das Benediktinerstift Melk markiert malerisch ein seltenes Zusammenspiel von Landschaft, Bauwerk und Strom. Nach Jahrhunderten wechselvoller Geschichte erlebte das Kloster zu Beginn des 18. Jahrhunderts unter dem Abt Berthold Dietmayer eine glanzvolle Blüte. Der Abt hatte im St. Pöltener Baumeister Jakob Prandtauer einen kongenialen und auch ökonomisch denkenden Partner gefunden. Dieser schuf den monumentalen barocken Prachtbau nach den Türkenkriegen und der gelungenen Gegenreformation als Ausdruck eines neuen Lebensgefühls, eines gestärkten Herrschaftswillens sowohl der Kirche als auch der Habsburger.

Tour 13 Pielachtalradweg

53,7 km

HM/km: ↗ 4,5 (241m) ↘ 1,2 (62m) Radweg: 36 % Unbefestigt: 3 % Verkehr: 1 %

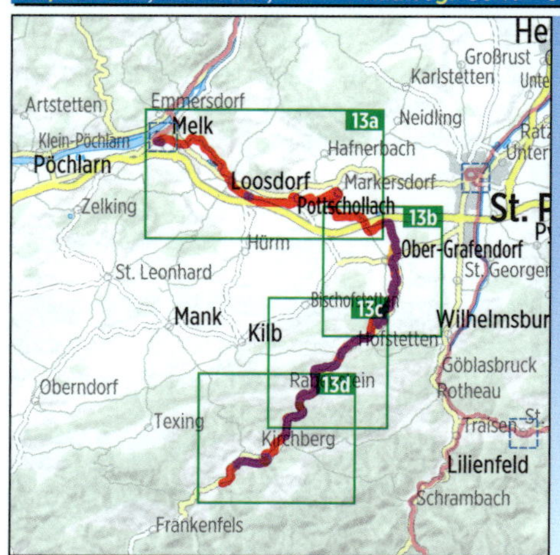

Die Pielach hat ein unvergleichliches Voralpental geformt und bietet einmalige Ausblicke auf die bäuerlich-malerische Kulturlandschaft. Dabei gilt es romantische Plätzchen des mittleren und unteren Pielachtales zu entdecken. Das untere Pielachtal, oder auch Dirndltal genannt, ist Heimat von Kardinal König, dem ehemaligen Erzbischof Wiens. Lassen Sie sich nicht die Gelegenheit entgehen, sich eine der „gschmackigen" Spezialitäten zu gönnen: egal ob eine Dirndlmarmelade, Dirndlpalatschinken oder einen Dirndlbrand. Der Pielachtalradweg führt von Melk nach Dobersnigg, einem Gemeindeteil von Loich. Ausgehend vom sehenswerten Melk führt der Radweg nach Loosdorf, wo sich ein Besuch im Museum des Alten Eiskellers anbietet. Ehe man die Pfarrkirche und die Burgruine in Rabenstein erreicht hat, fällt der Blick auf das Schloss Fridau in Ober-Grafendorf. Von nun an begleitet der Radweg die bekannte Mariazellerbahn und ermöglicht ein komfortables Rad- und Bahnerlebnis. Bevor das Ziel in Loich erreicht ist, kann man dem Modellbahnmuseum, dem Bienenschaukasten oder dem Schloss in Kirchberg einen Besuch abstatten.

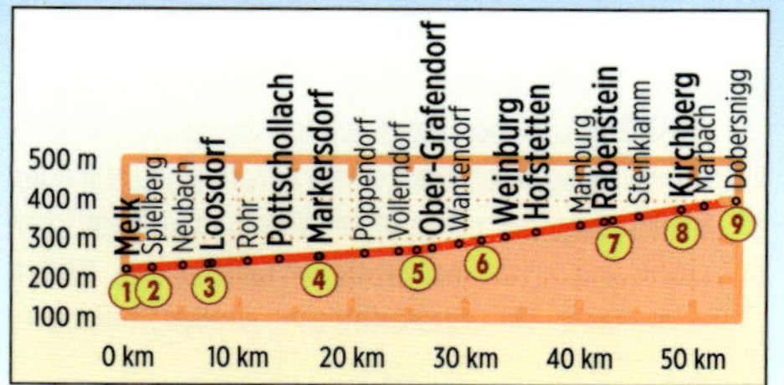

Charakteristik

Start: Melk

Ziel: Dobersnigg

Wegbeschaffenheit: Die Route verläuft zum Großteil auf Asphalt und Schotter.

Verkehr: Der Radweg verläuft meist auf ruhigen Radwegen und verkehrsarmen Nebenstraßen durch Felder und Wiesen.

Beschilderung: Pielachtal-Radweg

Steigungen: Die Tour verläuft großteils eben mit einer kräftigeren Steigung bei Rabenstein.

Schwierigkeitsgrad: leicht

Anschlusstour: 12

An- und Abreise: Bhf Melk, Bhf Loich

1 Melk s. S. 138

2 Spielberg (Melk)

Pielach (Melk)

Pielach (Melk)

Albrechtsberg an der Pielach (Loosdorf)

Schloss Albrechtsberg, Pielachstr. 8. Das Schloss befindet sich auf einem Granitsockel über der Pielach und war zeitweise Sitz des oberösterreichischen Adelsgeschlechtes der Enenkel. Den Wehrcharakter hat es bis heute nicht verloren. @ hls624

3 Loosdorf

Vorwahl: 02754

Gemeindeamt, Europapl. 11, ✆ 63840, @ hpv536

Heimatmuseum, Europapl. 11, ✆ 6384, ✆ 0650/9895032, ✆ 0699/81176631 Ⓒ Orts- und regionalgeschichtliche Objekte. @ pcd432

Schloss Schallaburg, Schallaburg 1, südwestlich bei Anzendorf, ✆ 63170 Eines der schönsten Renaissanceschlösser nördlich der Alpen besticht mit einem terrakottageschmückten Arkadengang, der romanischen Wohnburg, der gotischen Kapelle und mit der manieristischen Gartenanlage. Jährlich wechselnde kulturgeschichtliche Großausstellungen, @ kdn774

Alter Eiskeller, Wiener Str. 21, ✆ 0650/9895032. Bei Umbauarbeiten des Neunzehner-Hauses wurde bei der Begehung ein runder Raum entdeckt. Recherchen zufolge handelt es sich um einen Eiskeller, der bis in die 50er Jahre verwendet wurde. Nach der umfangreichen Sanierung des Kellers beherbergt er heute das Heimatmuseum und dient als beliebter Ausstellungs- bzw. Veranstaltungsort. @ smw867

Pottschollach (Haunoldstein)

Bründlkapelle. Die Kapelle wurde 1849 errichtet und um 1900 fanden angeblich mehrere Heilungen statt. Ganz in der Nähe wurden Reste menschlicher Besiedlung aus der Jungsteinzeit ausgegraben.

4 Markersdorf-Haindorf

Pfarrkirche, Marktpl. 1. Die Kirche entstand um 1100 und wurde 1130 von den Perneggern mit beträchtlichem Ausstattungsgut an Göttweig geschenkt. @ mfg763

Poppendorf (Markersdorf-Haindorf)

Ritzersdorf (Ober-Grafendorf)

Völlerndorf (Gerersdorf)

TIPP: **Der Ebersdorfer See ist über einen Weg vor dem Tennisplatz zu erreichen. Lassen Sie sich diese Naturoase nicht entgehen.**

5 Ebersdorf (Ober-Grafendorf)

Ebersdorfer See. Die Naturoase verspricht an heißen Tagen eine perfekte Abkühlung. Mit einem Beachvolleyball- und Fußballplatz sowie einem für Kletterfreunde angelegte Parcours und

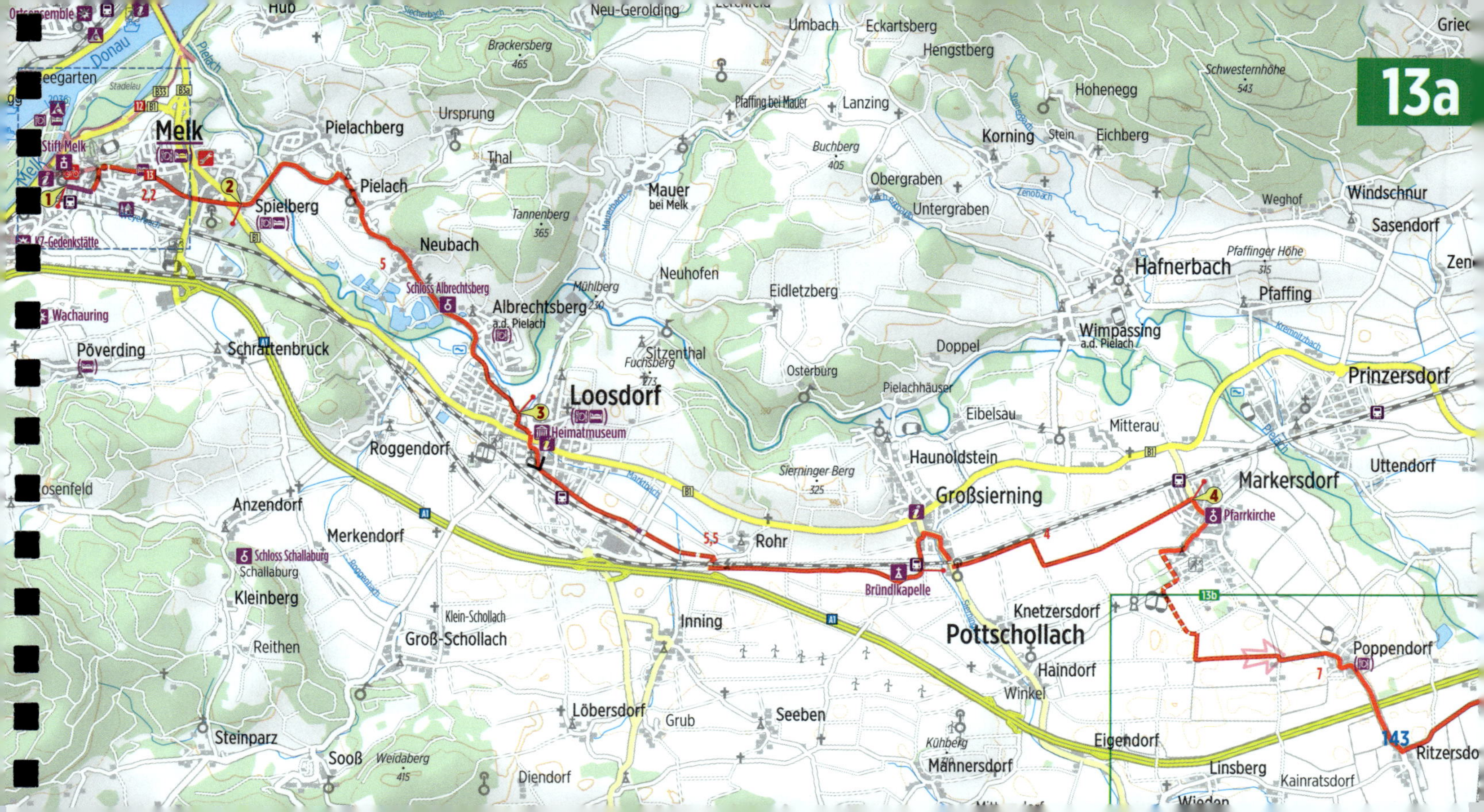

13a
Melk
Stift Melk
Donau
Spielberg
Pielachberg
Pielach
Ursprung
Thal
Neubach
Tannenberg
Schloss Albrechtsberg
Albrechtsberg a.d. Pielach
Loosdorf
Heimatmuseum
Roggendorf
Schrattenbruck
Pöverding
Wachauring
KZ-Gedenkstätte
Anzendorf
Merkendorf
Schloss Schallaburg
Schallaburg
Kleinberg
Reithen
Steinparz
Sooß
Weidaberg
Diendorf
Groß-Schollach
Klein-Schollach
Löbersdorf
Grub
Inning
Seeben
Rohr
Bründlkapelle
Mauer bei Melk
Neuhofen
Mühlberg
Sitzenthal
Fuchsberg
Eidletzberg
Osterburg
Sierninger Berg
Haunoldstein
Großsierning
Pielachhäuser
Eibelsau
Doppel
Pottschollach
Knetzersdorf
Haindorf
Winkel
Kühberg
Mannersdorf
Eigendorf
Linsberg
Kainratsdorf
Poppendorf
Ritzersdo
Markersdorf
Pfarrkirche
Mitterau
Uttendorf
Prinzersdorf
Wimpassing a.d. Pielach
Hafnerbach
Pfaffing
Pfaffinger Höhe
Sasendorf
Windschnur
Weghof
Korning
Stein
Eichberg
Hohenegg
Schwesternhöhe
Obergraben
Untergraben
Buchberg
Lanzing
Pfaffing bei Mauer
Umbach
Eckartsberg
Hengstberg
Brackersberg
Neu-Gerolding
Hub
Seegarten
Ortsensemble
Rosenfeld

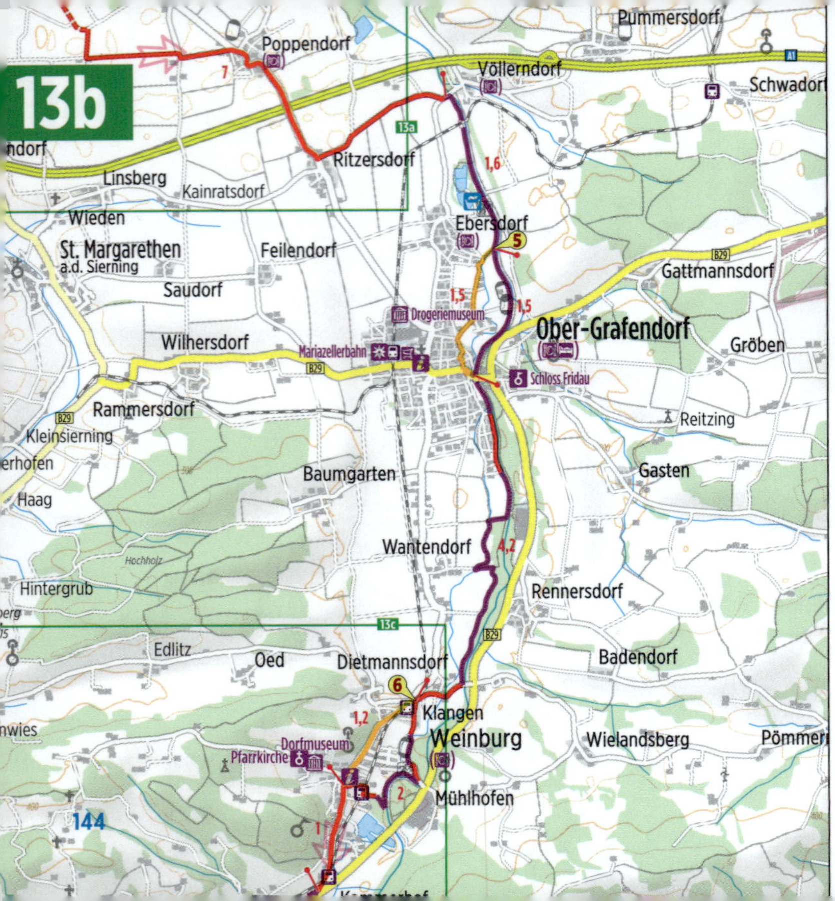

13b

einer Fahrt mit dem Flying Fox über den See kommen Sportbegeisterte auf ihre Kosten.

Ober-Grafendorf

Vorwahl: 02747

- **Marktgemeindeamt**, Hauptpl. 2, ☎ 23130, @ iby123
- **Drogeriemuseum**, Am Kräutergarten 6, ☎ 325032 Das Museum befindet sich am Betriebsgelände der Firma STYX und bietet auf einer 130 m² großen Etage Ansicht von Destillations-Apparaten, Mörsern und Kredenzen. @ iyf352
- **Schloss Fridau**, Fridau 1. Der gesamte Komplex besteht aus dem Neuschloss, dem Altschloss, dem Kanzleigebäude und dem Gartenpavillon.
- **Mariazellerbahn**. Die Mariazellerbahn bringt Sie zu den verschiedensten Punkten entlang des Pielachtal-Radweges und bietet Anschluss in St. Pölten. Beim Erwerb einer Fahrrad-Tageskarte reservieren Sie gleichzeitig auch einen Stellplatz für Ihr Rad. Fahrplan: St. Pölten-Mariazell. @ msb155

Wantendorf (Ober-Grafendorf)

6 Klangen

Weinburg

Vorwahl: 02747

Gemeindeamt, Mariazeller Str. 15, ☎ 2616, @ epy634

Dorfmuseum, Kirchenstr. 15, ☎ 3893, ☎ 2616 Ausstellung bäuerlicher Gerätschaften, Fotoapparate, Schaustücke aus der Schule u.v.m. @ tue776

Pfarrkirche, Kirchenstr. Das spätgotische Fresko Mariä-Verkündigung an der Chorwand sowie der Marmorgedenkstein, der den ursprünglichen Einstieg der Auersperg-Gruft abdeckt, sind besonders erwähnenswert.

Kammerhof (Hofstetten-Grünau)

Hofstetten-Grünau

Vorwahl: 02723

Pielachpark, Färberg. Der beliebte Park bietet so einiges: Überfahrt mit dem Floß, Abkühlen in der Pielach, Minigolfbahn (von April bis Oktober), Kinderspielplatz, Skaterbahn, Beachvolleyballplatz, Kletterwand und Tretmobil-Verleih (2 oder 4 Sitzer).

Aquarella, Hauptpl. 3-5, ☎ 8242, ☎ 8788, @ lmd868

Mainburg (Hofstetten-Grünau)

Abenteuerland Pielachtal, Mariazeller Str. 23, ☎ 0664/1929205 Bei einer spannenden Rätseltour, mit einer Tasche und verschiedensten Hilfsmitteln ausgestattet, begeben Sie sich hier auf eine Schatzjagd. Für Kinder ab 6 Jahren. @ dac473

Pielachtaler sehnsucht, Mariazeller Str. 23. Der See im Grünen gilt als ökologisches und gestalterisches Vorzeigeprojekt. Bei dem danebenliegenden Strandbad gibt es Spiel-, Ruhe- und Naturzonen. Das Veranstaltungsgelände der Seebühne bietet jede Menge Platz für Konzertliebhaber. @ gkl512

7 Rabenstein an der Pielach

Vorwahl: 02723

Marktgemeindeamt, Marktpl. 6, ☎ 2250, @ eoe878

Pfarrkirche, Kardinal-König Pl. 1. Besonders sehenswert sind die Spitzbogenarkaden und die gotischen Maßwerk-Fenster. @ lxw232

Burgruine Rabenstein, ☎ 225015, ☎ 0676/4007770 Die im Jahr 1136 erstmals erwähnte Hochburg war Ausgangspunkt für die deutsche Besiedelung des oberen Pielachtales. @ puc133

3K-Galerie in der Fabrik, St. Pöltnerstr. 28, ☎ 2263, ☎ 0676/5025830 Nach Restauration 2002 wurde der ehem. Nähsaal zu einem Ort für Kunst, Kultur und Kommunikation umgestaltet. @ qxn516

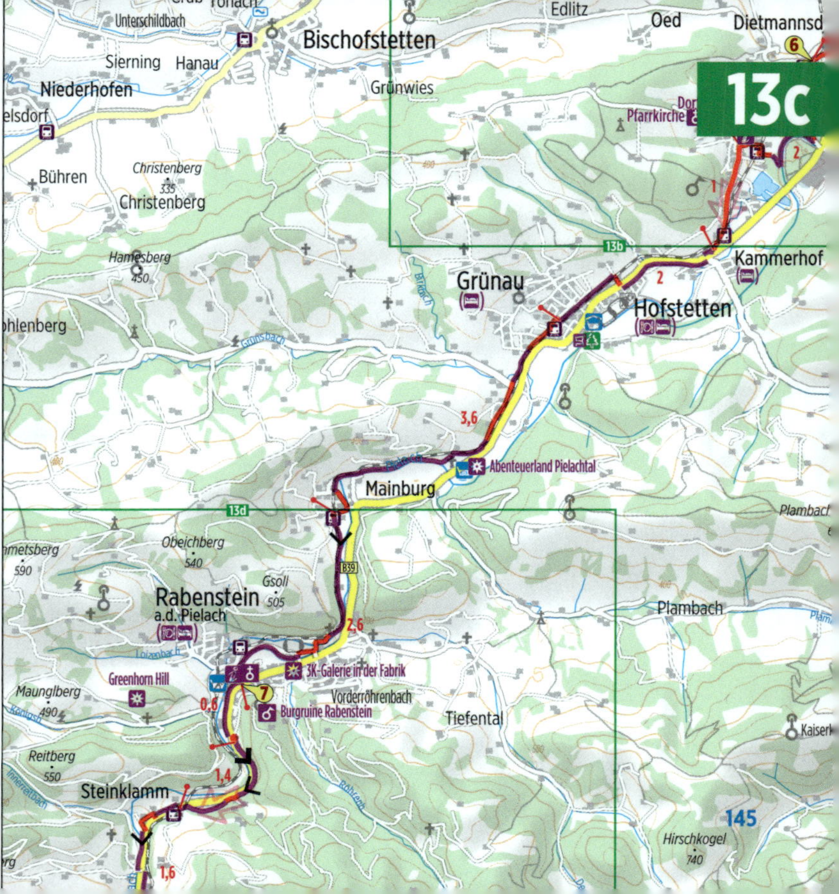

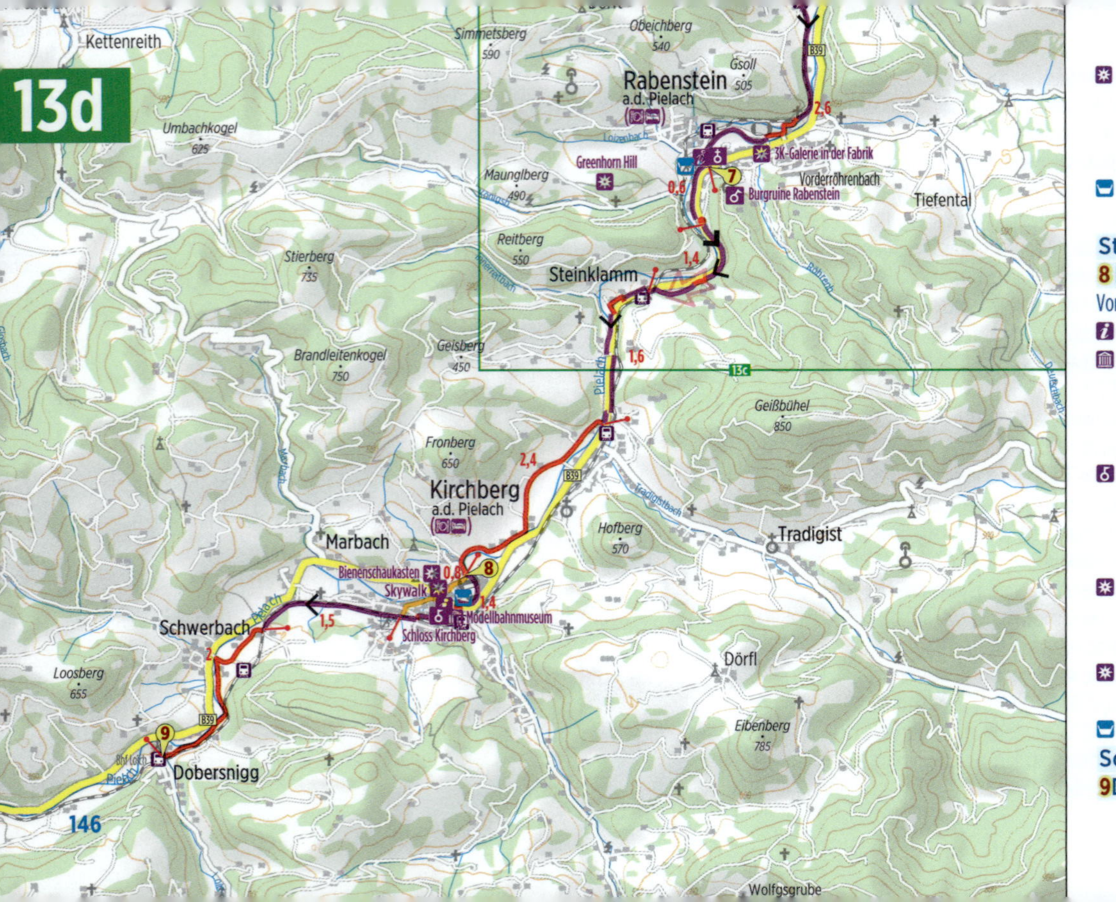

Greenhorn Hill, Königsbach 4a, Am Kollerberg, 0676/7466161 Im 4.000 m^2 großen Dorf dürfen Sie Ihr Können beim Bogenschießen und Hufeisenwerfen unter Beweis stellen. Bei den Country- und Westernfesten tauchen Sie näher in die Welt des Western ein. @ lgg232

Pielachtalbad, Königsbachstr. 2, 225015, 0676/6419435, @ rdf716

Steinklamm (Rabenstein an der Pielach)

8 Kirchberg an der Pielach

Vorwahl: 02722

Marktgemeindeamt, Schloßstr. 1, 7309, @ akr454

Modellbahnmuseum, Bahnhofstr. 9, Bahnhofsgebäude Die Modellbahnanlage zeigt den landschaftlich schönsten Streckenabschnitt der Mariazellerbahn von Laubenbachmühle nach Erlaufklause. @ xfs686

Schloss Kirchberg, Schloßhof 2. Das ehem. Wasserschloss stammt aus dem 16. Jh. und besteht u. a. aus einem kleinen Hof mit toskanischen Säulengängen und einem Marmorportal. Nur von außen zu besichtigen.

Bienenschaukasten, Am Kirchenberg, 2200 Das Leben des arbeitenden Bienenvolkes wird auf anschauliche Weise dargestellt. @ eli618

Skywalk, Am Kirchberg Die Aussichtsplattform bietet einen schönen Ausblick über den gesamten Ort. @ wvj211

Erlebnisfreibad, Schulg. 8a, 730928, @ hfi141

Schwerbach (Kirchberg an der Pielach)

9 Dobersnigg (Loich)

Tour 14 Ybbstalradweg

109 km

HM/km: ↗ 2,0 (213m) ↘ 5,3 (580m) Radweg: 40 % Unbefestigt: 0 % Verkehr: 1 %

Der grüne Faden dieses Radwegs ist der Fluss Ybbs, der – eingebettet in das Mostviertel – schlussendlich in der Stadt Ybbs in die Donau mündet. Ganz typisch für die Region sind die ausgedehnten Streuobstwiesen und die leicht hügeligen Landschaften im Alpenvorland dieses niederösterreichischen Viertels.

Startpunkt ist Lunz am See, das mit einem vielfältigen Angebot aus Bade- und Boots-erlebnis sowie Kulinarikvergnügen aufwartet. Am Radweg auf der ehemaligen Bahntrasse radeln Sie entspannt abseits des Straßenverkehrs. Dabei entdecken Sie das Solebad in Göstling und das Strandbad in Hollenstein. In Waidhofen an der Ybbs, wo die Bahntrasse endet, sollten Sie sich den historischen Stadtkern und die mittelalterlichen Wehranlagen nicht entgehen lassen. Hiernach bietet sich in Rosenau ein Ausflug zur am Höhenrücken gelegenen Wallfahrtsbasilika am Sonntagberg an. Ein einzigartiger Blick über das gesamte Mostviertel vom barocken Gotteshaus aus ist definitiv lohnend. Weiter geht es zum Tor des Ybbstales, nach Amstetten. Das Rathaus ist eine gelungene Verbindung zwischen Alt und Neu und gilt als Wahrzeichen der Stadt. Nach einem kurzen Hügelrücken erreichen Sie das Ziel dieser Tour, die historische Altstadt von Ybbs.

Charakteristik

Start: Lunz am See

Ziel: Kemmelbach

Wegbeschaffenheit: Die Route führt ausnahmslos auf asphaltierten Straßen. Das neu angelegte Kernstück zwischen Lunz am See und Waidhofen an der Ybbs führt Sie auf der Bahntrasse der einstigen Ybbstalbahn.

Verkehr: In Kematen führt die Route ein kurzes Stück auf der verkehrsreichen B 121.

Steigungen: Die Tour führt sanft hügelig stetig bergab mit einer kräftigeren Steigung nach Freidegg.

Schwierigkeitsgrad: mittel

An- und Abreise: Bahnverbindung Wien/Salzburg nach Waidhofen/Ybbs (Railjet bzw. Westbahn und Regionalbahn), mit dem Radtramper-Bus nach Lunz am See. Kemmelbach bzw. Ybbs nach Wien und Salzburg (Cityjet, Railjet bzw. Westbahn).

Lunzer See

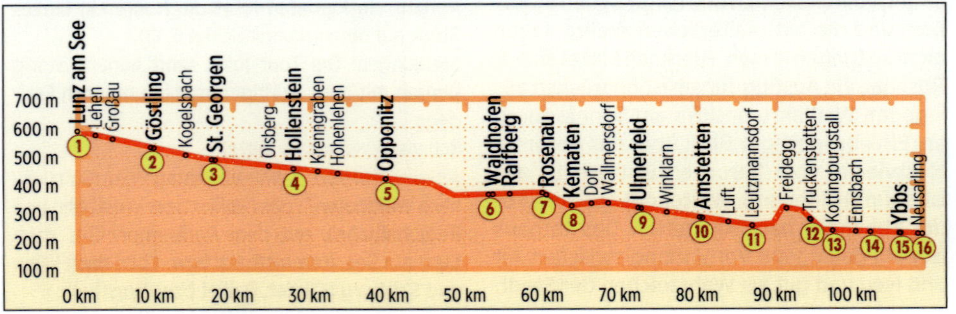

EINSTIEG **1** Diese Tour startet am Nostalgiebahnhof im Kultur- und Bergsteigerdorf Lunz am See wo der Radtramper-Bus hält.

TIPP Entlang der Seepromenade gelangen Sie nach 1,2 km zum Lunzer See, der mit seiner Wasserqualität der Klasse 1 viele Wasserratten anlockt.

1 Lunz am See

Vorwahl: 07486

Ybbstaler-Alpen-Tourismusverein, Amonstr. 16, ☎ 9304915, ☎ 9304916, @ biy331

Hammerherrenmuseum, Amonstr. 16, ☎ 808115, ⏲ Juni-Sept. Di-So 10 u. 11.15 Uhr, Okt./Mai Mi u. Sa 10 Uhr. Die Ausstellung im 1551 erbauten Amonhaus zeigt ein Hammerherrenzimmer mit besonderen Schaustücken, eine originale Rauchkuchl und einen Raum, in dem die Eisenverarbeitung der vergangenen Zeit veranschaulicht wird. Der Museumsbesuch ist nur mittels Führung möglich. @ ubt263

Seebad, Seestr. 28, ☎ 80810, ☎ 8730. Das Seebad und das Seebachbad beim aufgestauten Lunzbach bieten an heißen Sommertagen erfrischende Abkühlung. @ rgs171

Großau (Lunz am See)

Stiegengraben (Lunz am See)

AUSFLUG Über die B 25 erreichen Sie nach 9 km Lassing, von wo aus Sie einen Ausflug ins spektakuläre Mendlingtal machen können.

Göstling a. d. Ybbs

Lassing (Göstling an der Ybbs)

Mendlingtal, Lassing 19, ✆ 07484/26060 (7d) Entlang des 3,5 km langen Themenweges in Lassing beim Dorfteich gibt es ein Schmiedegesellenhaus, eine Triftanlage und eine Mühle eingebettet in ein Naturparadies zu entdecken. Gehzeit: ca. 2 h. @ mki138

2 Göstling an der Ybbs

Vorwahl: 07484

Tourismusbüro Göstling, Nr. 46/2, ✆ 93049, @ eup784

Steinbachboden (24) Am Sonnwendkogel, auf einer Seehöhe von 906 m, befindet sich ein Aussichtspunkt, der einen einma-

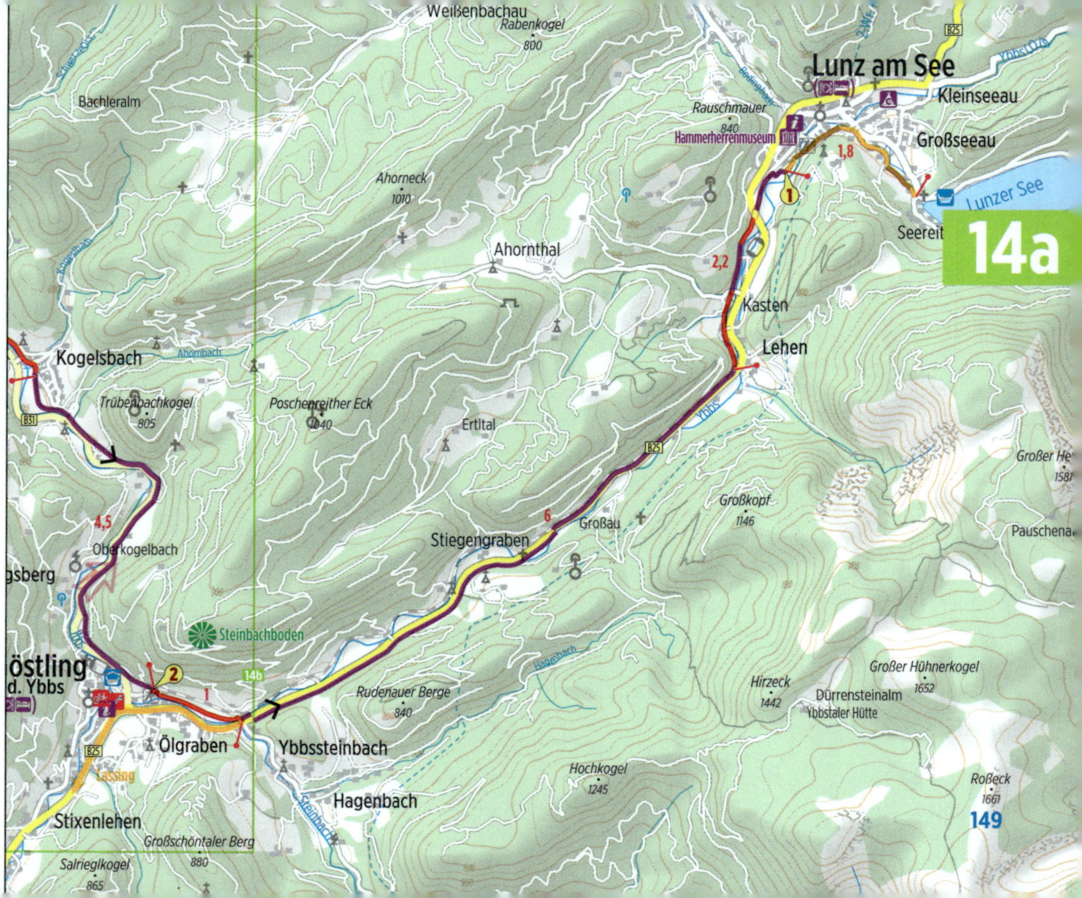

14a

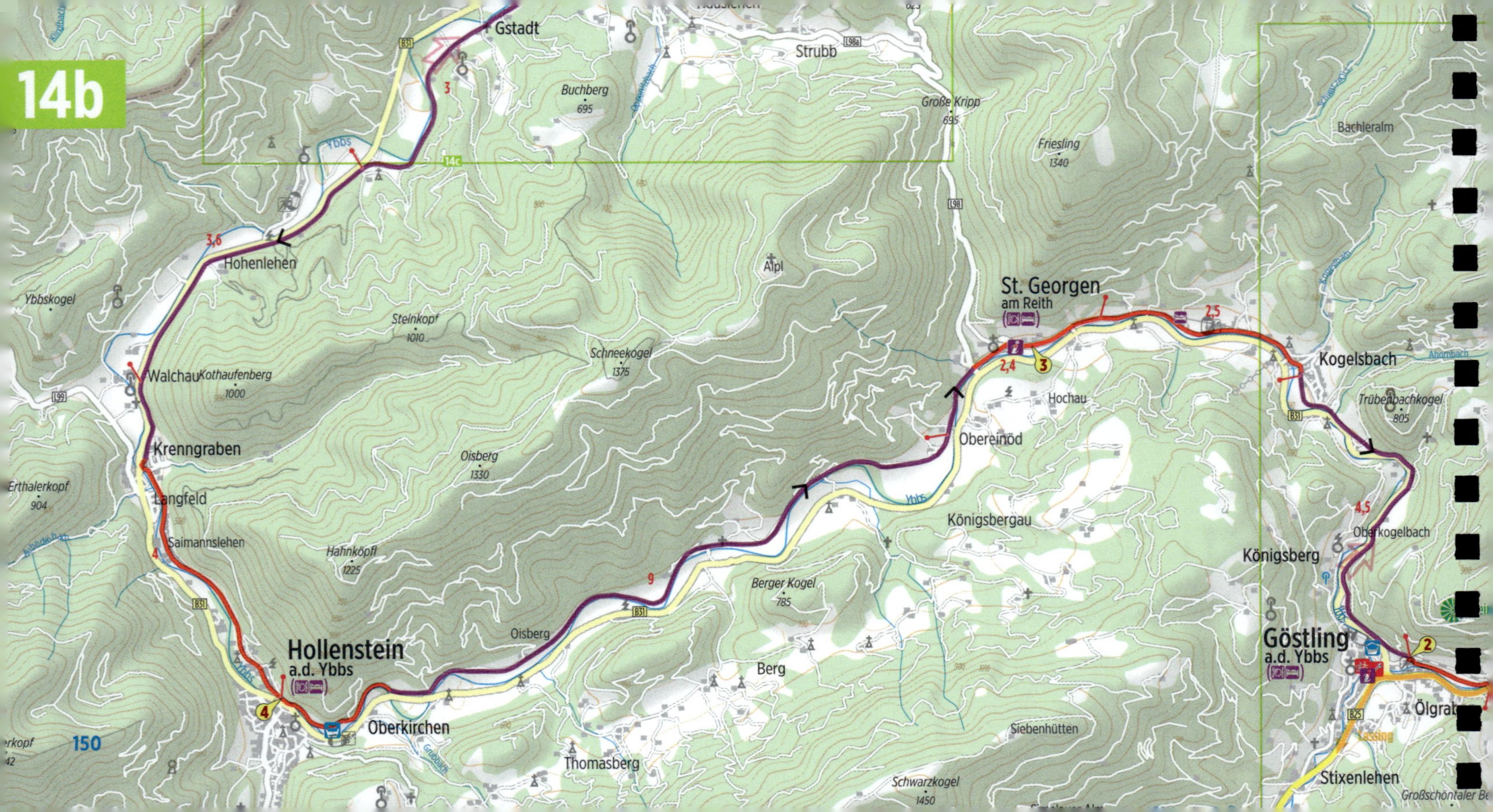

14b
Gstadt
Strubb
Buchberg
695
Große Kripp
695
Friesling
1340
Bachleralm
Ybbs
14c
Hohenlehen
Alpl
Ybbskogel
Steinkopf
1010
St. Georgen
am Reith
Schneekogel
1375
Walchau
Kothaufenberg
1000
Kogelsbach
Hochau
Trübenbachkogel
805
Krenngraben
Obereinöd
Oisberg
1330
Erthalerkopf
904
Langfeld
Königsbergau
Saimannslehen
Hahnköpfl
1225
Oberkogelbach
Königsberg
Berger Kogel
785
Oisberg
Hollenstein
a.d. Ybbs
Berg
Göstling
a.d. Ybbs
Oberkirchen
Ölgrab
Siebenhütten
150
Thomasberg
Stixenlehen
Schwarzkogel
1450
3
3,6
2,5
2,4
4,5
4
9

ligen Blick auf Göstling, das Ybbstal, das Steinbachtal und die Göstlinger Alpen bietet.

Ybbstaler Solebad, Oberkogelsbach 21, ✆ 253530. Vielseitiges Wellnessangebot: Black Mud, Wassergymnastik, Sauna u.v.m. Die wohltuende Wirkung des Solewassers für Haut und Körper ist seit Jahren bekannt. @ nsw861

Kogelsbach (St. Georgen am Reith)

3 St. Georgen am Reith

Vorwahl: 07484

Gemeindeamt, Dorf 58, ✆ 8000, @ mik568

4 Hollenstein an der Ybbs

Vorwahl: 07445

Tourismusbüro, Dornleiten 71, ✆ 2180, @ uvc727

Strandbad, Oisberg 28, ✆ 21821, ✆ 0664/5120408. Mit dem Sautrog entlang der Ybbs die Natur erforschen, beim Tischtennis oder Freiluftschach sein Können unter Beweis stellen oder beim Gratis-Griller wahre Köstlichkeiten zubereiten. @ mir227

Krenngraben (Hollenstein an der Ybbs)

Gstadt (Opponitz)

5 Opponitz

Zell-Arzberg (Waidhofen an der Ybbs)

6 Waidhofen an der Ybbs

Vorwahl: 07442

Waidhofen an der Ybbs

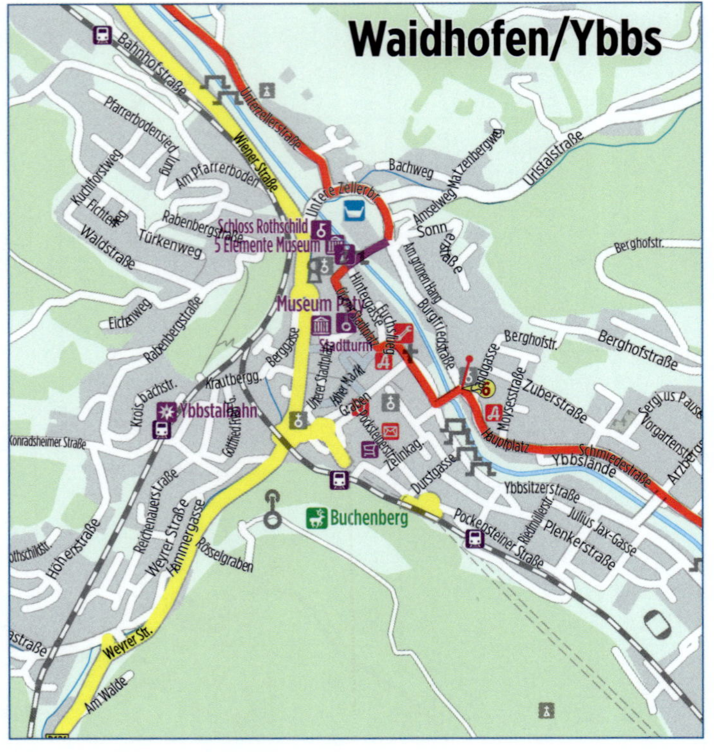

Tourismusbüro, Schlossweg 2, ☎ 93049, @ nco434

5 Elemente Museum, Schlossweg 2, Schloss Rothschild, ☎ 511470 Bei einem interaktiven Rundgang entdecken Sie Geschichte, Gegenwart und Zukunft zum Anfassen für die ganze Familie. Hier treffen historische Tradition und mutige Innovation aufeinander. @ ygq224

Museum Piaty, Unterer Stadtpl. 39, ☎ 53110 Zur Schau gestellt werden mehr als 2.500 Ausstellungsstücke der Volkskundesammlung von Karl Piaty (1910-1989). @ cpd542

Schloss Rothschild, Schlossweg 2, ☎ 511470. Die ursprünglich mittelalterliche Burg war jahrhundertelang Sitz der Freisinger Pflege, u.a. wohnte hier Baron Rothschild. Besonders sehenswert ist der gläserne Kubus auf dem steinernen Schlossturm. @ ctq853

Stadtturm, Oberer Stadtpl. 27, ☎ 93049, Mai-Okt., jeden 1. So im Monat, 13-17 Uhr. Neben der Ausstellung „Das Leben vor 100 Jahren" zeigt der im 13. Jh. erbaute Turm auf sieben Etagen den Lebensalltag der einfachen Leute. @ fsq556

Ybbstalbahn. Die einstige Schmalspurbahn war für die Stadt von großer Bedeutung. Der Verkehr wurde größtenteils eingestellt, bis auf eine kleine Ausnahme: mit der City Bahn von Waidhofen gelangt man nach Gstadt und wieder retour. @ ifl821

Buchenberg, Rösselgraben 15, ☎ 0676/844991444 Tierpark mit heimischen Wildtieren, Bogenparcours und Kletterwald (nur Juli-Sept). @ ghk476

Urkundlich wurde die Stadt mit eigenem Statut erstmals im Jahr 1171 erwähnt. Bereits um 1200 hatten die Bischöfe von Freising ihren Jagdsitz Waidhofen im Mündungswinkel von Ybbs und Schwarzach zur Burg ausgebaut. Bis 1803 war Waidhofen im Besitz des Bistums Freising. Im ausgehenden Mittelalter stieg die Stadt zum Eisenhandelszentrum der Eisenwurzen auf. Um 1500 lebten und arbeiteten hier an die 60 Klingenschmiedemeister und es bestanden 250 Eisenhandwerksbetriebe.

Heute ist die rund 13.000 Einwohner zählende, mittelalterliche Stadt mit den reizvollen Bürgerhäusern aus dem

16. Jahrhundert kultureller Mittelpunkt des Ybbstales.

Raifberg (Waidhofen an der Ybbs)

Böhlerwerk

Marktgemeindeamt, Waidhofenerstr. 20, Rosenau am Sonntagberg, 07448/2290, @ fdt288

Freibad, Grünmühlweg 13, 07442/62964, @ igd358

Bruckbach

Ausflug zum Sonntagberg 2,8 km

TIPP **7** In Rosenau können Sie nach rechts entlang der **Sonntagbergstraße** radeln. Dabei geht es stark bergauf, um zum beliebten Wallfahrtsziel zu gelangen.

Sonntagberg

Vorwahl: 07448

Pilgerinformation, Sonntagberg, 21572, Ostermontag-Allerheiligen, Mo-Fr 10-17 Uhr, Sa, So/Fei 9-17 Uhr. Auskunft, Führungen, Souvenirshop sowie Buchung von Tour und Tagesfahrten durch die Region. @ mkm884

Museum Schatzkammer, Sonntagberg 1, 21572 Exponate von wertvollen Schätzen und Pilgergaben und Wissenswertes zur Geschichte „Wallfahrer und Pilger". @ unq264

Basilika Sonntagberg, Sonntagberg 1, 21572 Das Wahrzeichen des Mostviertels zählt seit Jahrhunderten zu den wichtigsten Pilgerzielen Österreichs. Der barocke, monumentale Kirchenbau ist von einem gepflasterten Podestplateau mit Entlüftungs- und Entwässerungssystemen umgeben. Besonders sehenswert ist der barocke Hochaltar, denn dieser besteht aus zwölf kannelierten Freisäulen, die die zwölf Stämme Israels symbolisieren. Dieser wurde nach dem Entwurf von Melchior Hefele entworfen. Die Orgel zählt zu den bedeutendsten in Österreich. @ xgj386

Rosenau am Sonntagberg

Marktgemeindeamt, Waidhofenerstr. 20, 07448/2290, @ fdt288

Militärmuseum, Aichöd 5, Halle Wedl-Siedlung, 07448/21020, 0664/3552306 Hier gibt es Lastwägen, Gelände- und Kettenfahrzeuge, eine Motorradsammlung, Waffen,

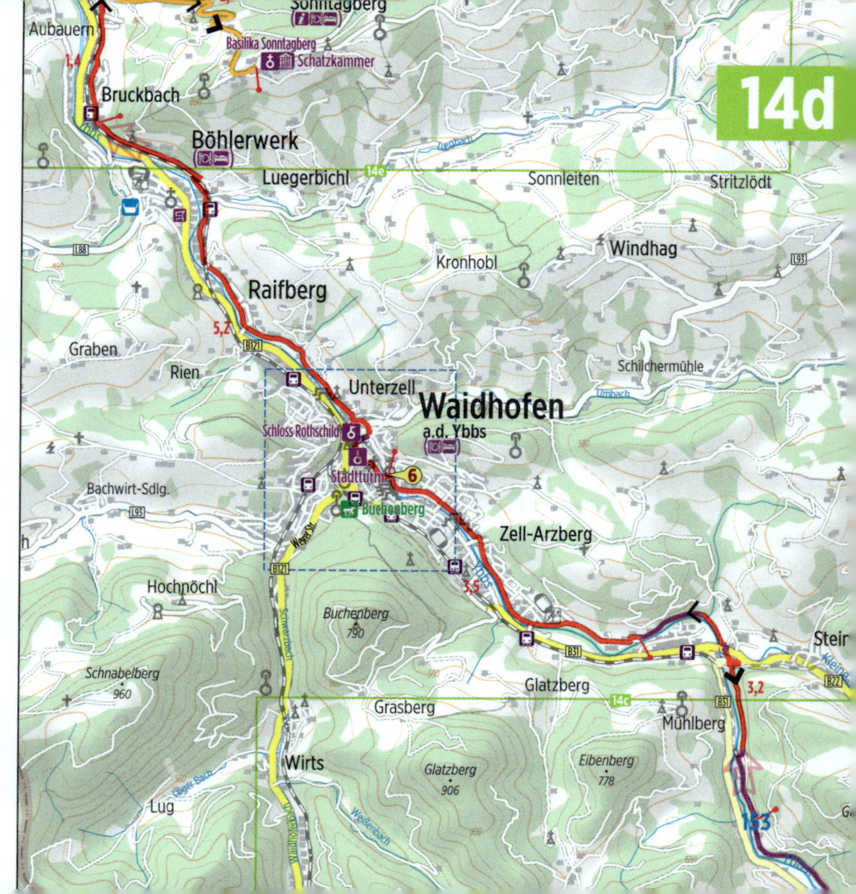

Sonntagberg, Wallfahrtskirche

Uniformen, eine Kriegsfotoausstellung u.v.m. zu besichtigen. @ apb468

Gleiß

8 Kematen an der Ybbs

Vorwahl: 07448

Marktgemeindeamt, 1. Str. 31, ✆ 2312, @ sjg137

Kematner Brücke (24) 1532 überquerten Türkenscharen das jetzige Baudenkmal, 1805 waren es Franzosen. Die geschichtsträchtige Brücke ist ein beliebtes Motiv von Malern und Fotografen und ist im Gemeindewappen abgebildet. @ dkf218

Ybbsnaturbad, ✆ 2312. Die Naturbadeanlage befindet sich oberhalb des EVN Kraftwerkes „Dorfmühle".

Gimpersdorf (Kematen an der Ybbs)

Kornkreismuseum, Nr. 2, ✆ 0650/9936558 Ⓒ Bei einer Führung bestaunen Besucher 100 Großbilder unterschiedlichster Kornkreisbilder. @ wkw468

Kröllendorf (Allhartsberg)

Wallmersdorf (Allhartsberg)

9 Ulmerfeld-Hausmening-Neufurth (Amstetten)

Vorwahl: 07472

Schloss Ulmerfeld, Burgweg 1, ✆ 07475/54037, ✆ 07475/601363 Ⓖ Ⓒ Besonders sehenswert ist die gotische Schlosskapelle aus dem 14. Jh., der Rittersaal und das Bischofszimmer mit einer originalen Holztramdecke. Außerdem erhält man am Aussichtsturm nach dem Bezwingen von 124 Stufen einen einmaligen Blick auf das Mostviertel. @ nsv348

Amstetten, Wasserturm

Heidebad, Stadionstr. 4, ✆ 52284, @ wjg854

Winklarn

Gemeindeamt, Tanngrabenstr. 2, ✆ 07472/6431912, @ jxp561

Greinsfurth

10 Amstetten

Vorwahl: 07472

Kultur- und Tourismusbüro, Rathausstr. 1, ✆ 601454, @ fet173

Stadtpfarrkirche, Preinsbacher Str. 21, ✆ 62145. Die alte Herz-Jesu-Kirche wurde im 2. Weltkrieg durch einen Bombentreffer fast vollständig zerstört. Die heutige Erscheinung der Kirche wurde daher nach dem Krieg neu gestaltet. Das wahrscheinlich erwähnenswerteste Stück der Kirche ist der kunstvolle, von Franz Forster gefertigte, Taufstein. @ pwo563

Wasserturm, Eggersdorfer Str. 27. Der 23,5 m hohe viergeschoßige Wasserturm wurde 1908 anlässlich der Bahnhofserweiterung errichtet.

Rathaus, Rathausstr. 1. Das Rathaus dient gleichzeitig auch als Galerie für Ausstellungsstücke unterschiedlicher Künstler.

Naturbad, Stadionstr. 6-8, ✆ 601573, @ cws542

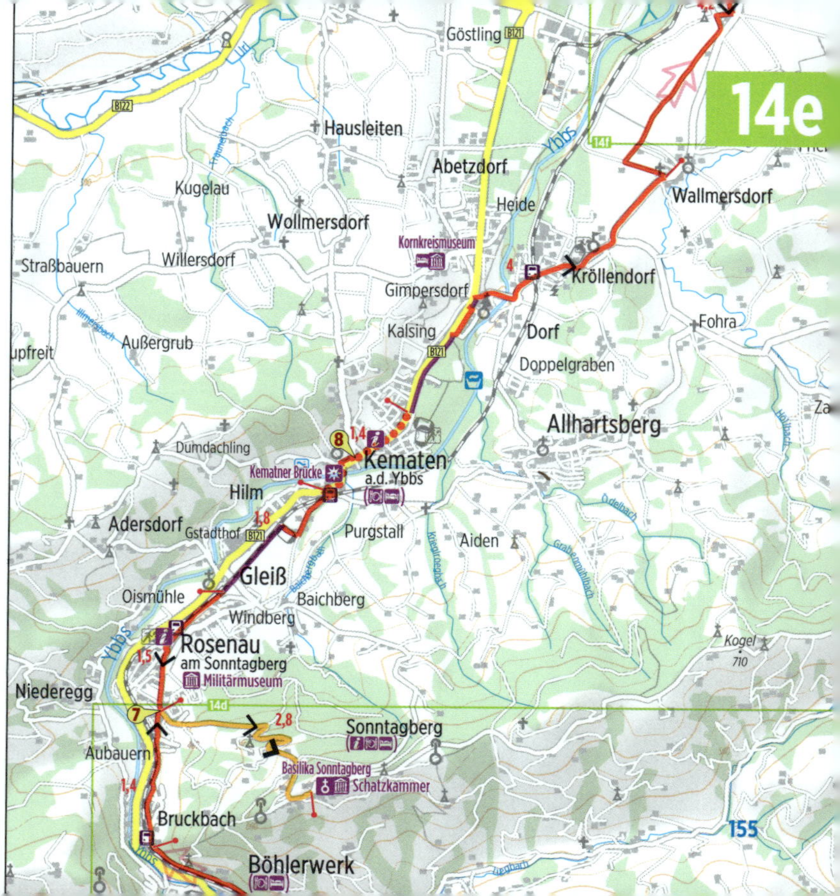

14e

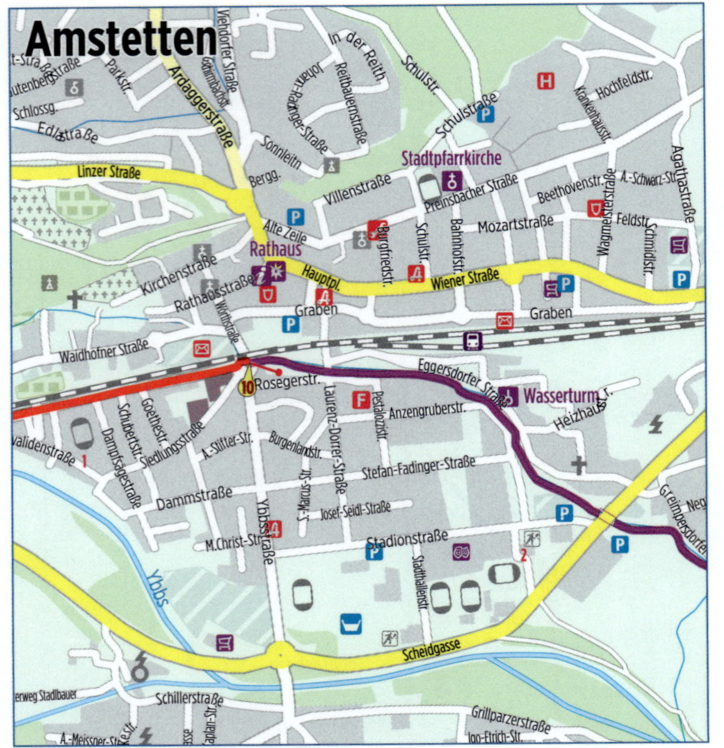

Schon in prähistorischer Zeit waren Teile des Gemeindegebietes besiedelt. Mitte des 13. Jahrhunderts entstand der erstmals 1111 urkundlich erwähnte angerförmige Markt Amstetten.

Durch die Inbetriebnahme der Kaiserin-Elisabeth-Westbahn 1858 und der Kronprinz-Rudolf-Bahn 1872, die das Enns-, und Ybbstal erschlossen, wurde Amstetten Bahnknotenpunkt. Damit setzte der wirtschaftliche Aufschwung des von Kaiser Franz Joseph I. 1897 zur Stadt erhobenen Marktes ein.

Greimpersdorf (Amstetten)

Luft (Amstetten)

Dingfurt (Amstetten)

Matzendorf (St. Georgen am Ybbsfelde)

11 Leutzmannsdorf (St. Georgen am Ybbsfelde)

Ferschnitz

Vorwahl: 07473

Marktgemeindeamt, Marktpl. 1, 8297, iis175

Pfarrkirche Hl. Sixtus, Marktpl. Die Kirche wurde in der Spätgotik erbaut und erhielt 1770 ein Hochaltarbild von Martin Johann Schmidt (Kremser Schmidt).

12 Truckenstetten (Ferschnitz)

Günzing (Ferschnitz)

AUSFLUG **13** Fahren Sie links weiter um nach Blindenmarkt zu gelangen. Das Erholungszentrum im Augebiet ist ganzjährig frei zugänglich und lädt zu einer lohnenden Rast und Abkühlung ein.

Blindenmarkt

Vorwahl: 07473

Marktgemeindeamt, Hauptstr. 17, 22170, vdi224

Erholungszentrum Auseen. Die drei Badeseen befinden sich südlich der Gemeinde, Eintrittskarten erhalten Sie direkt bei der Zufahrt zum See. eeh261

Hubertendorf (Blindenmarkt)

Ennsbach

14 Karlsbach

Göttsbach

15 Ybbs an der Donau

Vorwahl: 07412

Nibelungengau Info-Center, Stauwerkstr. 86, 55233, Juni-Sept. osj475

Fahrradmuseum, Herreng. 12, 20098 Das Museum führt den Besucher auf eine Zeitreise durch die Geschichte des Fahrra-

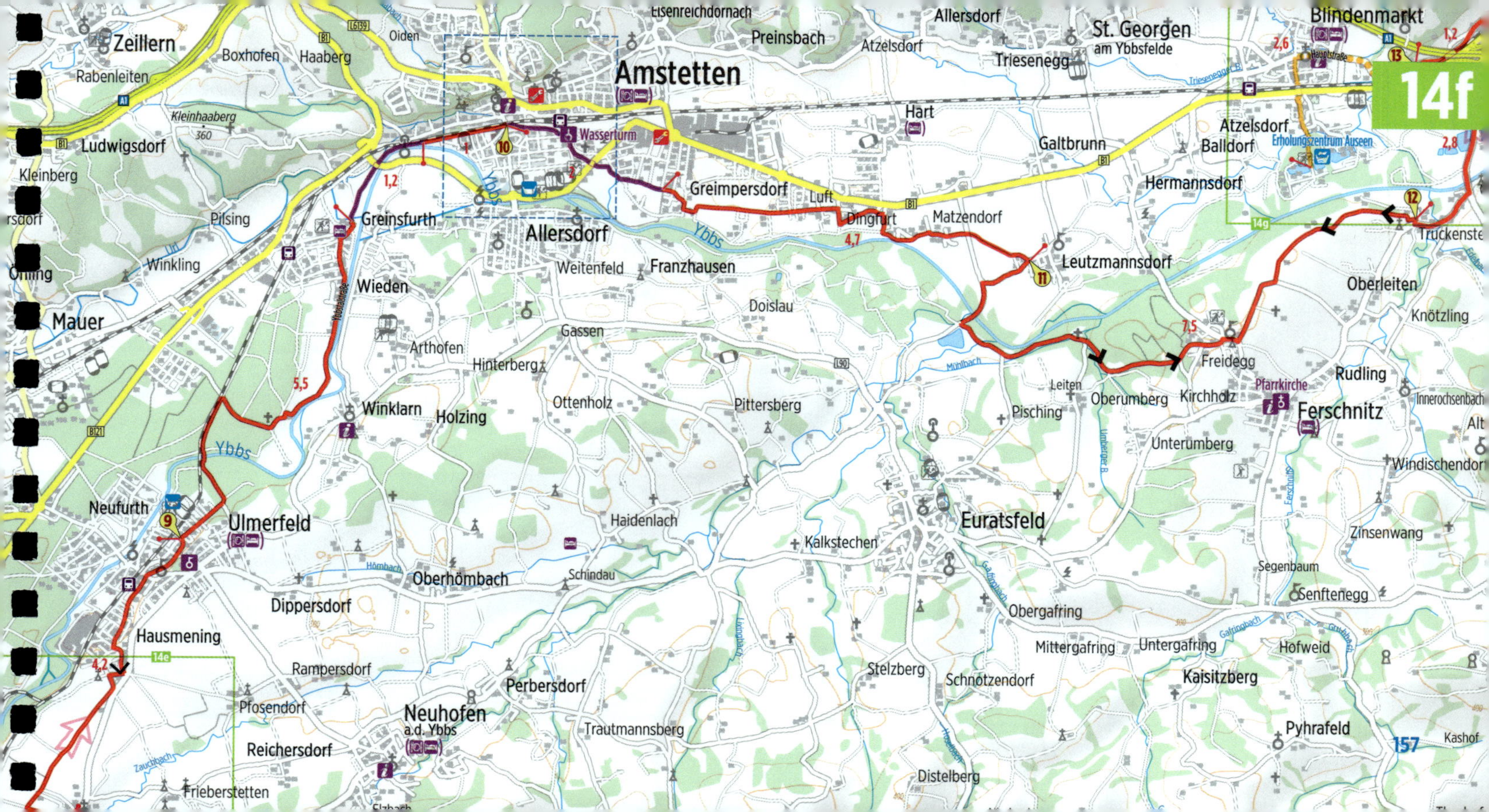

14f
Amstetten
Zeillern
Boxhofen
Haaberg
Oiden
Rabenleiten
Kleinhaaberg
Ludwigsdorf
Kleinberg
Pilsing
Winkling
Mauer
Greinsfurth
Allersdorf
Wasserturm
Greimpersdorf
Luft
Dingfurt
Matzendorf
Hart
Galtbrunn
Preinsbach
Atzelsdorf
Allersdorf
St. Georgen
am Ybbsfelde
Triesenegg
Blindenmarkt
Atzelsdorf
Balldorf
Erholungszentrum Auseen
Hermannsdorf
Truckenste
Leutzmannsdorf
Oberleiten
Knötzling
Wieden
Weitenfeld
Franzhausen
Doislau
Arthofen
Gassen
Hinterberg
Freidegg
Leiten
Oberumberg
Kirchholz
Pfarrkirche
Ferschnitz
Rudling
Innerochsenbach
Winklarn
Holzing
Ottenholz
Pittersberg
Pisching
Unterumberg
Windischendorf
Ybbs
Neufurth
Ulmerfeld
Haidenlach
Kalkstechen
Euratsfeld
Zinsenwang
Segenbaum
Senftenegg
Oberhömbach
Schindau
Dippersdorf
Obergafring
Mittergafring
Untergafring
Hofweid
Hausmening
Rampersdorf
Perbersdorf
Stelzberg
Schnotzendorf
Kaisitzberg
Pfosendorf
Neuhofen
a.d. Ybbs
Trautmannsberg
Pyhrafeld
Kashof
Reichersdorf
Frieberstetten
Distelberg

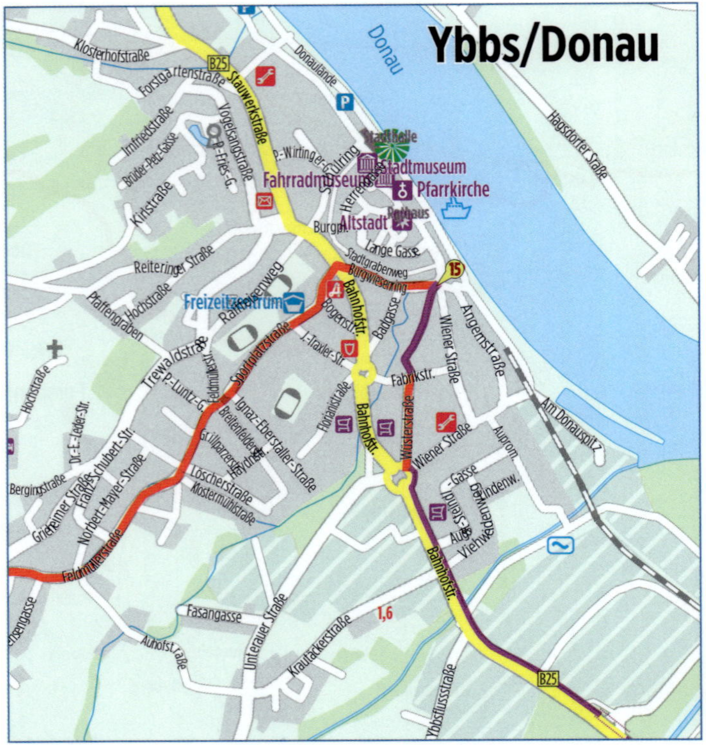

Ybbs/Donau

des. Es gibt u. a. hölzerne Laufräder, Tretkurbelräder sowie Hochräder zu besichtigen und teilweise auch auszuprobieren. @ lwi262

Stadtmuseum, Herreng. 23, ✆ 0676/6173933 Ⓒ Hier werden die geschichtliche Entwicklung, die Donauschifffahrt und Schiffsmeisterei sowie römische Funde veranschaulicht. @ rpa816

Pfarrkirche St. Lorenz, Kirchenpl., ✆ 52654. Die dreischiffige Staffelkirche mit dem Netzgewölbe entstand um 1500. Kanzel, Orgel und der schöne, reich vergoldete Hochaltar sind von 1730. @ kiv748

Altstadt, Hauptpl. Die Sanierung der Bürgerhäuser aus der Renaissance und der teilweise erhaltenen Stadtbefestigung wurde zu einem Beispiel mit österreichischem Modellcharakter.

Besucherkraftwerk Ybbs-Persenbeug, Donaudorfstr. 2, Ybbs, ✆ 0650/3002236 Das älteste Donaukraftwerk gibt Einblick in die faszinierende Welt der Stromerzeugung aus Wasserkraft. Tägliche Führungen am frühen Nachmittag. @ hmk564

Ybbsiade. Jährlich im April stattfindendes zwei- bis dreiwöchiges Kabarett- und Kulturfestival. @ xlr472

Flussbad 3er, am Ende der Ybbsflußstraße. Naturbelassenes Flussbad mitten im Natura 2000 Gebiet. @ ool568

Ybbs an der Donau

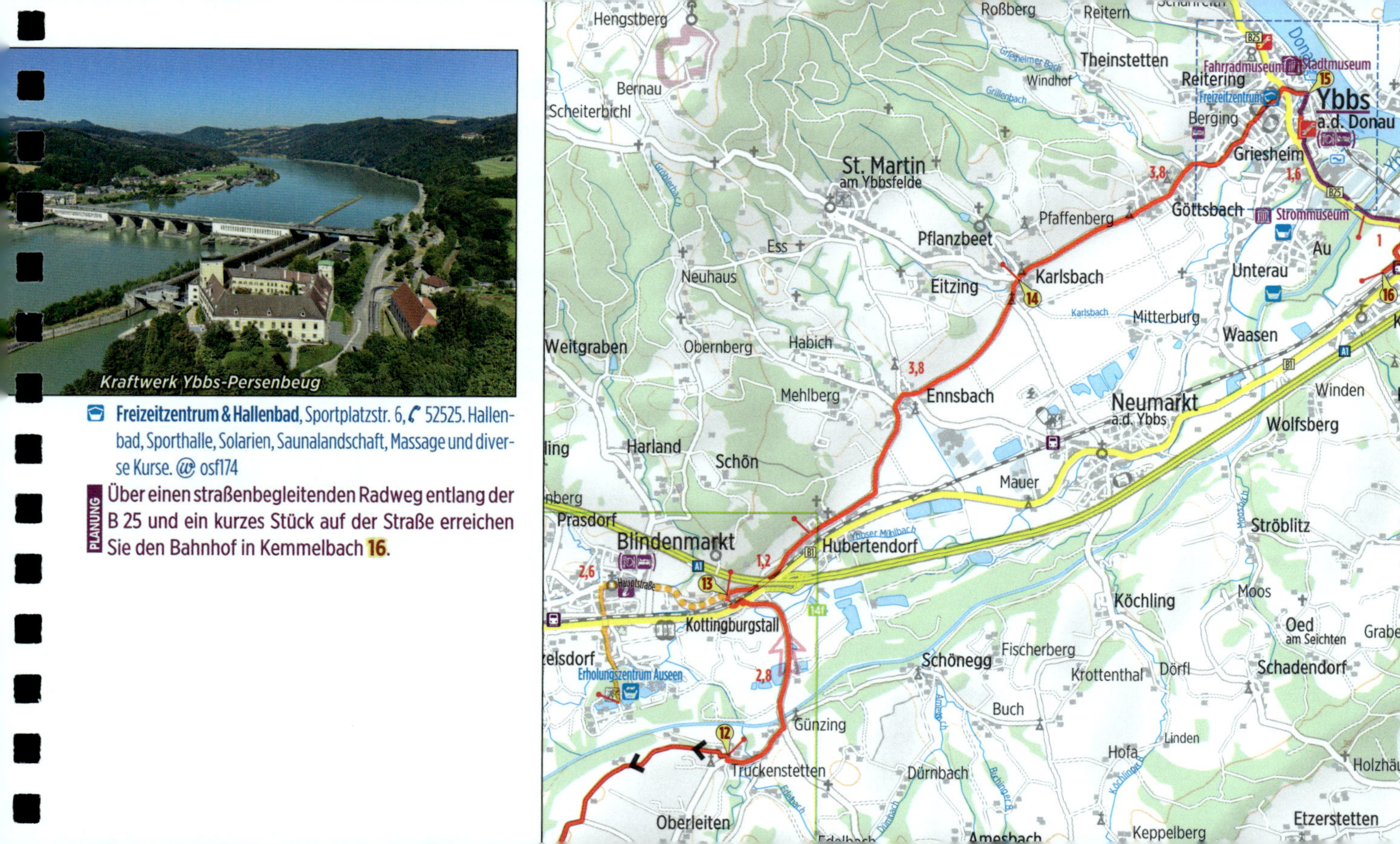

Kraftwerk Ybbs-Persenbeug

Freizeitzentrum & Hallenbad, Sportplatzstr. 6, ✆ 52525. Hallenbad, Sporthalle, Solarien, Saunalandschaft, Massage und diverse Kurse. @ osf174

PLANUNG

Über einen straßenbegleitenden Radweg entlang der B 25 und ein kurzes Stück auf der Straße erreichen Sie den Bahnhof in Kemmelbach **16**.

Übernachtungs- und Serviceverzeichnis

Kategorien

- Tourist-Information
- H Hotel
- Hg Hotel garni
- Gh Gasthof, Gasthaus
- P Pension, Gästehaus
- Pz Privatzimmer
- Ho Hostel
- Mo Motel
- NF Naturfreundehaus
- AH Apartmenthotel
- BB Bed and Breakfast
- B Bungalow
- Fw Ferienwohnung (Auswahl)
- Bh Bauernhof
- Hh Heuhotel
- S Sonstiges
- Jugendherberge, -gästehaus
- Campingplatz
- Zeltplatz (Naturlagerplatz)

Die Auflistung stellt keine Empfehlung einzelner Betriebe dar und erhebt keinen Anspruch auf Vollständigkeit. Um das Verzeichnis stets aktuell zu halten, sind wir für Mitteilungen bezüglich Änderungen jeder Art dankbar. Der einfache Eintrag erfolgt für die Betriebe natürlich kostenfrei, aus Platzgründen können wir diesen allerdings nicht garantieren. Vor allem in Tourismusgebieten mit großem Übernachtungsangebot muss die Liste aus Platzgründen automatisiert leicht gekürzt werden.

Kennzeichnung

I Preiskategorie unter € 25,–
II Preiskategorie € 25,– bis € 35,–
III Preiskategorie € 35,– bis € 50,–
IV Preiskategorie € 50,– bis € 70,–
V Preiskategorie € 70,– bis € 100,–
VI Preiskategorie über € 100,–
o.F. kein Frühstück angeboten
HP mit Halbpension
nur Zimmer mit Etagenbad
Bett+Bike Betrieb
2.5 Entfernung vom Weg in Kilometer Luftlinie

Preise

Die Preise gelten als Richtwert pro Person in einem Doppelzimmer mit Dusche oder Bad inkl. Frühstück.
Die angegebenen Preiskategorien entsprechen dem Stand des Erhebungs- bzw. Überarbeitungszeitraumes und können sich von den tatsächlichen Preisen unterscheiden. Besonders während Messezeiten, aufgrund von unterschiedlichen Zimmertypen und nicht zuletzt saisonal bedingt sind preisliche Schwankungen möglich.

Radwerkstätten u. -vermietung

- Fahrradwerkstatt
- Servicestation od. -automat
- Fahrradvermietung
- E-Bike Verleih
- E-Bike Ladestation
- abschließbare Abstellanlagen

Entfernung

Die blaue Zahl (2.5) beim Betrieb gibt die Entfernung zur Route in Kilometern an. Bitte beachten Sie, dass sich diese Zahl auf die Luftlinie bezieht, ohne Berücksichtigung der Höhenmeter und der tatsächlichen zurückzulegenden Strecke.

Updates

Aktuelle Korrekturen zum Übernachtungsverzeichnis erhalten Sie über das LiveUpdate auf ***www.esterbauer.com***.

Alle mit dem Bett+Bike-Logo gekennzeichneten Betriebe erfüllen die vom ADFC vorgeschriebenen Mindestkriterien als „Fahrradfreundliche Gastbetriebe" und bieten darüber hinaus so manche Annehmlichkeit für Radfahrer. Detaillierte Informationen finden Sie unter ***www.bettundbike.de***.

Tour 1

Krems a. d. Donau

Vorwahl: 02732

Kunstmeile Krems Besucherzentrum, Museumspl. 5, 908010. Die Kunstmeile Krems bietet auf 1,6 Kilometern zahlreiche Museen, Galerien sowie Kunst- und Musikfestivals. Sie erstreckt sich von der Minoritenkirche bis hin zur Dominikanerkirche und umfasst den Minoriten-, den Museums- und den Dominikanerplatz. 1

Wachau Info-Center, Körnermarkt 14, 82676 0.5

Kolping Campus Krems, Alauntalstr. 95 u. 97, 83541, III 1

H Alte Post, Obere Landstr. 32, 82276, III-IV 0.5

H Klinglhuber, Wiener Str. 10, (Eingang vis à vis Hohensteinstr. 5), 86960, III-V 0

H Orange Wings Krems, Hofrat-Erben-Str. 4, 78010, III-IV 1.5

H Parkhotel Krems, Edmund-Hofbauer-Str. 19, 0660/2103161, IV 0

H Steigenberger Hotel and Spa, Am Goldberg 2, 71010, V-VI 1

H Unter den Linden, Schillerstr. 5, 82115, IV-V 0.5

H Zum goldenen Engel, Wiener Str. 41, 82067, IV-V 0

H arte Hotel Krems, Dr. Karl Dorrek-Str. 23, 71123, 80, V 1

P Krieger, Langenloiser Str. 49, 90906, 0664/88656255, II 0.5

P Weingut Hutter, Weinzierlbergstr. 10, 82006, V 0.5

P Zöhrer, Sandgrube 1, 83191, III-IV 0

Radfahrer-Jugendherberge Krems, Ringstr. 77, 83452, 0664/6530615, o.F., II 0.5

Radstudio Krems, Südtirolerpl. 4, 81880 0.5

Zweirad Aichinger, Hohensteinstr. 22a, 82876 0

Stein (Krems a. d. Donau)

Vorwahl: 02732

Schifffahrts- u. Welterbezentrum Wachau, Welterbepl. 1, 78282 1

H Living inStyle, Steiner Landstr. 16, 0900/280020, IV 1

P Einzinger, Steiner Landstr. 82, 82316, III 1.5

Pz Puchmayr, Steiner Landstr. 79, 71312, 0664/73591553, II-III 1.5

Fw Fiala, Reisperbachtalstr. 24, 77581, 0664/73252532, II-III 2

ÖAMTC Donaupark-Camping, Yachthafenstr. 19, Stein, 84455 0.5

Rund um's Rad, Steiner Landstr. 103, 71071 2

nextbike-Stationen, Donaustation 24, 02742/229901. Standorte: Donaustation 24, Campus Donau-Uni 1

Rohrendorf bei Krems

Vorwahl: 02732

P Fischer, Obere Hauptstr. 58, 77957, 0676/4022467, III 0.5

P Krappel, Hans Heppenheimerstr. 8, 72181, 0676/3304244, IV 0.5

P Wein-Genuss, Untere Hauptstr. 53, 796860, 0676/6256022, V 0.5

P Fw Weingut & Gästehaus Rosenberger, Leiserg. 29, 83843, 0676/9129146, IV 0

Bh Winzerhof Bogner, Obere Hauptstr. 24, 84460, III 0.5

Gobelsburg (Langenlois)

Vorwahl: 02734

Pz Fw Blumberger, Schlossstr. 40, 2856, II 0

Bh Cobaneshof, Weinstr. 37, 2564, III-IV 0

Langenlois

Vorwahl: 02734

Ursin Haus Vinothek & Tourismusservice, Kamptalstr. 3, 20000 0

H Loisium Wine & Spa Resort, Loisium Allee 2, 771000, V-VI 0

H Schloss Haindorf, Krumpöckallee 21, 2693, III-IV 0

Gh Heurigenhof Bründlmayer, Walterstr. 14, 2883, IV-V 0.5

Gh Kalchhauser, Kremserstr. 46, 3100, 0676/6491651, III 1

P Brandl, Am Rosenhügel 4, 20883, 0664/1206315, III-IV 0.5

Pz Fw Beate Holzer, Zwettler Str. 131, 2888,

☎ 0664/5854431, III 2
Pz Fw Hansy-Haus, Kremser Str. 17, ☎ 2796, ☎ 0676/5525926, III 0.5
Pz Klinglhuber, Winzerweg 10, ☎ 2250, ☎ 0699/10298676, III-IV 0.5
Pz Krottenthaler, Loistalstr. 8, ☎ 3549, ☎ 0664/3447952, III 2
Pz Neuninger, Rudolfstr. 7, ☎ 2566, ☎ 0660/5250610, III 0.5
Fw Weinhof Söhner, Weinbergg. 3, ☎ 02772/53988, IV 1
Radsport Glantschnig, Rudolfstr. 5, ☎ 3146 0.5

Zöbing (Langenlois)

Vorwahl: 02734
Fw Urbanihof, Urbanig. 6, ☎ 4131, ☎ 0664/4210860, V-VI 0
Fw Winzergut Prabatsch-Aichinger, Weinbergsiedlung 19, ☎ 4414, ☎ 0699/11766422, III 0

Schönberg am Kamp

Vorwahl: 02733
i Alte Schmiede Kultur- und Tourismuszentrum, Hauptstr. 36, ☎ 76476. Die detailverliebte Architektur des Hauses springt sofort ins Auge. Genießen Sie beste Unterhaltung bei einem Kulturabend oder Weinevent. 0
Gh Zur Schonenburg, Hauptstr. 38, ☎ 8202, IV-V 0
P Fw Haus Maria, Stiefernerstr. 15, ☎ 8395, ☎ 0664/5441221, III 0
P Papperl á Pub, Hauptstr. 18, ☎ 61352, ☎ 0664/4430684, III 0
Pz Kluger, Kirchenstr. 1, ☎ 8232, ☎ 0664/3413546, II 0
Fw Weingut Leopold, Schönbergneustift 30, ☎ 8228, ☎ 0664/4353293, II 0

Stiefern (Schönberg am Kamp)

Vorwahl: 02733
Pz Staritzbichler-Deibler, Irblingweg 4, ☎ 8679, ☎ 0664/7931038, III 0

Plank am Kamp (Schönberg am Kamp)

Vorwahl: 02733
H Fw Ferienvilla Kamptalschlössl, Kamptalstr. 66, ☎ 02985/30237, IV 0.5

Zitternberg (Gars am Kamp)

Bh Scheiblerhof, Zitternberg 16, ☎ 02985/2980, ☎ 0664/1436090, II-III 1

Gars am Kamp

Vorwahl: 02985
i Touristinformation, Hauptpl. 82, ☎ 2100100 0.5
Mo Smart Motel, Andrea Scherney Str. 708, Ecke Wiener Str. 113, ☎ 0664/80665454, III 0.5
P Waldpension, Wozniczakg. 118, ☎ 2365, III 0.5
P Winglhofer, Hauptpl. 86, ☎ 2294, ☎ 0676/3316982, III 0.5
Pz Fw Pointner, Apoigerstr. 594, ☎ 2407, ☎ 0664/4612848, IV 1

Kamegg (Gars am Kamp)

Vorwahl: 02985
Pz Fw Gästehaus Erlinger, Kamegg 27, ☎ 33023, ☎ 0664/9649246, III 0

Rosenburg-Mold

Vorwahl: 02982
i Gemeindeamt, Rosenburg 25, ☎ 2917 0
H **Landgasthof Mann, Rosenburg 51, ☎ 2915, III** 0
Gh Schlossgasthof Rosenburg, Rosenburg 2, ☎ 0676/7777118, V 0.5

Altenburg

Vorwahl: 02982
i Gemeindeamt, Zwettler Str. 16, ☎ 2765 0

Fuglau (Altenburg)

Gh Eisenhauer, Fuglau 33, ☎ 02989/8262, ☎ 0676/9643007, II 1

Altpölla (Pölla)

Gh Speneder, Altpölla 28, ☎ 02988/6280, III 0

Krumau am Kamp

Vorwahl: 02731
i Marktgemeinde, Krumau 22, ☎ 8230 0
Gh Prinz, Nr. 11, ☎ 8475, ☎ 0660/8180458, III 0
Gh Zum braunen Hirschen, Krumau 20, ☎ 8226, ☎ 0664/3154815, II 0
Pz Melber, Krumau 33, ☎ 8386, ☎ 0664/4660265 0.5
Seecamping, ☎ 0660/5123751 0.5

Neupölla (Pölla)

Vorwahl: 02988
i Marktgemeindeamt, Neupölla 4, ☎ 6220 0
Gh Fw Huppert, Neupölla 2, ☎ 0664/3835510, III 0

Franzen (Pölla)

Jugendgästehaus, Franzen 1, ☎ 02988/6220, I 0
Campingplatz Dobra, Reichhalms 33, ☎ 02988/20102 0.5

Ottenstein (Rastenfeld)

Vorwahl: 02826
Seecamping Ottenstein, Ottenstein 5, ☎ 416, ☎ 0650/6351950 0.5

Peygarten-Ottenstein (Rastenfeld)

Vorwahl: 02826
H Ottenstein, Paygarten-Ottenstein 60, ☎ 251, IV 0.5

Gh Ottensteinerhof-Waldblick, Peygarten-Ottenstein 38, ✆ 264, II-III 0.5
Fw Blockhausferien, Peygarten-Ottenstein 197, ✆ 0664/7637187, II 0
Bh Forthofer, Peygarten-Ottenstein 29, ✆ 490, I 0.5

Rastenfeld

Vorwahl: 02826
i Gemeindamt, Rastenfeld 30, ✆ 289 0.5
Gh Gamerith, Mottingeramt 41, ✆ 440, ✆ 0664/8944078, III 3
Gh Zum guten Tropfen, Rastenberg 18, ✆ 227, I-II 2
Bh Fw Bio-Bauernhof Schildorfer, Mottingeramt 19, ✆ 443, ✆ 0680/2091781, III 3.5

Friedersbach (Zwettl)

Vorwahl: 02826
H Faulenzerhotel, Friedersbach 53, ✆ 02822/775110, V 0
Gh Rauch, Eschabruck 11, ✆ 444, III-IV 2
P Edelmaier, Nr. 19, ✆ 02822/76370, ✆ 0664/2824221, II 0
P Sturm, Friedersbach 124, ✆ 02822/77200, ✆ 0664/4427172, I 0.5
Campingplatz Lichtenfels, Friedersbach 69, ✆ 7492, ✆ 0664/5746866 0.5

Mitterreith (Zwettl)

Gh Hanni, Mitterreith 20, ✆ 02822/76294, IV 0
Pz Karl Neumiester, Mitterreith 24, ✆ 08222/76572, ✆ 0676/7019458, o.F., I-II 0

Zwettl

Vorwahl: 02822
i Waldviertel Tourismus, Sparkassenpl. 1/2/2, ✆ 54109 0
H Bergwirt & Mohnhotel, Moidrams 1, ✆ 52803, ✆ 0676/9401040, III 1
H Schwarz Alm, Almweg 1, ✆ 531730, HP, VI 2.5
P Pension Todt & 's Beisl, Landstr. 15, ✆ 52410, ✆ 0676/5383124, III 0
P Schön, Landstr. 54, ✆ 52547, III 0
P Zum goldenen Hirschen, Landstr. 49, ✆ 52373
Pz Brandner, Kremser Str. 3, ✆ 52677, ✆ 0664/73669560, o.F., I-II 0
Pz Brigitta, Franz-Josef Str. 14, ✆ 52189, ✆ 0664/4637707, II 0.5
Sport Kastner, Landstr. 4, ✆ 5284315 0

Echsenbach

Vorwahl: 02849
i Gemeindeamt, Kirchenberg 6, ✆ 8218 0
Gh Gasthaus Mayrhofer, Großkainraths 26, ✆ 3165, II 2.5
Gh Klang, Marktpl. 6, ✆ 8208, III 0

Schwarzenau

Vorwahl: 02849
i Gemeindeamt, Waidhofnerstr. 2, ✆ 2247 0
H Bahnhotel, Bahnhofstr. 7, ✆ 2200
Pz Zeindl, Bundesstr. 21, ✆ 2548 0.5

Windigsteig

P Windrad, Marktplatz 12, ✆ 0664/1959064 0

Kottschallings (Windigsteig)

P Bogg, Kottschallings 6, ✆ 02842/54062, ✆ 0664/7814980 0.5

Waidhofen an der Thaya

Vorwahl: 02842
i Stadtgemeindeamt, Hauptpl. 1, Rathaus, ✆ 5030 0.5
H Fw Stadthotel, Hauptpl. 25, ✆ 51575, III-IV 0.5
Gh Fw Kirchenwirt Jöch, Schlosserg. 12, ✆ 54550, III 0.5
P Bauer, Bahnhofstr. 25, ✆ 52552, ✆ 0664/2717078, I-II 0.5
Pz Müssauer, Böhmg. 19, ✆ 52610, ✆ 0664/4227776, III-IV 0.5
Campingplatz Thayapark, Badg. 9, ✆ 50356, ✆ 0664/5904433 0
Intersport Ruby, Thayaparkstr. 1, Einkaufszentrum Thayapark, ✆ 52136 0.5
Jutta Kreil, Heidenreichsteinerstr. 12, ✆ 20252 0.5

Tour 2

Waidhofen an der Thaya siehe Tour 1

Vestenötting (Waidhofen an der Thaya)

Gh Streicher, Vestenötting 27, ✆ 02842/52470, I 0

Thaya

Vorwahl: 02842
i Marktgemeindeamt, Hauptstr. 32, ✆ 52663 0
Gh Haidl, Bahnhofstr. 2, ✆ 52668, ✆ 0664/9178620, III 0
P Haus Kibitzhöhe, Kibitzhöfe 4, ✆ 53398, ✆ 0664/2712281, II-III 0
P Neuwirth, Florianig. 6, ✆ 31423 0

Dobersberg

Vorwahl: 02843
i Marktgemeindeamt, Schlossg. 1, ✆ 2332 0
Gh Fw Schmidtmayer, Waidhofener Str. 8, ✆ 22072, II-III 0
P Fw Dobersberger Hof, Karlsteiner Str. 13, ✆ 02842/51575, ✆ 0650/4509314, III 0
Fw Gundacker, Siedlungsg. 3, ✆ 0664/5640869, III 0
Raiffeisen Lagerhaus, Lagerhausstr. 2a, ✆ 246618 0

Waldkirchen an der Thaya

Vorwahl: 02843
i Gemeindeamt, Nr. 65, ✆ 2282 0
S Schlafwaggons, Waldkirchen 28, ✆ 22072, III 0

Karlstein an der Thaya

Vorwahl: 02844
i Marktgemeindeamt, Wilhelm-Matzinger-Str. 2, ✆ 279 0
Pz Haus Appl-Löffler, Aug. 26, ✆ 0664/1344938 0
Fw Biohof Bauer, Hohenwarth 11, ✆ 0664/5400249, II 0
Fw Ferienhof Demmer, Thuma 80, ✆ 7315, ✆ 0664/1266410, II 0

Raabs an der Thaya

Vorwahl: 02846

i Tourismusverband Nationalparkregion Thayatal, Hauptstr. 25, ✆ 36520

H Fw Liebnitzmühle, Liebnitz 38, ✆ 7501, IV-VI

H Thaya, Hauptstr. 14-16, ✆ 202, IV

JH JUFA Waldviertel, Hamerlingstr. 8, ✆ 05/7083720, III

Autendorf (Drosendorf)

Bh Fw Riedl, Autendorf 4, ✆ 02915/2316, ✆ 0664/9989625, III

Drosendorf

Vorwahl: 02915

i Stadtgemeinde Drosendorf-Zissersdorf, Hauptpl. 1, ✆ 2213

Gh **Zur Hammerschmiede, Altstadt 34, ✆ 2334, II-III**

Gh Zum Goldenen Lamm, Hauptpl. 27, ✆ 2327, III

B&B Mokahotel, Hauptpl. 5, ✆ 2227, III

Fw Stollhof, Altstadt 31, ✆ 2239, ✆ 0650/5910170

Bh Chloupek, Heinrichsreith 15, ✆ 2520, ✆ 0664/5458086, II-III

JH Junges Hotel Drosendorf, Badstr. 25, ✆ 2257, ✆ 0676/84143719, II

Langau

Vorwahl: 02912

i Gemeindeamt, Langau 103, ✆ 401

Bh Fw Fam. Dietrich, Hessendorf 21, ✆ 6775, ✆ 0664/8685667, II

Seecamping, Schaffinger Str. 303, ✆ 6311, ✆ 0664/1735288

Hardegg

Vorwahl: 02948

P Hammerschmiede, Vorstadt 8, ✆ 02949/8263, IV

Pz Gästehaus am Mühlbach, Stadt 16, ✆ 02949/8235, ✆ 0664/793 39 62

Fw JM Apartments, Stadt 72, ✆ 0664/88231085, III-IV

Fw Zum Burgblick, Stadt 22, ✆ 0664/1815090, ✆ 0664/5004684, IV

Waldbad Camping, Vorstadt 222/2, beim Waldbad, ✆ 8450, ✆ 0680/2171808

Merkersdorf (Hardegg)

Vorwahl: 02949

Pz Marschick, Merkersdorf 34, ✆ 0676/7221618, II-III

Pleißing (Hardegg)

i Stadtgemeindeamt, Pleissing 2, OT Pleissing, ✆ 02948/8450

Niederfladnitz (Hardegg)

Fw Quartier 10, Nr. 10, ✆ 02942/28218, ✆ 0676/9712653, V

Retz

Vorwahl: 02942

i Retzer Land Tourismus, Hauptpl. 30, ✆ 20010

H Althof Retz, Althofg. 14, ✆ 3711, HP, VI

P Annamaria, Fladnitzerstr. 125, ✆ 0664/3524886, III-IV

P Klingers Gästehaus, Leheng. 14, ✆ 0676/9706652, IV

P Zum weißen Löwen, Hauptpl. 16, ✆ 2418, III

Pz Kurzreiter, Unternalber Str. 236, ✆ 2357, ✆ 0676/6381359, II

Pz Seher, Lange Zeile 42, ✆ 2508, ✆ 0664/7690304, III

Pz Wiklicky, Znaimer Str. 2, ✆ 2348, ✆ 0660/2348000, III

Fa. Machacek, Znaimerstr. 35, ✆ 3420, ✆ 0664/4959865

Obernalb (Retz)

Vorwahl: 02942

P Weingut Seher, Im Winkl 1, ✆ 2137, ✆ 0664/4983368, III

P Fw Winzerhof Pöcher, Lindenstr. 13 und 17, ✆ 20215, ✆ 0699/10133123, II

Pz Ladentrog, Sonnleitenweg 7, ✆ 3660, ✆ 20911, ✆ 0664/4065720, II

Kleinhöflein (Retz)

Pz Fw Fleischmann, Sommerseite 17, ✆ 02942/20482, ✆ 0664/3810183, II

Kleinriedenthal (Retz)

Pz Breitenfelder, Weinstr. 5, ✆ 02942/2953, ✆ 0676/3959112, IV

Peigarten (Pernersdorf)

Vorwahl: 02944

Gh Gasthof Hotel Raymund, Pernersdorf 93,

8220 0
Pz Mokesch, Peigarten 120, 2930, 0650/8009796, 0664/4009796 0

Jetzelsdorf (Haugsdorf)

Vorwahl: 02944
Pz Bauer, Jetzelsdorf 180, 2565, IV-V 0
Pz Studeny, Nr. 133, 2472, 0650/2053133, III 0
Fw Weinbau Diem, Jetzelsdorf 60, 26006, 0664/73945269, III 0

Haugsdorf

Vorwahl: 02944
i Pulkautal, Laaer Str. 12, 26066 0
Pz Holy, Leopold-Leuthner Str. 4, 2959, III 0

Alberndorf im Pulkautal

Vorwahl: 02944
i Gemeindeamt, Hauptstr. 97, 2333 0
Gh Karlwirt, Hauptstr. 14, 2346, 0664/4507514, III 0
P Rain, Hauptstr. 37, 26622, III 0

Hadres

Vorwahl: 02943
i Marktgemeindeamt, Hadres 367, 2303 0
Gh Hochmayer, Hadres 1, 2301, 0664/73324848, III 0
Pz Fam. Nastl, Hadres 168, 0664/73107262, 0664/5137072, III 0
Fw Weingut Edenhof, Hadres 353, 0650/8652228, 0650/8652230, V. Mobilhome 0

Seefeld-Großkadolz

Vorwahl: 02943
i Marktgemeindeamt, Seefeld 39, 2201 0
H JUFA Weinviertel Eselsmühle, Seefeld 59/60, 05/7083730, III 0
Fw Maresi, Seefeld 14, 2633, 0664/4006044, II 0
Campingplatz, Freizeitzentrum, 2540, 0664/2422931, 0664/5388667. Campingmöglichk. beim Freibad 0

Wulzeshofen (Laa an der Thaya)

Gh Bsteh, Wulzeshofen 57/58, 02527/203, III 0

Hanfthal (Laa an der Thaya)

Vorwahl: 02522
P Hanfthal-Hof, Hanfthal 278, 85055, 0676/4203943, 0699/10694034, III 0
P Seidl, Hanfthal 40 und 54, 7754, I 0
Pz Fw Uhl, Hanfthal 254, 86553, 0676/9567460, III 0

Laa an der Thaya

Vorwahl: 02522
i Tourismus- und Innovationsverein Land um Laa, Stadtpl. 43, 250129 0
H Therme Laa – Hotel & Silent Spa, Thermenpl. 3, 84700733, 84700740, VI 0
P Thermenblick, Mühlweg 15, 0650/6603091, III 0
Toms Radhaus, Nordbahnstr. 19, 84846 0
nextbike-Station, Stadtpl.43, 02742/229901 0
nextbike-Station, Bahnhof, 02742/229901 0

Tour 3

Laa an der Thaya

siehe Tour 2

Neudorf bei Staatz

Pz Fiby, Neudorf 161, 02523/8204, 0650/4839965, II 1

Wildendürnbach

Vorwahl: 02523
i Gemeindeamt, Wildendürnbach 95, 8252 0.5
P Alcalde Merino, Wildendürnbach 83, 8231, 0650/8231001, II 0
Fw Böck, Neuruppersdorf 145, 8214, 0664/4032980, I 2

Pottenhofen (Wildendürnbach)

Fw Herrmann, Pottenhofen 65, 0699/17455397, IV 0

Ottenthal

i Gemeindeamt, Ottenthal 194, 02554/8181 0

Kleinschweinbarth (Drasenhofen)

Gh Dreiländereckwirt, Dorfstr. 8, 02554/85345, 0676/3602750 0

Stützenhofen (Drasenhofen)

P Berg-Hahn, Kirchenstr. 13, 02554/8150, 0664/2307436 1

Falkenstein

Vorwahl: 02554
i Marktgemeindeamt, Marktstr. 60, 85340 0
P Czermak, Falkenstein 25, 85329, II 0
Pz Fw Falken Nest, Falkenstein 195, 38083, II-III 0.5
Pz Stecher, Falkenstein 48, 85535, 0664/9327440, II 0
Pz Weingut Stadler, Falkenstein 104, 85417, 0650/3014497, IV 0.5
Fw Naturplatzerl, Falkenstein 213, 0680/3246223, III 0.5
Bh Weinhof Luckner, Falkenstein 80, 85539, III 0

Herrnbaumgarten

Vorwahl: 02555
i Marktgemeindeamt, Hauptstr. 50, 2200 0
Pz Fw Ferienwohnung Landhaus zum Siebenschläfer, Hauptstr. 54, 2267, 0699/17061441, II 0
Bh Fw Pension Himmelbett – Weingut Bohrn, Hauptstr. 65, 2224, 0664/4803600, II-III 0
Bh Zum Sonnenschein, Große Zeile 4, 2138 0.5

Poysdorf

Vorwahl: 02552
i Gästeinformation, Brünner Str. 28, 20371 4
i Weinviertel Tourismus, Wiener Str. 1, 3515 4.5
H Eisenhuthaus, Oberer Markt 10, 20202, 2194, IV 4.5
H Neustifter, Am Golfpl. 9, 20606, IV-VI 3.5
H Poysdorferhof, Brunng. 20, 29024, II 4.5

H Wein Hotel Rieder, Unterer Markt 2, ✆ 40202, IV 4.5
H Weinlandhof, Bundesstr. 67, ✆ 2625, II 6
Gh Genießerhof Haimer, Körnerg. 14, ✆ 29465, IV-V 4.5
P Fw Gästehaus Woditschka „Zu den 4 Elementen", Feldsbergerstr. 35, ✆ 20474, IV 4
P Kolpinghaus, Kolpingstr. 7, ✆ 2409, ✆ 0664/5713456, III 4
Pz Fw Appartement u. Zimmer „Vino Verde", Laaer Str. 51, ✆ 0680/2065654, ✆ 0699/12128240, III 5
Pz Fw Gästehaus Faber, Wilhelmsdorferstr. 88-90, ✆ 2493, ✆ 0664/4640564, II 5
Pz Fw Gästehaus Lewitsch, Brunng. 57, ✆ 2191, ✆ 0664/3218354, III 4.5

Pz Wissmann, Bahnstr. 4, ✆ 0664/5157451, III 5
Veltlinerland Camping, Laaer Str. 106, ✆ 0664/9793465 5

Großkrut

i Gemeindeamt, Poysdorferstr. 3a, ✆ 02556/7200 0
H Zum Galik, Poysdorferstr. 5, ✆ 0650/2741344, III 0

Altlichtenwarth

Vorwahl: 02533
i Gemeindeamt, Florianig. 150, ✆ 801806 0
Bh Wiesinger Weinbauernhof, Brunneng. 68, ✆ 0676/7370986, III 0

Hausbrunn

i Marktgemeindeamt, Hauptstr. 92, ✆ 02533/801320 0

Hohenau an der March

Vorwahl: 02535
i Regionalverband March-Thaya-Auen, Rathauspl. 1, ✆ 0660/3116153 0.5
P Atrium, Liechtensteinstraße 10, ✆ 31433, II-III 0
Pz Stadlbauer, Rathauspl. 9, ✆ 0664/3075914 0.5

Drösing

i Marktgemeindeamt, Hauptstr. 8, ✆ 02536/7330 0.5
Erwin Schmid Kfz, Bahnstr. 15, ✆ 02536/7251, ✆ 0664/9793643 1

Sierndorf an der March

Pz Leopoldine Rauscher, Sportplatzg. 13, ✆ 0699/11895106 0
Pz Renate Eder, Hauptstr. 44, ✆ 0664/9318717, ✆ 0650/8963185, III 0.5

Jedenspeigen

Vorwahl: 02536
i Marktgemeindeamt, Bahnstr. 2, ✆ 8224 0

Dürnkrut

Vorwahl: 02538
i Gemeindeamt, Schlosspl. 1, ✆ 80562 0
Gh Jana, Hauptstr. 58, ✆ 80226 0
Pz Bierplatzl - Cafe, Pub, Zimmer, Hauptstr. 18a, ✆ 80844, ✆ 0650/9380490 0.5

Grub an der March (Angern an der March)

Pz Hans Obetzhauser, Gruber Hauptstr. 31, ✆ 02283/2368 0.5

Stillfried (Angern an der March)

Bh Weinbau Binder, Hauptstr. 6, ✆ 02283/2259 0.5

Mannersdorf an der March

Vorwahl: 02283
Gh Zur Traube, Bernsteinstr. 121, ✆ 2289 1
Pz Fam. Streibel, Dammweg 4, ✆ 0676/6278951, o.F., II 0
Pz Urlaubs-Weingut Kriegl, Kircheng. 6, ✆ 2312, ✆ 0664/2705440 0.5
Fw Lobner, Brunneng. 41, ✆ 2423, ✆ 0699/11413367, IV 1

Angern an der March

Vorwahl: 02283
i Marktgemeindeamt, Bahnstr. 5, ✆ 2241 0
Mo Motel Angern, Wienerstr. 5, ✆ 0664/73634007, II 0.5
Fw Fam. Zahradnik, Marktpl. 7, ✆ 2219, ✆ 0664/73500980 0

Zwerndorf

MarchCamping, Dorfstr. 41, ✆ 0676/4733641 0

Marchegg

Vorwahl: 02285
i Stadtgemeindeamt, Hauptpl. 30, ✆ 710019 0.5

Marchegg Bahnhof (Marchegg)

Vorwahl: 02285
Mo Bernstein-Motel, Feldg. 1, ✆ 0660/1414140, o.F., II 0
Gh Bett-i Gästehaus, Bahnstr. 90, ✆ 0676/7256703, III 0
nextbike-Station, Bahnhof, ✆ 02742/229901 0

Schloßhof (Engelhartstetten)

Vorwahl: 02285
Gh Prinz Eugen, Prinz Eugen Str. 1, ✆ 6350, ✆ 0664/4255390, II 0

Engelhartstetten

Vorwahl: 02214
i Gemeindeamt, Obere Hauptstr. 2, ✆ 2292 0
Pz Privatherberge Ornauer, Untere Hauptstr. 5,

0676/84972668 0

Loimersdorf (Engelhartstetten)

Vorwahl: 02214

Pz Pekarek, Ortsstr. 58, 0680/2070582 0.5

Bad Deutsch-Altenburg

Vorwahl: 02165

i Marktgemeinde, Erhardg. 2, 62900 0

H Kurzentrum Ludwigstorff - Parkhotel, Badg. 21, 626170, V. 79 0

H Stöckl, Hauptpl. 3, 62337, III-IV 0

P Madle, Badg. 22, 62763, 0699/11578335, III 0

P Schön, Neustiftg. 10, 62753, III 0

raditäten, Badg. 24, 0676/6713040 0

nextbike-Station, Bahnhof, 02742/229901 0.5

nextbike-Station Museum Carnuntium, Badg. 42, 02742/229901 0

Petronell-Carnuntum

Vorwahl: 02163

i Donau Niederösterreich Tourismus, Hauptstr. 3, 355510 0.5

i Gemeindeamt, Kirchenpl. 1, 2228 0

H Marc-Aurel, Hauptstr. 10, 2285, 0650/5611115, III 0.5

P Il Centro, Hauptpl. 21, 43090, III 0

Camping Petronell, Bruckerstr. 28, 0677/62771435 0.5

nextbike-Station Archäologischer Park Carnuntum, Hauptstr. 1a, 02742/229901 0.5

nextbike-Station Bahnhof, Bahnhof, 02742/229901 0.5

Hainburg a.d. Donau

Vorwahl: 02165

i Gästeinformation, Ungarstr. 3, 62111400 0

i Gemeindeamt, Hauptpl. 23, 621110 0

Mo Motel Hainburg, Pressburger Reichsstr. 70, 64840, 0676/4895050, III 1

Gh Mo Pizzeria „el pirata", Pressburger Reichsstr. 72, 64840, 0676/4895050, II 1

Gh Zum goldenen Anker, Donaulände 27, 64810, IV-V 0

Fw Nawratil, Ungarstr. 16, 0699/12641020, II 0

nextbike-Station, Hauptpl. 24, 02742/229901 0

Tour 4

Engelhartstetten

siehe Tour 3

Loimersdorf (Engelhartstetten)

siehe Tour 3

Haringsee

i Gemeindeamt, Kirchweg. 23, 02214/84004 0

Leopoldsdorf im Marchfelde

Vorwahl: 02216

P Oprescu, Raasdorfer Str. 32, 0699/17142194, o.F., III 1

Glinzendorf

i Gemeindeamt, Im Anger 1, 02248/2585, 0681/20215762 1

Markgrafneusiedl

Vorwahl: 02248

i Gemeindeamt, Altes Dorf 49, 2241 0

P Ponweiser, Gänserndorferstr. 7, 2631 0.5

Deutsch-Wagram

Vorwahl: 02247

i Stadtgemeinde, Bahnhofstr. 1a, 2209 0.5

P Landhaus Böckl, Promenadenweg 3, 0650/8061645, III 0

P Wagram, Dr. Karl Renner Str. 23, 2529, 0676/5104530, o.F., III 1.5

Aderklaa

Vorwahl: 02247

Pz Kulturhof Aderklaa, Aderklaa 34, 20904, 0699/81222788, III 0

Gerasdorf

Vorwahl: 02246

i Stadtgemeinde, Kircheng. 2, 2272 1

H Oekotel Föhrenhain Wien Nord II, Brünnerstr. 127, 0594/59420, III 2.5

Gh Kruder, Stammersdorfer Str. 345, 2262, 0664/8468997, II-III 1

P Gästezimmer Jöchlinger, Leopoldauer Str. 7, 4964, 0664/5353621, o.F., III 1.5

Pz Goldschmmid, Stammersdorfer Str. 335, 0676/3176781, III 1

Pz Hack, Katzengruberg. 7a, 3695, 0664/73481444 2

Intersport, G3 Platz 1, 32266 4

Sport Vollmann, Brünnerstr. 198, 50704 3.5

21. Bezirk (Wien)

Vorwahl: 01

P Fuchs, Jedlersdorfer Pl. 29, 2923567, o.F., III-IV 0.5

AH Vivo, Freytagg. 25-27, 3561919, o.F., II-IV 3

Aschauers Radverleih Donauinsel, Donauinsel 2, Parkplatz Floridsdorfer Brücke, 2788698 3.5

Dorfinger, Galvanig. 19, 2711447, 0676/9501222 2

Stammersdorf (Wien)

Vorwahl: 01

nextbike-Station, Bahnhofspl. Erlebnisstopp 2, 02742/229901 0.5

Langenzersdorf

Vorwahl: 02244

i Gemeindeamt, Hauptpl. 10, 2308 1

H Gasthof Roderich, Wiener Str. 59, 2415, III-V 1.5

Fw Eichberger, Alleestr. 65, 5468, II 0.5

Fw Wagner Hildegard, Herbert-Spieß G. 10, 0650/2201010, II 0.5

BikeStore WienNord, Meiseng. 4, 01236/7700400 1.5

Tour 5

22. Bezirk (Wien)

Vorwahl: 01

H ARCOTEL Kaiserwasser, Wagramer Str. 8, 224240, IV-V 3

H Asperner Löwe, Aspernstr. 96, 2882088, III-IV 3

H Meliá, Donau-City-Str. 7, 901042003, V-VI 3.5

H NH Danube City, Wagramer Str. 21, ✆ 2675972, ✆ 260200, V-VI 3.5

Neue Donau, Am Kleehäufel, ✆ 2024010 0.5

2rad-shop Gerhardt, Langobardenstr. 19, ✆ 2825144 2

Biber Sport, Soldanellenweg 53/2/1, ✆ 972425, ✆ 0699/19472425 3.5

Bike+More, Agavenweg 21, ✆ 7344401 7

Bikestore, Erzherzog-Karl Str. 14, ✆ 0660/1112948 3.5

Copa Beach, Copa Cagrana 1, Reichsbrücke/Donauinsel, ✆ 2635242, ✆ 0664/3458585 3.5

DR Bike, Maria-Tusch Str. 9, ✆ 2806986, ✆ 0660/2037104 4.5

2. Bezirk (Wien)

Vorwahl: 01

H Austria Classic Hotel Wien, Praterstr. 72, ✆ 211300, IV-VI 4

H Henriette Stadthotel, Praterstr. 44-46, ✆ 2148404, IV-V 4.5

H Hilton Vienna Danube Waterfront, Handelskai 269, ✆ 72777, V-VI 1.5

H Kunsthof, Mühlfeldg. 13, ✆ 2143178, III-IV 4

H Mercure Wien City, Hollandstr. 3, ✆ 213130, IV-V 5

H Odeon, Weintraubeng. 31, ✆ 2142362, ✆ 0650/4720732, IV 4

H Stefanie, Taborstr. 12, ✆ 211500, V 4.5

H Wilhelmshof, Kleine Stadtgutg. 4, ✆ 21455210, IV-V 4

H ibis Wien Messe, Lassallestr. 7a, ✆ 217700, III-V 3.5

Peter Vesecky, Böcklinstr. 64, ✆ 7289311 3.5

Radsport Rih, Praterstr. 48, ✆ 2145180 4

Sator Bike Shop, Böcklinstr. 104, ✆ 7289136 3

Star Bike, Bruno-Marek-Allee 11, ✆ 2198560 4

3. Bezirk (Wien)

Vorwahl: 01

H Garten- & Kunsthotel Gabriel, Landstraßer Hauptstr. 165, ✆ 7123205, III-IV 4

H Mercure Grand Hotel Biedermeier Wien, Landstraßer Hauptstr. 28, ✆ 716710, V-VI 4

H Urania, Obere Weißgerberstr. 7, ✆ 7131711, III-IV 4

H Vienna Sporthotel, Baumg. 83, ✆ 79882010, IV-V 3.5

H ibis budget Wien Sankt Marx, Franzosengraben 15, ✆ 7984555, III-IV 3.5

P Kibi Rooms, Landstraßer Hauptstr. 33, ✆ 7121068, III 4

Fahrrad1030, Sechskrügelg. 2, ✆ 0699/17000542 4

Galaxy Fahrräder, Hintere Zollamtsstr. 11, ✆ 0699/11398484 4

Orth an der Donau

Vorwahl: 02212

i Tourismusinformation, Schlosspl. 1, Schloss Orth, ✆ 3555 0

i Gemeindeamt, Am Markt 26, ✆ 2208 0.5

P Marchfelder Pension, Schwarzeckerweg 4, ✆ 0676/4924490, II 0.5

P Maria, Uferstr. 1, ✆ 2843, ✆ 0699/12374581 0

P Sabine, Wiener Str. 5, ✆ 0664/4644976 0.5

Eckartsau

Vorwahl: 02214

i Gemeindeamt, Obere Hauptstr. 1, ✆ 22020 0.5

Gh Kramreiter, Untere Hauptstr. 12, ✆ 2203, II-III 0.5

Pz Schreiner Maria, Untere Hauptstr. 1, ✆ 0664/73620851 0.5

Hainburg a.d. Donau siehe Tour 3

Tour 6

Mannswörth

Vorwahl: 01

H Das Reinisch, Mannswörther Str. 76, ✆ 7070444, IV-V 2.5

H Heinhotel, Mannswörther Str. 94, ✆ 70719500, IV-VI 2.5

P Eicher, Mannswörther Str. 88, ✆ 7077339 2.5

Schwechat

Vorwahl: 01

H Arion Airporthotel, Mühlg. 30, ✆ 7065200, IV 0.5

H City Hotel Albrecht, Wiener Str. 25b, ✆ 7078106, III-IV 0.5

H ibis Hotel, Raststation Schwechat S1, ✆ 7077011, IV-V 2

Gh Angelis, Johann Burkl G. 1, ✆ 7071091, ✆ 0676/6117972 0.5

Pz Fw rooms2rent, Wiener Str. 30, ✆ 7079966, o.F., II-III 0.5

Zweirad Tesar, Wienerstr. 32, ✆ 7074615 0.5

nextbike-Station, Concorde Businesspark, Südheide, ✆ 02742/229901 1

Rannersdorf (Schwechat)

Vorwahl: 01

P Tennisweber, Wallhofg. 5, Rannersdorf, ✆ 7073411, III 0

Pellendorf (Lanzendorf)

H Radlinger, Lanzendorferstr. 10, ✆ 0660/1188991, III-IV 1

Himberg

Vorwahl: 02235

H Das Himberg, Gutenhofer Str. 8, ✆ 86203, IV-V 0.5

Gh Zum Guten Hirten, Gutenhof 12, ✆ 86231, III 2.5

P Hechinger, Brauhausgasse 14, ✆ 0676/7769237, III 0.5

P Kögl, Münchendorferstr. 28, ✆ 88219, ✆ 0664/4778899, III 0.5

AH InStyle Residences Vienna Airport, Hauptstr. 42, ✆ 0664/2310246, IV 0.5

Achau

H Der Winzerhof, Mühlg. 14, ✆ 0664/3019437, III-IV 0

Laxenburg

Vorwahl: 02236

i Gemeindeamt, Schlosspl. 7-8, ✆ 711010 0
P Falknerhaus, Neudorferstr. 6, ✆ 0664/3607544, III-IV 0
Stanitz, Hofstr. 9, ✆ 71207 0

Münchendorf

Fw Andrea's Apartement, Hauptstr. 11, ✆ 0650/3309640, III 0.5

Trumau

P Krause, Lindeng. 7, ✆ 0676/9634065, III 0.5

Oberwaltersdorf

P Kristall, Ebreichsdorferstr. 1, ✆ 02253/6535 0
Fw Golf Apartment, Parkstr. 18, ✆ 0664/4143133 0.5

Tattendorf

Vorwahl: 02253
S Schlaffass - Schlafen im Fass, Dumba Park 1, ✆ 80870, ✆ 0664/2333444, II 0

Günselsdorf

Vorwahl: 02256
i Gemeindeamt, Anton Rauch-Straße 12, ✆ 62880 0
Gh Eitler, Schenkermayerpl. 6, ✆ 62312, III 0.5

Schönau an der Triesting

Vorwahl: 02256
i Gemeindeamt, Liechtensteinstr. 3, ✆ 63572 0
Mo Verde, Triester Str. 2, ✆ 64615, o.F., I-II 1
Gh Steinmann, Kircheng. 3, ✆ 63903 0.5

Tour 7

Leobersdorf

Vorwahl: 02256
i Marktgemeinde, Rathauspl. 1, ✆ 62396 0.5
H Leobersdorfer Hof, Umlauffg. 2, ✆ 64686, III-IV 1
Bobbys Sport Shop, Portugieser Str. 2a, ✆ 816177 0
Radsport Brucki, Bahnhofpl. 1, ✆ 21502 0
nextbike-Station, Bahnhofpl., ✆ 02742/229901 0

Berndorf

Vorwahl: 02672
i Kulturamt, Alexanderstr. 7, ✆ 822530, ✆ 0676/848225304 0
i Tourismusbüro, Leobersdorfer Str. 42, ✆ 87001 0
H Kaiservilla, Badg. 1, ✆ 81099, IV-VI 0.5
P Zum Bärenschlössl, Kruppstr. 30, ✆ 87875, ✆ 0676/880605003, IV 0.5

Neuhaus (Weissenbach a. d. Triesting)

Vorwahl: 02674
Pz Fw Eleonora Kapfenberger, Weinbergstr. 8, ✆ 2674/87716, I-II 0
Pz Familie Grasel, Gutental 24, ✆ 02258/20834, ✆ 06641207643, III 5

Weissenbach a. d. Triesting

Vorwahl: 02674
i Marktgemeinde, Kirchenpl. 1, ✆ 87258 0
P Fw Edlahof, Edla 2, ✆ 87384, II 0.5

LTbiking, Waldg. 14, ✆ 86234, ✆ 0664/73379433 0

Altenmarkt an der Triesting

Vorwahl: 02673
i Gemeindeamt, Hainfelder Str. 35, ✆ 2200 0
P Hocheckblick, Klauswies 115, ✆ 2619, II 0.5

Thenneberg (Altenmarkt an der Triesting)

Vorwahl: 02673
Fw Kulturbahnhof Altenmarkt-Thenneberg, Thenneberg 63, ✆ 0650/8534907. Zimmer in der ehemaligen Bahnwärterwohnung/Eisenbahnwagon 0.5

Kaumberg

Vorwahl: 02765
i Gemeindeamt, Markt 3, ✆ 282 0
Gh Kirchenwirt, Markt 4, ✆ 229 0
Gh Renzenhof, Untertriesting 14, ✆ 270, ✆ 0676/3095341 0
P Kahrer/Zum schwarzen Bären, Markt 29, ✆ 202, ✆ 0664/9206225 0
Pz Fw Brandtner Komfortzimmer, Markt 46a, ✆ 8010, ✆ 0680/1441887, IV 0.5
Bh Gänswoad Hof, Untertriesting 17, ✆ 375, ✆ 0680/2311641 0
Paradise Garden, Höfnergraben 2, ✆ 2765/388, ✆ 0676/4741966 0.5

Ramsau bei Hainfeld

Vorwahl: 02764
i Gemeindeamt, Dorfpl. 1, ✆ 8203 0
Gh Gasthof zum Touristen, Oberdörfl 4-5, ✆ 300 0

Hainfeld

Vorwahl: 02764
i Stadtgemeinde, Hauptstr. 5, ✆ 22460 0
Gh Zum Schüller, Wienerstr. 75, ✆ 2387, ✆ 0664/5185876, III 1.5
Auwerk-Camping, Gölsen 39, ✆ 0676/7390031 0.5

Rohrbach an der Gölsen

Vorwahl: 02764
i Gemeindeamt, Hauptpl. 4, ✆ 2334 0

St. Veit an der Gölsen

Vorwahl: 02763
i Gemeindeamt, Kirchenpl. 1, ✆ 2212 0
Gh Bekier, Wiesenfeld 1, ✆ 2305, II-III 0.5
Gh Hollaus, Schwarzenbach Str. 32, ✆ 2763/2230, ✆ 0680/2131997, III 2
nextbike-Station, Bahnhof, ✆ 02742/229901 0.5

Tour 8

Sollenau

Zweirad-Sport Pacal, Dr. Karl Renner Str. 17, ✆ 02628/47796 0.5

Wöllersdorf-Steinabrückl

i Gemeindeamt, Marktzentrum 1, ✆ 02633/43000 0
P Haus Nova, Piestingerstr. 1, ✆ 02622/690214, ✆ 0664/88264100, IV 0.5

Markt Piesting

Vorwahl: 02633

i Gemeindeamt, Marktpl. 1, ✆ 42241 0

Waldegg an der Piesting

Vorwahl: 02633

i Gemeindeamt, Nr. 246, ✆ 42285 0

Muggendorf

Vorwahl: 02632

i Gemeindeamt, Hauptstr. 1, ✆ 74330 0

Hg Fw Haus Gabriele, Kreuth 3, ✆ 2632/74324, ✆ 0676/6086602, II-III 1.5

Pernitz

Vorwahl: 02632

i Gemeindeamt, Gentschg. 1, ✆ 72220 0

P Zwinz, Bahnzeile 23, ✆ 734550, ✆ 0676/5426773, III 0

Fw Tirolerhof, Petersbergstr. 4, ✆ 74571, ✆ 0676/4251214 0

Gutenstein

Vorwahl: 02634

i Marktgemeindeamt, Markt 100, ✆ 7220 0

Fa. Gollobich Drogerie, Markt 74, ✆ 8592 0

Klausbach (Rohr im Gebirge)

Gh Furtnerhof, Klausbach 16, ✆ 02667/8210, II-IV 0

Rohr im Gebirge

Vorwahl: 02667

i Gemeindeamt, Nr. 25, ✆ 8201 0.5

H Kaiser Franz Josef, Nr. 2, ✆ 26901, III-IV 0

P Weintraube, Nr. 18, ✆ 0676/7361110, II-III 0

Bh Garhof, Nr. 8, ✆ 8209, II 0

Tour 9

Bad Erlach

Vorwahl: 02627

i Erlebnisregion Bucklige Welt, Fabriksg. 1, ✆ 0676/842215550 0

i Marktgemeindeamt, Fabriksg. 1, ✆ 48214 0

H Linsberg Asia, Thermenpl. 1, ✆ 48000, HP, VI 0

Pz Ferienparadies Besta, Ofeng. 4, ✆ 0664/5057100, o.F., III 0

2Rad Schnabl, Hauptstr. 3, ✆ 48217 0

Pitten

Vorwahl: 02627

i Marktgemeindeamt, Marktpl. 1, ✆ 82212 0

Gh Gasthof zur Therme, Hauptstr. 6, Guntrams, ✆ 82269, ✆ 0664/1422030, III 0

Gh Manhalter, Hauptpl. 26, ✆ 82208, II 0

Schwarzau am Steinfeld

i Gemeindeamt, Neunkirchner Str. 107, ✆ 02627/82346 0

Guntrams (Schwarzau am Steinfeld)

Fw Lofts Guntrams, Guntrams 11, ✆ 02627/83333, IV 0

Neunkirchen

Vorwahl: 02635

i Stadtgemeindeamt, Hauptpl. 1, Rathaus, ✆ 6010 0

H City Hotel Neunkirchen, Fabriksg. 24, ✆ 61550, III 0

H Osterbauer, Brevillierg. 5, ✆ 63155, III 0

2-Rad-Wagner, Wiener Str. 75, ✆ 66248 0

Radfreund, Brabetzg. 17, ✆ 0681/10538377 0

zweiRadler, Kircheng. 4, ✆ 71133 0

Ternitz

Vorwahl: 02630

i Stadtgemeindeamt, Hans-Czettel-Pl. 1, ✆ 38240 0

P Cafe Nove, Sonnwendg. 14, ✆ 34605, ✆ 0660/1490255, IV 0

P Fw Himmelreich, Döpplingerstr. 73, Döppling, ✆ 33128, ✆ 0650/683878, III-IV 0

Pz Eric Schwertführer, Hauptstr. 14, ✆ 0676/7500171, o.F., II 0

Wimpassing im Schwarzatale

H Moving Rooms, Bundesstr. 13, in der Freizeitanlage Moving, ✆ 02630/33519, III 0

Gloggnitz

Vorwahl: 02662

i Stadtgemeindeamt, Sparkassenpl. 5, ✆ 424010 0

H Loibl, Wienerstr. 12, ✆ 42219, III 0

Gh Maurer, Hauptstr. 40, ✆ 42365, ✆ 0676/6086882, III 0

Fw Ferienhof Samwald, Saloder 4, ✆ 43594, ✆ 0664/73614756, I 0

Sport 2000 Tauchner, Hauptstr. 26, ✆ 44009 0

Payerbach

Vorwahl: 02666

i Tourismusbüro, Ortspl. 7, ✆ 0266/5242312, ✆ 0660/2516160 0

H Looshaus, Kreuzberg 60, am Kreuzberg, ✆ 52911, IV-V 0

H Payerbacherhof, Hauptstr. 2, ✆ 52430, IV 0

P Zum Gschaider, Schlöglmühl 13, ✆ 0699/15440285, III 0

Pz Gästehaus Hanna, Werningstr. 3, ✆ 54437 0

Reichenau an der Rax

Vorwahl: 02666

i Tourismusbüro, Hauptstr. 63, ✆ 52865 0

H Marienhof, Hauptstr. 71, ✆ 52995, IV-V 0

H Raxalpenhof, Preinrotte 9, ✆ 02665/526, HP, VI 0

Tour 10

St. Sebastian (Mariazell)

Vorwahl: 03882

H Haus Franziskus, Heimweg 3, ✆ 6023, ✆ 0036620/9221581, ✆ 0664/1628892, III-IV 0

H JUFA Erlaufsee Sport-Resort, Erlaufseestr. 49, ✆ 05/7083390, III-IV 0.5

H JUFA Hotel Mariazell Sigmundsberg, Sigmundsberg. 1, ✆ 05/7083380, III-IV 2

Gh Bartelbauer, Bundesstr. 33, ✆ 2459, III-IV 0.5

Pz Haus Tröstl, Bundesstr. 51, ✆ 3293, I 1

Pz Hörhan, Arnstorfer Bühel 4, ✆ 3574, II 3.5

Bh Göschlhof, Göschlhofweg 3, ✆ 2477, ✆ 0664/1920316, III-IV 3.5

Mariazell

Vorwahl: 03882

i Tourismusverband Mariazeller Land, Haupt-

pl. 13, ✆ 2366 0
H Aktivhotel Weißer Hirsch, Wiener Str. 6, ✆ 31076, ✆ 0664/2608953, IV-VI 0
H Drei Hasen, Wiener Str. 11, ✆ 2410, ✆ 0664/1632955, IV-V 0
H Goldene Krone, Grazerstr. 1, ✆ 2583, ✆ 0664/3873001, III-IV 0
H Goldenes Kreuz, Wiener Str. 7, ✆ 2309, IV-V 0
H Himmelreich, Wiener Neustädter Str. 1, ✆ 34744, III-IV 0
H Pirker's Mariazellerhof, Grazer Str. 10, ✆ 2179, IV 0
H Zum Hl. Geist, Wienerstr. 38, ✆ 347280, ✆ 0676/7649017, IV 0
H Zum Kirchenwirt, Wiener Neustädter Str. 4, ✆ 345340, III-IV 0
Gh Brauhaus Mariazell, Wiener Str. 5, ✆ 2523, IV-V 0
Gh Goldener Stiefel - Schnitzlwirt, Dr. Luegerg. 2, ✆ 2731, III 0
Gh Jägerwirt, Hauptpl. 2, ✆ 23206, ✆ 0664/7930035, III 0
Gh Oberfeichtner, Dr. Ludwig Leberstr. 2, ✆ 0680/1509819, II-III 0
Gh Ochsenwirt, Arthur-Krupp-Pl. 3, ✆ 2407, IV 0
Gh Fw Weißer Engel, Grazer Str. 9, ✆ 2874, II-III 0
P Magnus Klause, Hauptpl. 7, ✆ 34400, ✆ 0664/1630935, III 0
P Marienheim, Pater-Abel-Pl. 3, ✆ 2545, III 0

Kernhof (St. Aegyd am Neuwalde)

Vorwahl: 02768
Bh Hinterbichler, Thalerl 38, ✆ 2540, I 1
Bh Moar, Thalerl 41, ✆ 2524, ✆ 0664/4764844, II-III 1
Gippelblick, Oberkeer 1, ✆ 2544, ✆ 0664/5035981 0

St. Aegyd am Neuwalde

Vorwahl: 02768
i Marktgemeindeamt, Kirchenpl. 2, ✆ 2290 0
Gh Jausenstation Holzhof - Zur Herzerl-Mitzi, Weissenbach 83, ✆ 6146, ✆ 0664/3902398, II 2.5
Gh Bh Reiterbauernhof Maho, Wällischgraben 4, ✆ 20033, ✆ 0676/7014049, III 0.5
Gh Vogelleitner, Markt 18, ✆ 2230, II 0.5
Gh Zum Blumentritt, Markt 20, ✆ 2277, III-IV 0
Gh Zum Niederhaus, Markt 9, ✆ 2212, III 0.5
Pz Wallner, Aug. 12, ✆ 6741 0.5

Hohenberg

Vorwahl: 02767
i Marktgemeindeamt, Markt 1, ✆ 82020 0
Gh Pension Kirchsteiger, Untere Hauptstr. 29, ✆ 0664/5519959, III 0.5
P Grasl, Markt 18, ✆ 8286, ✆ 0699/12078669, III 0

Lilienfeld

Vorwahl: 02762
i Tourismusbüro, Dörflstr. 4, ✆ 5221213 0
H Zum Glockenturm, Marktler Str. 29, ✆ 20290, IV 0
P Stift Lilienfeld Gästezimmer und Stiftstaverne, Klosterrotte 1, ✆ 52420 0.5
Pz Moser Elfriede, Vivenotstr. 12, ✆ 55830, ✆ 0676/3430287 0
Pz Slama, Pyrkerstr. 7, ✆ 0664/2217022 0
Bh Pichlerhof, Pichler 1, ✆ 53558, ✆ 0664/6560968, I 1.5
Bh Zeidelhof, Frankweg 1, Ecke Jungherrntal, ✆ 0676/4994882, IV-VI 1.5
Stift Lilienfeld, Klosterrotte 1, ✆ 5242079, III 0.5

Traisen

Vorwahl: 02742
i Gemeindeamt, Mariazellerstr. 78, ✆ 02762/620000 0.5
Gh Linko, Garteng. 9, ✆ 02762/62802, ✆ 0650/2116392, III 0
BB Café Jakob, Ebnerstr. 3, ✆ 02762/6259314, ✆ 0664/8208497, III 0.5
B Terrassen-Camping Traisen, Kulmhof 1, ✆ 02762/62900 1
Rad- und Sportshop Strametz, Mariazellerstr. 45, ✆ 02762/63943 0.5
nextbike-Station, Bahnhof, ✆ 229901 0

Rotheau (Eschenau)

Gh Pils, Rotheau 6, ✆ 02762/68613 0.5

Wilhelmsburg

Vorwahl: 0676
Gh Franzl, Bahnhofstr. 27, ✆ /0664/4014183, ✆ 0676/9316100, III 1
P Waltner, Oberer Weinberg 1a, ✆ 02746/2540, II 1
Denk bewegt, Lilienfelder Str. 37, ✆ 02746/2361 0.5
nextbike-Station, Kreisbach Bahnhof, ✆ 02742/229901 0

St. Pölten

Vorwahl: 02742
i Niederösterreich Werbung, Niederösterreich-Ring 2, Haus C, ✆ 90009000 0
i Tourismusinformation, Rathauspl. 1, ✆ 3335000 0.5
H Cityhotel D&C, Völklpl. 1, Zuf. Parkplatz Andreas Hofer Straße, ✆ 75577, IV-VI 0
H Das Alfred, Rödlg. 11, ✆ 28990, III 1
H Graf, Bahnhofpl. 7, ✆ 352757, IV-V 0
H Hauser Eck, Schulg. 2, ✆ 73336, III-IV 0
Gh Gerhard Keferböck, Ratzersdorfer Hauptstr. 56, ✆ 253549 1
Gh Zum roten Hahn, Teufelhoferstr. 26, ✆ 72906, IV-V 2
Jugendherberge, Bahnhofspl. 1a/4, ✆ 32196, I 0
Camping am See, Bimbo-Binder-Promenade 15, ✆ 0676/898798898 0.5
Intersport, Porschestr. 9, ✆ 70710 1
Radsport Strobl, Unterwagramerstr. 50, ✆ 252762 1
Radstudio Herz, Kremser Landstr. 2-4, ✆ 313714 0
Red Plates, Wiener Str. 45, ✆ 41911 0

net-bike Station, Klostergasse 0
nextbike-Station, Bahnhof Vorplatz, 229901 0
nextbike-Station, Rathauspl., 229901 0.5
nextbike-Station, Tor zum Landhaus, 229901 0
nextbike-Station, Landesmuseum - Festspielhaus, 229901 0.5
nextbike-Station, Fachhochschule, 229901 1

Viehofen (St. Pölten)

Hervis Sport, Dr. Adolf-Schärf Str. 9, EKZ Traisenpark, 02742/32624 0.5

Herzogenburg

Vorwahl: 02782

Weinstraße & Tourismus Traisental-Donau, Rathauspl. 22, 83321 0.5
H Cleverhotel, Hotelstr. 2, 0664/1116711, III 1
Radservicecenter Helmut Gelter, Sankt Pöltner Str. 15, 0660/2441788 0.5
nextbike-Station, Bahnhof, 02742/229901 0.5

Stollhofen (Traismauer)

Vorwahl: 02783

Pz Kaiblinger, Kriemhildstr. 6, 6391, 0664/4929012 1
Pz Maissner, Friedhofstr. 3, 6814, 0650/6589830 1.5
Pz Muck, Schwemmg. 2a, 0676/9409020 1

Traismauer

Vorwahl: 02783

Tourismusinfo, Hauptpl. 1, 8555 0
Hg Zum Schwan, Wiener Str. 12, 6236, III-IV 0.5
Gh Nibelungenhof, Wiener Str. 23, 6349, 0676/4004645, IV-II 0.5
Pz Schreiblehner, Untere Siebenbrunneng. 15, 7471, 0650/4639135 0.5
BB Bed, Bike and Breakfast, Wienerstr. 4, 0664/8330030, IV 0.5

Tour 11

Traismauer

siehe Tour 10

St. Georgen a. d. Traisen (Traismauer)

Vorwahl: 02783

P Weingut Haimel, St. Georgener G. 5, 0664/8226477, IV 0
Pz Schopper, Kremser Str. 84, 8885, 0650/2513150 0

Wagram o. d. Traisen (Traismauer)

Vorwahl: 02783

Gh Landgasthof Huber Zum schwarzen Adler, Wachaustr. 43, 8481, III 0
Fw Winzerhaus Schöller, Wagramerstr. 10, 535, 0664/4266261, III-V 0
Zweirad Schwab, Wachaustr.9, 6320 0

Altenwörth (Kirchberg am Wagram)

Vorwahl: 02279

Heimat- und Fremdenverkehrsverein Altenwörth/Gigging, Hauptstr. 4, 0681/10277829 0
Pz Kainberger, Sigmarstr. 22, 3695 0
Bh Weinbauernhof Waltner, Sigmarstr. 23, 2851, 0676/6775102, II 0

Kollersdorf (Kirchberg am Wagram)

P Auszeit, Kollersdorf 42, 0676/6325969, 0699/18080830, IV 0

Sachsendorf (Kirchberg am Wagram)

Pz Fisch & Gut, Sachsendorf 65, 0664/3553435 0

Seebarn am Wagram

Gh Hacienda Seebarn, Hauptstr. 100, 0676/7503535

Grafenwörth

Vorwahl: 02738

Pz Mares, Kremserstr. 19, 3236, 0664/9376107 0
Pz Schwarzinger, Kremserstr. 15, 77062, 0664/5640917, II 0
bikepirat, Gewerbepark 12, 200700 0

Grafenegg

Vorwahl: 02735

H Mörwald Schloss Grafenegg, Grafenegg 12, 26160, V 0

Hadersdorf am Kamp

Vorwahl: 02735

Marktgemeindeamt Hadersdorf-Kammern, Landsknechtpl. 1, 2309 0
Mo TOP Motel, Rosalieastr. 1, 21010, o.F., IV 0

P Dominique, Dr. Koch Str. 15, 2428, 0664/4630870, I 0

Gobelsburg (Langenlois)

siehe Tour 1

Tour 12

Krems a. d. Donau

siehe Tour 1

Stein (Krems a. d. Donau)

siehe Tour 1

Palt (Furth bei Göttweig)

Vorwahl: 02732

H MALAT Weingut und Hotel, Hafnerstr. 12, 82934, VI 3
H Weinresidenz Sonnleitner, Zeughausg. 239, 70446, V-VI. Nur für Erwachsene 3
P Brandl-Göstl, Rudolf Müllauerstr. 455, 0699/10529633, III 3
P Zur weißen Rose, Wienerstr. 41, 0664/4290280, III 3
Pz Wein- u. Gästehof Edlinger, Lindeng. 22, 77622, 0664/3445998, III 3

Mautern a. d. Donau

Vorwahl: 02732

Stadtgemeindeamt, Rathauspl. 1, 83151 0.5
H Landhaus Bacher, Südtirolerpl. 2, 82937, V-VI 0.5
Gh Wirtshaus Hofer, Südtirolerpl. 3, 0664/73931100, III 0.5
P Nikolaihof, Kainzstr. 14, 0676/4331828, IV 0.5
P Severinhof, Frauenhofg. 12, 84643, 0664/5792649, II 0.5

Pz Brauneis, Grüner Weg 37, ✆ 85188, ✆ 0650/9917591, III 0.5
Radshop Kalteis, Austr. 7, ✆ 72517 0.5
nextbike-Station, Schloßg. 8, Parkplatz der Römerhalle, ✆ 02742/229901 0

Baumgarten (Mautern a. d. Donau)

P Zellerhof, Baumgarten 21, ✆ 02732/78979, ✆ 0664/8901771, I-II 2

Mauternbach (Mautern a. d. Donau)

Vorwahl: 02732
P Fw Weinhof am Römerweg, Mauternbach 11, ✆ 72848, ✆ 0676/3511490, II 1
Pz Gerlinde, Mauternbach 30, ✆ 86211, ✆ 0664/1116908, ✆ 0676/3515632 1

Hundsheim (Mautern a. d. Donau)

Vorwahl: 02732
P Fw Haus Schweigl, Hundsheim 20, ✆ 85750, ✆ 0650/4304640, II 0.5
P Winzerhof Eder, Hundsheim 7, ✆ 74949, ✆ 0676/6558700 0.5

Unterloiben (Dürnstein)

Vorwahl: 02732
Pz Scheibenpflug, Unterloiben 58, ✆ 72411, ✆ 0664/4348406, I 0
Bh Dinstlhof, Unterloiben 6, ✆ 70600, III 0

Oberloiben (Dürnstein)

Vorwahl: 02732
P Doppler, Oberloiben 47, ✆ 73711, ✆ 0664/73756485, II 0.5
P Granner, Oberloiben 19, ✆ 71754, II 0
P Leonhartsberger, Oberloiben 3, ✆ 84398, ✆ 0660/1559233, IV 0.5
Fw Bogner, Oberloiben 6, ✆ 0676/3096120, ✆ 0676/7018775, III 0.5
Bh Schweighofer, Oberloiben 11, ✆ 84337, III 0
Bh Winzerhof Mörtinger, Oberloiben 20, ✆ 76152, II 0

Dürnstein

Vorwahl: 02711
i Fremdenverkehrsverein Dürnstein/Loiben, Dürnstein 132, ✆ 200 0
i Gemeindeamt, Dürnstein 25, ✆ 219 0
H Gartenhotel & Weingut Pfeffel, Zur Himmelsstiege 122, ✆ 206, V-VI 0
H Relais & Châteaux Hotel Schloss Dürnstein, Dürnstein 2, ✆ 212, VI 0
H Richard Löwenherz, Dürnstein 8, ✆ 222, VI 0
H Sänger Blondel, Dürnstein 64, ✆ 253, IV-V 0
P Fw Altes Rathaus, Dürnstein 26, ✆ 252, II-III 0
Pz Weixelbaum, Dürnstein 52, ✆ 422, ✆ 0699/11378255, III 0
B&B Rolea, Talgraben 115, ✆ 20407, ✆ 0660/3431100, III 0
Fw Johanna, Dürnstein 101, Wunderburggraben, ✆ 0680/1441930, III 0.5
Bh Fw Winzerhof Stöger, Dürnstein 57, ✆ 396, IV 0
nextbike-Station, ✆ 02742/229901. Verleihstationen: Donaustation 21 - P1, bei der Schiffsanlegestelle unterhalb des Stiftes Dürnstein, beim Parkplatz P2 in der Nähe des Bahnhofes 0

Rossatzbach (Mitterarnsdorf)

Vorwahl: 02714
Pz Gästehaus Weidenauer, Rossatzbach 46, ✆ 6580, ✆ 0664/4002689, III 0.5
Wachauamping Rossatz, Rossatzbach 21, ✆ 6217, ✆ 0676/848814800 0

Rossatz (Mitterarnsdorf)

Vorwahl: 02714
i Marktgemeindeamt, Rossatz 29, ✆ 6217 1
H Rossatz 8, Rossatz 8, ✆ 58337, ✆ 0660/5324699, III-VI 1
Pz Fw Haus Annemarie, Rossatz 164, ✆ 6261, ✆ 0664/5047874, III 1.5
Pz Fw Haus Steinmetz, Rossatz 53, ✆ 6307, ✆ 0664/73974183 1
Pz Landhaus Rossatz, Rossatz 172, ✆ 6362, ✆ 0676/9214141, II 1
Pz Subenhof, Rossatz 16, ✆ 6252, ✆ 0664/3519590 1
Pz Wendler, Rossatz 66, ✆ 6542 1

Rührsdorf (Mitterarnsdorf)

Vorwahl: 02714
Pz Fw Schulz, Rührsdorf 11, ✆ 0676/6770335 0.5
Pz Weingut Polz, Rührsdorf 22, ✆ 6326, ✆ 0664/4320426, ✆ 0664/1806128, II 0.5
Fw Ivan-Sigl, Rührsdorf 38, ✆ 6301, ✆ 0664/4993552, II 1

Weißenkirchen in der Wachau

Vorwahl: 02715
i Tourist-Information, Wachaustr. 242, ✆ 2600 0.5
i Marktgemeindeamt, Rathauspl. 32, ✆ 2232 0
H Fw Donauwirt, Wachaustr. 47, ✆ 2247, V 0
H Kirchenwirt, Kremser Str. 17, ✆ 2332, V-VI 0
H Raffelsberger Hof, Freisingerpl. 54, ✆ 2201, ✆ 0664/1131048, V-VI 0
Hg Ur-Wachau, Obere Bachg. 83, ✆ 0681/10568213, ✆ 0664/5424487, V 0.5
Hg Weinquadrat, Landstr. 238, ✆ 20008, V 0
P Denk, Obere Bachg. 74, ✆ 2365, IV-V 0
P Fw Gästehaus Heller, Kremser Str. 14, ✆ 2221, III 0
P Fw Gästehaus Schmelz, Obere Bachg. 79, ✆ 2388, ✆ 0699/19074609, IV-V 0
P Fw Manghof, Obere Bachg. 86, ✆ 2339, ✆ 0664/5427610, ✆ 0664/7881016 0.5
P Thurnhof, Thurnhof 76, ✆ 2503, III-IV 0
P Wein Ottmann, Lichtgartl 374, ✆ 72842, ✆ 0650/6666629 0.5
Pz Lehensteiner Weinbau & Gästezimmer, Kremser Str. 7, ✆ 2284, ✆ 0664/5732880, III-IV 0
Bh Freisingerhof, Freisingerpl. 55, ✆ 2320, ✆ 0664/3727298 0
Bh Zottl, Am Weitenberg 105, ✆ 2325, ✆ 0650/4003747, III-IV 0.5
Radservice-Box, Wachaustr. 242, ✆ 2600. In der Infostelle befindet sich eine Radservice-Box mit Werkzeug u. Fahrradschläuchen. 0.5
nextbike-Station, hinter dem Bahnhof, ✆ 02742/229901. weitere nextbike-Station: bei der Bushaltestelle 0

Joching (Weißenkirchen in der Wachau)

Vorwahl: 02715

H Weingut Holzapfel, Prandtauerpl. 36, ✆ 2310, VI 0

Pz Gästehaus Ebner, Weinbergstr. 23, ✆ 0664/4409038, III 0

Pz Landhaus Smöch, Nr. 55, ✆ 2839, ✆ 0664/3819863, IV-V 0

Pz Fw Weinbau-Gästezimmer Jamek, Joching 33, ✆ 2596, II 0

Wösendorf

Vorwahl: 02715

P Gästehaus Denk, Winklg. 133, ✆ 0680/3073810, IV 0

P Weinbau Wagner, Hauptstr. 90, ✆ 2336, ✆ 0650/2336000, II 0

P Fw Weinbau Weidenauer, Kellerg. 92, ✆ 72864, ✆ 0664/1423948, III 0.5

Pz Machherndl, Hauptstr. 105, ✆ 2402, I 0

Pz Urlaub bei Seppi, Winklg. 50, ✆ 0676/5495993, II 0

Pz Weingut Langmayer, Kircheng. 62, ✆ 0676/5269760, III 0

Pz Weingärtnerei Lengsteiner, Winklg.53, ✆ 2224, III 0

KFZ Machherndl, Bachg. 19, ✆ 2392 0

St. Michael (Weißenkirchen in der Wachau)

Vorwahl: 02713

Pz Gästehau Huber, St. Michael 10, ✆ 2282, ✆ 0664/73575327 0

Pz Fw Gästehaus zur Wehrkirche, St. Michael 3, ✆ 72919, ✆ 0650/3724410, III 0

Spitz a. d. Donau

Vorwahl: 02713

i Donau Niederösterreich Tourismus GmbH - Regionalbüro Wachau-Nibelungengau-Kremstal, Schlossg. 3, ✆ 30060-60 0.5

i Tourist-Information, Mitterg. 3a, ✆ 2363 0

H Boutiquehotel Weinspitz, In der Spitz 3, ✆ 2644, V 0.5

H Mariandl, Kremserstr. 2, ✆ 2311, ✆ 0664/5403008, IV-V 0

H Weinhotel Wachau, Ottenschlägerstr. 30, ✆ 2254, IV-V 0.5

Hg Weinberghof, Am Hinterweg 17, ✆ 2939, IV-V 0.5

Gh Goldenes Schiff, Mitterg. 5, ✆ 2326, IV 0

Gh Fw Prankl, Hinterhaus 16, ✆ 2323, IV-V 0

P 1000-Eimerberg, Marktstr. 3, ✆ 2334, IV 0

P Fw Alte Post, Hauptstr. 24, ✆ 0676/7806920, III 0

P Café Bruckner, Hauptstr. 9, ✆ 2329, III 0

P Donaublick, Schopperpl. 3, ✆ 2552 0

P Gästehaus Datzinger, Rote Torg. 13a, ✆ 2493, ✆ 0664/73203767, III-IV 0.5

P Fw Gästehaus Ruinenblick, Kirchensteig 1, ✆ 02712/0676/7311822, ✆ 0650/5223641, III 0.5

P Haus Oestreicher, Hauptstr. 26, ✆ 2317, III 0

P Fw Weinbergblick, Rote Torg. 18, ✆ 0699/88484084, III-IV 0.5

P Weingut Nothnagl, Radlbach 7, ✆ 2612, II-III 0.5

P Fw Weingut Rixinger, Gut am Steg 8, ✆ 2304, ✆ 0676/9656855, III 1.5

Pz Gästehaus Martin, Ottenschlagerstr. 34, ✆ 0676/5635982, IV 1

Pz Fw Haus Mariandl, Mieslingtal 26, ✆ 2582, ✆ 0664/5225213, II 0.5

Pz Fw Weingut Roman Gritsch, Radlbach 11, ✆ 2208, III 1

Pz Winzerin Spitz, Am Hinterweg 11, ✆ 2938, III 0.5

Kaufhaus Gurtner, Hauptstr. 26, ✆ 2317. Keine E-Bikes, Schlauchautomat 0

nextbike-Stationen, Bahnhof, ✆ 229901 0

Oberarnsdorf (Mitterarnsdorf)

Vorwahl: 02714

i Marktgemeindeamt, Rossatz 29, Rossatz (Mitterarnsdorf), ✆ 6217 1

P Weingut Hick, Oberarnsdorf 58, ✆ 8214, III 0.5

P Zur Roten Wand, Oberarnsdorf 7, ✆ 0664/3880823, III 0.5

Pz Wintner, Oberarnsdorf 66, ✆ 8364, ✆ 0680/3363731 0.5

Schwallenbach (Spitz a. d. Donau)

Vorwahl: 02713

P Fw Gästehaus Schütz, Schwallenbach 31, ✆ 2174, ✆ 0676/7879541, III 0

Willendorf (Aggsbach Markt)

Vorwahl: 02712

Gh Gasthof zur Venus, Willendorf 36, ✆ 202020, ✆ 0676/7311822, III 0

P Schrutz, Willendorf 63, ✆ 556 0

Groisbach (Aggsbach Markt)

Vorwahl: 02712

Pz Gästehaus Wilhelm, Groisbach 20, ✆ 557, II 0

Pz Weingut Herlinde, Groisbach 30, ✆ 551 0

Fw Wilhelm, Groisbach 4, ✆ 557, ✆ 0680/2147724 0

Aggsbach Markt

Vorwahl: 02712

i Marktgemeindeamt, Aggsbach 48, ✆ 214 0

Gh Zum Kranz, Aggsbach-Markt 161, ✆ 210 0

P Fw Anna, Aggsbach-Markt 24, ✆ 253, ✆ 0680/2147724 0.5

Pz Landhaus Wachau, Aggsbach Markt 86, ✆ 0660/7343117, II 0.5

Fw Fasching, Aggsbach-Markt 133, ✆ 550, ✆ 0680/2110401, II 0.5

Fw Gerstbauer, Aggsbach-Markt 19, ✆ 384, ✆ 0650/7278900, II 0.5

nextbike-Station, Nr. 170, ✆ 02742/229901 0

Emmersdorf a. d. Donau

Vorwahl: 02752

i Infostelle, Beim Kreisverkehr, ✆ 70010 0

i Marktgemeindeamt, Nr. 22, ✆ 71469 0.5

H Donauhof, An der Donau 40, ✆ 71777, IV-V 0.5

H Zum Schwarzen Bären, Marktpl. 7, ✆ 71249, III-V 0.5

Pz Haus Sundl, Rote-Kreuz-Str. 18, ✆ 71419, ✆ 0664/3943765, III 1

Pz Rothensteiner, Birkeng. 7, ✆ 2773, ✆ 0680/2112773, II 0.5
Fw Lindenhofer, Hofamt 22, ✆ 71482, II-III 0.5
Bh Pemmer, Hofamt 24, ✆ 71291, ✆ 0680/4063271, II 0.5
Donaucamping, Donaulände 1, ✆ 71707, ✆ 0676/6706652 0.5
ÖAMTC Fahrrad-Station, beim Kreisverkehr, ✆ /0810/120120. Fahrrad-Station mit Aufhängevorrichtung, Luftpumpe, Werkzeug usw. 0
nextbike-Station, Nr. 540/22, beim Kreisverkehr u. Touristinfo, ✆ 02742/229901 0

Luberegg (Emmersdorf a. d. Donau)

Vorwahl: 02752
H Landhotel Wachau, Luberegg 20, ✆ 72572, V-VI 1

Melk

Vorwahl: 02752
i Wachau Info Center, Kremser Str. 5, ✆ 51160 0
H Stadt Melk, Hauptpl. 1, ✆ 52475, III-IV 0
H Wachau, Am Wachberg 3, ✆ 52531, IV-V 1.5
H Wachauerhof, Wiener Str. 30, ✆ 52235, IV 0
H Zur Post, Linzer Str. 1, ✆ 52345, IV-V 0
Gh Fw Rathauskeller-Der Melker Gasthof, Rathauspl. 13, ✆ 20460, III-IV 0
Gh Zum Fürsten, Rathauspl. 3, ✆ 52343, III-IV 0
P Café Central, Hauptpl. 10, ✆ 52343, ✆ 0664/88469101, III 0
P Weißes Lamm, Linzer Str. 7, ✆ 0664/2315297, II-III 0
Pz Fw Haus zum Nibelungenlied, Kremser Str. 6, ✆ 53613, ✆ 0676/5047670, III 0
Junges Hotel Melk, Abt Karl-Str. 42, ✆ 52681, II 0.5
Intersport, Umfahrungsstr. 1, ✆ 5065300 1
Raum & Rad, Rathauspl. 1, ✆ 0699/10052276 0

Pöverding (Melk)

Vorwahl: 02752
Pz Langthaler, Pöverding 10, ✆ 0664/73079380, III 2.5
Bh Gaudihof Kaltenbrunner, Pöverding 11, ✆ 52401, ✆ 0664/1551680, o.F., III 2
Bh Lugerfarm, Pöverding 8, ✆ 0664/3151661, III 2

Tour 13

Melk

siehe Tour 12

Spielberg (Melk)

Fw Beck, Glockenturmstr. 5, ✆ 02752/54212, ✆ 0699/10085019, II 0.5

Loosdorf

Vorwahl: 02754
i Gemeindeamt, Europapl. 11, ✆ 63840 0

Ober-Grafendorf

Vorwahl: 02747
i Marktgemeindeamt, Hauptpl. 2, ✆ 2313 0.5
P Fw Ziekel, Marktg. 10, ✆ 21915, II 0

Weinburg

Vorwahl: 02747
i Gemeindeamt, Mariazeller Str. 15, ✆ 2616 0
Gh Gansberger, Mariazeller Str. 19, ✆ 2635, ✆ 0664/73957446, II 0

Kammerhof (Hofstetten-Grünau)

Gh Landgasthof Kammerhof, Kammerhofstr. 1, ✆ 02723/26310, ✆ 0676/4829963, III 0
P Antonia, Kammerhofstr. 6, ✆ 02723/8209, ✆ 0664/5509072, II 0

Hofstetten-Grünau

Vorwahl: 02723
Gh Strohmaier, Hauptpl. 4, ✆ 8202, ✆ 0664/4283070, III 0
Bh Obermerkenbergerhof, Aigelsbach 22, ✆ 8608, ✆ 0664/88439196, III 1

Mainburg (Hofstetten-Grünau)

Pielachtal Camping, Mariazeller Straße 23c, ✆ 0680/1158560 0.5

Rabenstein an der Pielach

Vorwahl: 02723
i Marktgemeindeamt, Marktpl. 6, ✆ 2250 0
H Steinschalerhof, Warth 20, ✆ 02722/2281, IV-V 0.5
Gh Zum Alten Brauhaus, Marktpl. 5, ✆ 26162, ✆ 0664/1246761, III 0
Bh Karhof, Königsbach 1, ✆ 2207, ✆ 0676/6419437, II-III 0.5
Bh Malhof, Dorf-Au 17, ✆ 2337, I-II. Auf einem Berg gelegen! 2

Kirchberg an der Pielach

Vorwahl: 02722
i Marktgemeindeamt, Schloßstr. 1, ✆ 7309 0
Gh Kemetner Schützenwirt, Schwerbach 4, ✆ 7339, II-III 0
Pz Fam. Fischl, Melkerstr. 49, ✆ 0664/1262973, o.F., II 0.5
Pz Gästehaus Tritscher, Hardeggstr. 41, ✆ 2157, ✆ 0664/5734906, II 0
Fw Fam. Reidies, Soisstr. 7, ✆ 7321, ✆ 0676/7805594, II 0
Bh Auf der Eben, Tradigistgegend 11, ✆ 7243, ✆ 0676/4322040, I-II 2.5
Bh Steinbauer, Kirchberggegend 25, ✆ 7473, ✆ 0676/4314433, o.F., II-III 1.5

Tour 14

Lunz am See

Vorwahl: 07486
i Ybbstaler-Alpen-Tourismusverein, Amonstr. 16, ✆ 93049 0.5
H Fw Landhotel Zellerhof, Seestr. 5, ✆ 8450, III 0
Gh Höhenstein Stube, Halmot 11, ✆ 8821, ✆ 0664/4158787, III 6
Pz Herta Hofmaier, Seestr. 26, ✆ 8319, ✆ 0664/5909298, II 0
Pz Fw Lunzferien, Seehof 20, ✆ 20058, ✆ 0676/7544570, III-IV 2
Fw Apartmenthaus Bergsee, Kl. Seeaustr. 10, ✆ 8450, IV 0.5

Ötscherlandcamping, Zellerhofstr. 23, 0664/73457181, 0664/73860598 0.5

Stiegengraben (Lunz am See)

H Waldesruh, Steinbachmauer 5, 07484/22750, IV 0

Göstling an der Ybbs

Vorwahl: 07484

Tourismusbüro Göstling, Nr. 46/2, 93049 0.5

H Scheiblechner, Stixenlehen 48, 2244, III-IV 0.5

H Zum Goldenem Hirschen, Göstling 16, 2225, II-III 0.5

Pz Aflenzer, Göstling 132, 2084, II 0.5

Pz Ensmann, Göstling 129, 2278, 0664/3757181, II 0.5

Pz Reiterits, Göstling 227, 3104, I-II 1.5

Sportwerk, Göstling 159, 26066 0.5

Lassing (Göstling an der Ybbs)

Vorwahl: 07484

H Ensmann, Lassing 55, 7014, V 8

H Fahrnberger, Lassing 19, 72340, V-VI 8

Gh JoSchi Almgasthof, Lassing 47, 7213, HP, IV 10

St. Georgen am Reith

Vorwahl: 07484

Gemeindeamt, Dorf 58, 8000 0

Fw Biohof Breitenberg, Dorf 23, 8221, III-IV 0

Hollenstein an der Ybbs

Vorwahl: 07445

Tourismusbüro, Walcherbauer 2, 21824 0.5

Gh Jagersberger, Sattel 4, 374, III-IV 1.5

Gh Rettensteiner, Dorf 39, 222, 0664/88623102, III-IV 0

Gh Staudach, Walcherbauer 5, 262, IV-V 0.5

Pz Gästehaus Eva, Dorf 141, 222, 0664/5460781, III 0.5

Bh Hirner Elisabeth u. Klaus, Oberkirchen 12, 413, 0664/1588645, o.F., I 0

Opponitz

Gh Fw Bruckwirt, Thann 12, 07444/7229, III 0

Gh Zum Kirchenwirt, Hauslehen 19, 07444/7223, III 0.5

Waidhofen an der Ybbs

Vorwahl: 07442

Tourismusbüro, Schlossweg 2, 93049 0

H Das Schloss an der Eisenstraße, Am Schlosspl. 1, 505577, V-VI 0

H Moshammer, Kirchenpl. 3, 54018, IV-V 0

Gh Zum schwarzen Bären, Ybbstorg. 3, 52314, 0664/3538407, III-IV 0

P Haus Hoher Markt, Hoher Markt 18, 52112, IV 0

P Villa Nova Frühstückspension, Pocksteinerstr. 35, 0676/5672712, IV-V 0.5

Pz Geierlehner, Friedrich Ludwig Jahn-G. 1, 56413, 0664/5224147 0.5

Fw Ferienhaus Freunthaler, Rabenbergstr. 7, 54810, 0680/2475588, II 1

Fw Himbrechtsöd, Urltalstr. 75, 54234, 0664/5021176, II-III 2

Bh Biohof Ebenbauer, Windhagerstr. 10, 0664/6304891, 0664/6392275, II-III 3

Bh Bärleiten, Bärleiten 1, 55458, 0664/5380420, II 2.5

Bh Mitterhirschberg, Konradsheim 62, 53768, 0664/3634024, o.F., III-IV 5

S Baumhotel Buchenberg, Rösselgraben 15, 0676/844991444, o.F., VI 0.5

GinnerWaidhofen, Ybbstorg. 5, 55343 0

Böhlerwerk

Marktgemeindeamt, Waidhofenerstr. 20, Rosenau am Sonntagberg, 07448/2290 0

Gh Kohlhofer - Rustica Grill, Waidhofner Str. 8, 07442/62529 0.5

Fw Fam. Melchus, Nellingstr. 16, 0676/838448596 0.5

Fw Nicoletta, Nellingstr. 1, 0664/2555700, IV 0.5

Rosenau am Sonntagberg

Marktgemeindeamt, Waidhofenerstr. 20, 07448/2290 0

Sonntagberg

Vorwahl: 07448

Pilgerinformation, Sonntagberg, 21572. Auskunft, Führungen, Souvenirshop sowie Buchung von Tour und Tagesfahrten durch die Region. 0.5

Marktgemeindeamt, Waidhofenerstr. 20, Rosenau am Sonntagberg, 2290 0

Gh Lagler, Sonntagberg 7, 2493 0

Pz Ebner, Sonntagberg 8, 0650/3600217 0

Kematen an der Ybbs

Vorwahl: 07448

Marktgemeindeamt, 1. Str. 31, 2312 0

P Fw Lettner, 1. Str. 30, 20022, 0664/1529050 0

Gimpersdorf (Kematen an der Ybbs)

Bh Grissenberger, Gimpersdorf 2, 07448/5068, 0650/9936558, III 0.5

Ulmerfeld-Hausmening-Neufurth (Amstetten)

Vorwahl: 07472

P Lettner, Marktpl. 5, 07475/52249, 0664/5028750, II 0

Fw Schlossappartements, Schloßstr. 3, 0676/840007701, II 0

Schloss Ulmerfeld, Burgweg 1, 54037, I-II. Hausschuhe und Handtücher sind mitzubringen 0

Winklarn

Vorwahl: 07475

Gemeindeamt, Tanngrabenstr. 2, 07472/6431912 0.5

Bh Schirlbauer Moststubn, Schiselhof 1, 07472/66957, 0676/6091365, IV 3.5

Greinsfurth

Gh Berger, Ortspl. 1, 07472/62806, II 0

Amstetten
Vorwahl: 07472

- [i] Kultur- und Tourismusbüro, Rathausstr. 1, ✆ 601454 0.5
- [H] Exel, Alte Zeile 14, ✆ 25888, V-VI ⊕ 0.5
- [H] [Fw] Stadthotel Gürtler, Rathausstr. 13, ✆ 62765, IV-V 0.5
- [Gh] Steiner, Winklarnerstr. 29, ✆ /0800/240431224, ✆ 0660/6533255, I 1.5
- [Gh] Zum Goldenen Pflug, Rathausstr. 12, ✆ 62142, III-IV 0.5
- [P] Leichtfried, Hamerlingstr. 4, ✆ 64338, III-IV 0.5
- [Pz] [Fw] Dietl, Käthe-Graf Str. 2, ✆ 0664/1425905, o.F., I 1.5
- [Pz] Steininger-Matzinger, Reichsstr. 88, ✆ 68337, II 0.5
- Ginner Amstetten, Fabrikstr. 16a, ✆ 68555 0.5
- Zöchbauer, Preinsbacher Str. 12, ✆ 62384 0.5

Hart (St. Georgen am Ybbsfelde)

- [Gh] Ybbstalhof, Ortspl. 3, ✆ 07472/62362, II-III 1

Ferschnitz
Vorwahl: 07473

- [i] Marktgemeindeamt, Marktpl. 1, ✆ 8297 1

Blindenmarkt
Vorwahl: 07473

- [i] Marktgemeindeamt, Hauptstr. 17, ✆ 22170 0
- [Gh] Pitzl „Zur Goldenen Sonne“, Hauptstr. 38, ✆ 2330 0
- [Pz] Rücklinger Rosa, Atzelsdorf 3, ✆ 6979 0.5

Ybbs an der Donau
Vorwahl: 07412

- [i] Nibelungengau Info-Center, Stauwerkstr. 86, ✆ 55233 2
- [H] **Donau Lodge, Wiener Str. 10, ✆ 54334, V** ⊕ 0
- [Gh] **Babenbergerhof, Wiener Str. 10, ✆ 54334, IV** ⊕ 0
- [H] Asia Wok Ybbshof, Stauwerkstr. 71, ✆ 53404, III 1.5
- [Mo] Bäcker-Motel Weinberger, Stauwerkstr. 85, ✆ 5555515, o.F., III 1.5
- [Gh] Mang, Herreng. 8, ✆ 20077, III-IV 0.5
- [B&B] Lindenhof, Stauwerkstr. 45, ✆ 0677/63887772, III 1
- [Fw] Mathilde, Kircheng. 11, ✆ 0676/3401591 0.5
- Posh Cycling, Stauwerkstr. 22, ✆ 0664/1516946 0.5
- Zweirad Pichlmayr, Wiener Str. 38a, ✆ 52492 0

Ortsindex

Die Seitenzahlen ab S. 160 beziehen sich auf das Übernachtungsverzeichnis.

Symbole

Ortsindex

Fluss-Radwege Niederösterreich

Streckencharakteristik

Länge

Die Gesamtlänge der Touren beträgt rund **1.100 Kilometer**. Die längste Tour misst etwa 145 km, die kürzeste 37 km.

Wegequalität, Verkehr und Steigungen

Wegequalität, Verkehrsaufkommen und Steigung werden zu jeder der 14 Touren im Detail beschrieben. Im Allgemeinen ist die Wegequalität gut und das Verkehrsaufkommen generell gering. Relativ selten und nur für kurze Strecken müssen Sie bei manchen Touren auf verkehrsreichen Landes- und Bundesstraßen ohne Radweg fahren.

Beschilderung

Die Radwege sind mit den Schildern des niederösterreichischen Landesradwegenetzes gekennzeichnet.

Streckenstatistik

Länge der Hauptstrecken: **1.073 km**

HM/km: ↗ 4,3 m (4.580 m) ↘ 4,3 m (4.643 m)

Radweg: 33 % Unbefestigt: 9 % Verkehr: 2 %

Summe aller Strecken: **1.160 km**

Tourenplanung

Zentrale Infostellen

Donau Niederösterreich Tourismus, Schlossg. 3, A-3620 Spitz/Donau, ✆ 0043/2713/3006060, urlaub@donau.com, www.donau.com

Waldviertel Tourismus, Sparkassenpl. 1/2/2, A-3910 Zwettl, ✆ 0043/2822/54109, info@waldviertel.at, www.waldviertel.at

Weinviertel Tourismus, Wiener Str. 1, A-2170 Poysdorf, ✆ 0043/2552/3515, info@weinviertel.at, www.weinviertel.at

Wienerwald Tourismus, Hauptpl. 11, A-3002 Purkersdorf, ✆ 0043/2231/62176,

LiveUpdate

Als Online-Angebot finden Sie auf unserer Webseite eine Sammlung aktueller Änderungen und Korrekturen zu diesem Radtourenbuch. Diese Informationen sind immer auf dem neuesten Stand und ermöglichen Ihnen in Kombination mit der bestehenden Auflage dieses Buches die beste Reiseplanung. Das LiveUpdate zu diesem Titel ist frei verfügbar und auf unserer Webseite beim jeweiligen Buch oder unter folgendem Link zu finden:

https://www.esterbauer.com/niederoesterreich

Sind Ihnen auf Ihrer Radreise Fehler und Änderungen zur Route, zum Übernachtungsverzeichnis oder den touristischen Daten aufgefallen? Über die Updateseite können Sie diese brandneuen Infos direkt an das *bikeline*-LiveUpdate-Team übermitteln. Wir freuen uns auf Ihr Update und bedanken uns im Namen aller Radler!

GPS-Tracks

Den aktuellen *bikeline*-Track zu diesem Titel finden Sie, wenn Sie folgende Adresse in die Adresszeile Ihres Browsers eingeben:

https://www.tracks.world/?dir=at/trk36xj192

office@wienerwald.info, www.wienerwald.info
Wiener Alpen in Niederösterreich Tourismus, Schlosstr. 1, A-2801 Katzelsdorf, ✆ 0043/2622/78960, info@wieneralpen.at, www.wieneralpen.at
Mostviertel Tourismus, Töpperschloss Neubruck, Neubruck 2/10, A-3283 Scheibbs, ✆ 0043/7482/20444, info@mostviertel.at, www.mostviertel.at
Regionalverband March-Thaya-Auen, Rathauspl. 1, A-2273 Hohenau an der March, ✆ 0043/660/3116153, info@marchthayaauen.at, http://www.marchthayaauen.at/

An- und Abreise mit der Bahn

Aufgrund der sich ständig ändernden Preise und Bedingungen für Fahrradtransport bzw. -mitnahme empfehlen wir Ihnen, sich bei nachfolgenden Infostellen über Ihre ganz persönliche Anreise mit der Bahn zu informieren.

Informationsstellen
Deutsche Bahn AG, Service-Hotline: ✆ 0180/6996633 (€ 0,20 pro Anruf aus dem Festnetz, Tarif bei Mobilfunk max. € 0,60 pro Anruf), Mo-So 0-24 Uhr, Auskünfte über Zugverbindungen, zur Fahrradmitnahme, Fahrpreise im In- und Ausland, Buchung von Tickets und Reservierungen, www.bahn.de, www.bahn.de/bahnundbike
Automatische DB-Fahrplanauskunft: ✆ 0800/1507090 (gebührenfrei aus dem Festnetz)
ADFC, Allgemeiner Deutscher Fahrrad-Club e. V.: weitere Infos unter https://www.adfc.de/artikel/fahrradmitnahme-in-der-bahn/
Österreichische Bundesbahnen:
ÖBB Kundenservice ✆ 05/17175 (österreichweit zum Ortstarif), www.oebb.at
Schweizer Bundesbahnen:
Rail-Service ✆ 0041/848446688 (CHF 0,08/Min.), www.sbb.ch

An- und Abreise mit dem Fernbus

Mittlerweile bieten viele Fernbusunternehmen wie MeinFernbus FlixBus auf Ihren Strecken eine Radmitnahme an. Aufgrund der großen Anzahl von Fernbuslinien und -unternehmen informieren Sie sich bitte im Internet z. B. unter www.fernbusse.de oder www.fahrtenfuchs.de. Eine Übersicht über Radmitnahme im Fernbus finden Sie unter radreise-wiki.de/Fahrradtransport_im_Fernbus und www.adfc.de/adfc-reisenplus/radtouren-planung/fahrrad-und-fernbus/fahrrad-und-fernbus.

Rad & Bahn

Die Mariazellerbahn mit Gepäck- und Radtransportwagen führt von der Landeshauptstadt St. Pölten durch das Pielachtal in den Wallfahrtsort Mariazell. Teilstrecken können somit auch per Bahn zurückgelegt werden. Näheres dazu unter: www.mariazellerbahn.at

Rad & Bus

Der Radtramper-Bus (Mai-Sept., Sa/So/Fei sowie tägl. im Juli und Aug.) von St. Pölten nach Kernhof und wieder retour dient streckenweise als erholsame Radalternative: www.traisentalradweg.at/der-radtramper-bus

Einen weiteren Radtramper-Bus gibt es am Ybbstalradweg zwischen Waidhofen/Ybbs und Lunz am See (Mai-Okt., Sa/So/Fei sowie tägl. im Juli und Aug.): https://www.mostviertel.at/radtramper-bus-4

Rad & Schiff

Ein einmaliges Erlebnis verspricht eine Schifffahrt entlang der Donau in der Wachau:

Landhausviertel St. Pölten

BRANDNER Schiffahrt, Welterbe-Pl. 1, 3500 Krems a. d. Donau, ✆ 0043/7433/2590-21, schiffahrt@brandner.at, www.brandner.at
DDSG Blue Danube Schiffahrt, Welterbepl. 1, 3500 Stein a. d. Donau, ✆ 0043/2732/78282, krems@ddsg-blue-danube.at, www.ddsg-blue-danube.at

nextbike

Beim flexiblen, kostengünstigen Fahrradverleihsystem stehen 3-Gang-Fahrräder rund um die Uhr, 7 Tage die Woche, zur Verfügung. Dafür ist eine einmalige Onlineregistrierung unter www.nextbike.at/de/niederoesterreich/standorte oder ein Anruf an 02742/229901 nötig.

Erlebniskarten

Mit der **Niederösterreich-CARD** können Sie über 300 Ausflugsziele bei freiem Eintritt in ganz Niederösterreich genießen: www.niederoesterreich-card.at
Die **Wilde Wunder Card**, die Erlebniskarte im Mostviertel, bietet über 50 Attraktionen, verschiedenste Programme und Liftfahrten an: www.mostviertel.at/wilde-wunder-card

Übernachtung

Bei unseren Recherchen haben wir eine größtmögliche Auswahl für Sie zusammengestellt. Für alle, die Alternativen oder einfach noch mehr Anbieter suchen, gibt es nachfolgende Internet-Adressen, die auch Beherbergungen anderer Art anbieten:
Weiterhin bietet **Bett+Bike** unter www.bettundbike.de zusätzliche Informationen zu den beim ADFC gelisteten Beherbergungsbetrieben in ganz Niederösterreich.

Mit Kindern unterwegs

Aufgrund der geringen Verkehrsdichte können Sie mit Kindern ab 10 Jahren einigermaßen sorglos radeln. Jedoch sollten Sie die Steigungen der jeweiligen Tour nicht unterschätzen. Ganz ohne Probleme geht's mit den Kleinen entlang der Donau. Planen Sie die einzelnen Touren etwas kürzer und mit einigen längeren Pausen ein. Oder vielleicht ein Päuschen an einem Badetag – dann steht einem gelungenen Familienurlaub nichts mehr im Weg.

Mit dem E-Bike

Mittlerweile sind immer mehr Radler mit einem E-Bike unterwegs. Im Grunde sind dabei die

Anforderungen dieselben, auch wenn damit längere Etappen und mehr Steigungen zurückgelegt werden können. Da auch die Leistungsfähigkeit bei unmotorisierten Radlern sehr unterschiedlich ist, haben wir schon bisher keine Etappenlängen vorgegeben.
Engstellen, Treppen oder Tragestellen, die wegen des Gewichts des E-Bikes schwer zu überwinden sind, sind in den Karten verzeichnet und wo möglich Alternativen angegeben.
Wir verzichten bewusst auf das systematische Erfassen offizieller Ladestationen, da die „inoffiziellen" Ladestationen (Steckdosen) ungleich häufiger sind. Vergessen Sie das Ladekabel nicht.

Radreiseveranstalter

Eurobike, Mühlstr. 20, A-5162 Obertrum am See, ✆ 0043/6219/7444, Fax: 8272, eurobike@eurobike.at, www.eurobike.at

Zu diesem Buch

Dieser Radreiseführer enthält alle Informationen, die Sie für den Radurlaub in Niederösterreich benötigen: Exakte Karten, ein ausführliches Übernachtungs- und Serviceverzeichnis, Stadt- und Ortspläne und die wichtigsten Informationen zu touristischen Attraktionen und Sehenswürdigkeiten.
Und das alles mit der **bikeline-Garantie**: die Routen in unseren Büchern sind von unserem professionellen Redaktionsteam auf ihre Fahrradtauglichkeit geprüft worden.
Um höchste Aktualität zu gewährleisten, nehmen wir nach der Befahrung Korrekturen von Lesern bzw. offiziellen Stellen bis Redaktionsschluss entgegen, die dann jedoch teilweise nicht mehr an Ort und Stelle verifiziert werden können.

Die Karten

Die Detailkarten sind im Maßstab 1 : 75.000 erstellt. Dies bedeutet, dass 1 Zentimeter auf der Karte einer Strecke von 750 Metern in der Natur entspricht. Zusätzlich zum genauen Routenverlauf informieren die Karten auch über die Beschaffenheit des Bodenbelages (befestigt oder unbefestigt), Steigungen (leicht oder stark), Entfernungen sowie über kulturelle, touristische und gastronomische Einrichtungen entlang der Strecke.
Komplizierte Stellen werden in der Karte mit diesem Symbol ⚠ gekennzeichnet, im Text finden Sie das gleiche Zeichen zur Markierung der betreffenden Stelle wieder. Beachten Sie, dass die empfohlene Hauptroute immer in Rot und Violett, Varianten und Ausflüge hingegen in Orange dargestellt sind. Die genaue Bedeutung der einzelnen Symbole wird in der Legende auf den Seiten 4 und 5 erläutert.

Höhen- und Streckenprofil

Das Höhen- und Streckenprofil gibt Ihnen einen grafischen Überblick über die Steigungsverhältnisse, die Länge und die wichtigsten Orte entlang der Radroute. Zusätzlich wird am Beginn jedes Streckenabschnitts ein detaillierteres Höhen- und Streckenprofil gezeigt, in dem über die Wegpunkte eine Zuordnung zu Karte und Text möglich ist.

Schloss Greillenstein

Es können in diesem Überblick nur die markantesten Höhenunterschiede dargestellt werden, jede einzelne kleinere Steigung wird in dieser grafischen Darstellung nicht berücksichtigt. Die Steigungsverhältnisse entlang der Route finden Sie im Detail mit Hilfe der Steigungspfeile in den genauen Karten.

Der Text

Im Textteil sind die Orte entlang der Route zur besseren Orientierung aus dem Text hervorgehoben. Eine große Auswahl an Sehenswürdigkeiten in den Orten ist unter dem Ortsbalken aufgelistet, jeweils mit Adresse, Telefonnummer und Weblink.

Die Öffnungszeiten und Preise zu den Sehenswürdigkeiten sind nicht gesondert aufgelistet, da es hier immer wieder Veränderungen gibt. Damit Sie dann nicht vor verschlossenen Türen stehen, haben wir für Sie die Internetseiten sowie die Telefonnummern recherchiert, sodass Sie sich direkt über die aktuellsten Öffnungszeiten und Preise informieren können. Wenn eine Sehenswürdigkeit keine eigene Webseite hat, sind diese Informationen über die Webseite der Tourismusinformation des Ortes oder der Region zu finden. Und wenn einmal die Öffnungszeiten im Internet nicht oder nur schwer zu finden sind oder eine Sehenswürdigkeit besonders ungewöhnliche Öffnungszeiten hat, dann listen wir diese gesondert direkt bei der Sehenswürdigkeit auf. Somit sind Sie immer auf dem laufenden Stand der Dinge

Die Beschreibung der einzelnen Orte sowie historisch, kulturell oder naturkundlich interessanter Gegebenheiten entlang der Route trägt zu einem abgerundeten Reiseerlebnis bei. Diese Textblöcke sind kursiv gesetzt und unterscheiden sich dadurch auch optisch von der Streckenbeschreibung.

Des Weiteren finden Sie fett gedruckte Textabschnitte, die Sie auf den Routenverlauf hinweisen sowie eine Auflistung von Straßennamen, die Ihnen das Auffinden der Route vor allem im dichter bebauten Siedlungsgebiet erleichtert.

Besonders markante oder wichtige Punkte auf der Strecke sind als Wegpunkte 1, 2, 3, ... durchnummeriert und – zur besseren Orientierung – mit demselben Symbol in den Karten wieder zu finden.

Unterbrochen wird dieser Text gegebenenfalls durch orangefarbige Absätze, die Varianten und Ausflüge beschreiben.

TIPP Textabschnitte in Violett heben Stellen hervor, an denen Sie Entscheidungen über Ihre weitere Fahrstrecke treffen müssen, z. B. wenn die Streckenführung von der Wegweisung abweicht oder mehrere Varianten zur Auswahl stehen u. ä.

AUSFLUG Sie weisen auch auf Ausflugstipps, interessante Sehenswürdigkeiten oder Freizeitaktivitäten etwas abseits der Route hin.

Ferner sind alle wichtigen **Orte** zur besseren Orientierung aus dem Text hervorgehoben. Gibt es interessante Sehenswürdigkeiten in einem Ort, so finden Sie unter dem Ortsbalken die jeweiligen Adressen, Telefonnummern, Öffnungszeiten-Kategorien und Weblinks.

Die Beschreibung der einzelnen Orte sowie historisch, kulturell oder naturkundlich interessanter Gegebenheiten entlang der Route trägt zu einem abgerundeten Reiseerlebnis bei. Diese Textblöcke sind kursiv gesetzt und unterscheiden sich dadurch auch optisch von der Streckenbeschreibung.

Öffnungszeiten – Kategorien

- Öffnungszeiten
- (24) frei zugänglich
- (7d) täglich
- häufig (5-6 Tage/Wo.)
- durchschnittlich (3-4 Tage/Wo.)
- selten (bis 2 Tage/Wo.)
- nach tel. Anfrage

Weblink

Im Ortsdatenblock bei dem jeweiligen touristischen Eintrag befindet sich nach dem @ Symbol eine sechsstellige Zahlen- und Buchstabenkombination ***(z. B. @ abc123)***. Die Eingabe dieser Weblink-ID auf unserer Internetseite www.esterbauer.com leitet Sie direkt auf die entsprechende Webseite weiter und ersetzt somit die mühsame Eingabe ellenlanger Webadressen.

Übernachtungs- und Serviceverzeichnis

Auf den letzten Seiten dieses Radtourenbuches sind zu fast allen Orten entlang der Strecke eine Vielzahl von Übernachtungsmöglichkeiten aufgelistet, vom einfachen Zeltplatz bis zum 5-Sterne-Hotel. Zusätzlich finden Sie umfangreiche Informationen zu Radwerkstätten und Radverleihstationen.

Tour 1 Kamp-Thaya-March Radroute Von Krems nach Waidhofen/Thaya

138,8 km

HM/km: ↗ 7,4 (1.032m) ↘ 5,5 (758m) Radweg: 15 % Unbefestigt: 9 % Verkehr: 2 %

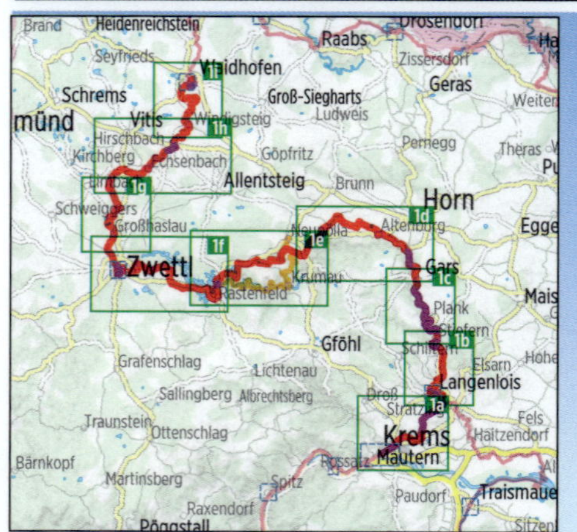

Der erste Teil der KTM-Radroute folgt dem Lauf der zwei Hauptflüsse des Waldviertels. Der Kamp fließt von Westen nach Osten und mündet bei Krems in die Donau. Die Thaya, die ein Nebenfluss der March ist, verläuft großteils an der Staatsgrenze zwischen Niederösterreich und Tschechien. Weitläufige Wälder und Landschaftsidylle sowie mystische Orte zeichnen diese Radtour aus, denn nicht umsonst zählt sie zu den schönsten Touren des Landes. Beginnend im Kremser Stadtteil Stein führt die Route zunächst von der malerischen Kulisse an der Donau nördlich weiter ins Tal des Weines – in das Kamptal. Dabei lohnt ein Besuch in Langenlois, der größten Weinstadt Österreichs. Zahlreiche Burgen und Schlösser, die von der geschichtlichen Vergangenheit zeugen, entdecken Sie in Gars, Rosenburg, Altenburg und Ottenstein. Nach dem schweißtreibendsten Abschnitt dieser Tour führt der Weg weiter nach Zwettl, wo sich das sehenswerte Stift in der Flussschleife des Kamps befindet. Weiter nördlich geht's zur größten Waldrappvoliere der Welt nach Waidhofen.

Charakteristik

Start: Krems an der Donau
Ziel: Waidhofen an der Thaya
Wegbeschaffenheit: Mit kurzen, unbefestigten Abschnitten ist nur im Kamptal, bei Nondorf und beim Ottensteiner Stausee zu rechnen.
Verkehr: Der Radweg führt meist auf verkehrsfreien Güterwegen und Nebenstraßen.
Beschilderung: Kamp-Thaya-March-Radroute (8)
Steigungen: Bei dieser anspruchsvollen Tour geht es ständig bergauf und bergab, mit teils kräftigen Steigungen.
Schwierigkeitsgrad: schwierig
Anschlusstour(en): 2, 11, 12
An- und Abreise: Bhf Krems/Donau, Bhf Waidhofen/Thaya

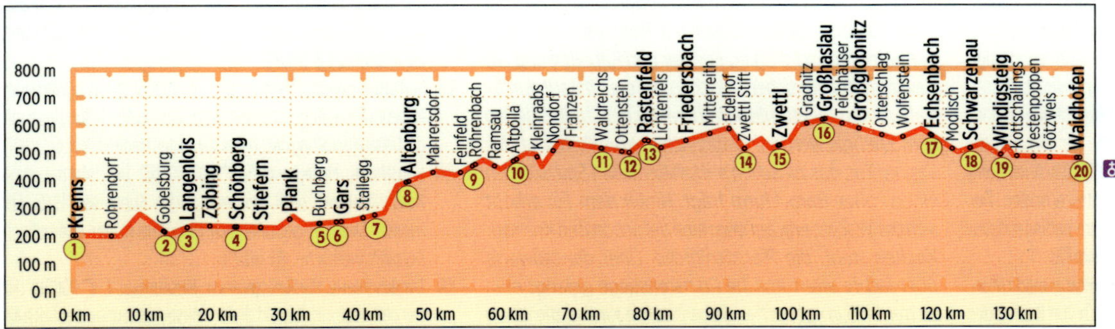

1 Krems a. d. Donau

Vorwahl: 02732

Kunstmeile Krems Besucherzentrum, Museumspl. 5, ☎ 908010. Die Kunstmeile Krems bietet auf 1,6 Kilometern zahlreiche Museen, Galerien sowie Kunst- und Musikfestivals. Sie erstreckt sich von der Minoritenkirche bis hin zur Dominikanerkirche und umfasst den Minoriten-, den Museums- und den Dominikanerplatz. @ tnj681

Wachau Info-Center, Körnermarkt 14, ☎ 82676, @ jhd686

Kunsthalle Krems - Dominikanerkirche, Körnermarkt 14, ☎ 908010 (7d) Zweiter Standort der Kunsthalle Krems mit Ausstellungen Zeitgenössischer Kunst nach 1945 in der ehemaligen Dominikanerkirche aus dem 13. Jh. @ lhb234

museumkrems, Körnermarkt 14, im ehem. Dominikanerkloster, ☎ 801567 (7d) Die Ausstellungen im geschichtsträchtigen Gebäude führen Sie durch 30.000 Jahre Kulturgeschichte der Weinstadt. Einige Geheimnisse aus der Herstellung des bekannten Kremser Senfs werden verraten und in der Galerie werden Ausstellungen zu Zeitgenössischer Kunst gezeigt. @ qdt467

Bürgerspitalkirche, Obere Landstr. 5, ☎ 83285, ☎ 0676/826633192. Beruhend auf dem System nach innen gekehrter Strebepfeiler 1470 errichtet. Sehenswert sind die schwungvollen Fenstermaßwerke und die vielgestaltigen Eisentürchen der gotischen Sakramentnische. @ aiq557

Dom der Wachau, Pfarrpl. 5, ☎ 83285. Die von außen massig wirkende Pfarrkirche St. Veit wurde von Cypriano Biasino 1630 vollendet. Sie zählt neben der Stiftskirche von Göttweig zu den ersten Beispielen barocken Kirchenbaus in Österreich. @ ohx856

Dominikanerkirche, Körnermarkt 14, 801567. Die basilikale Anlage wurde um 1265 fertiggestellt und gehört zu den frühen Wölbebauten der deutschen Bettelorden. Nach der Klosteraufhebung (1785) stand das Bauwerk als Knopffabrik, Getreidespeicher oder Theater in Verwendung, seit 1891 beherbergt es das Stadtmuseum, das heute unter dem Namen museumkrems firmiert. @ uby328

Piaristenkirche Unsere liebe Frau, Piaristeng. 1, 82092, 0664/75125204. Unter architektonischem Einfluss der Wiener Bauhütte 1475-1515 mit einem malerischen Treppenaufgang und einer dreischiffigen Halle errichtet. Ähnlich wie in Wien bevölkern auch hier Statuen die Pfeiler. Martin Johann Schmidt malte alle Altarbilder. @ ktp525

Kloster Und, Undstr. 6, 0664/9112121. Der Bau des profanierten Komplexes begann 1614, in dessen Mittelpunkt ein kleines, überkuppeltes Gotteshaus steht. Fresko von Daniel Gran von 1756. Heutzutage ist das Kapuzinerkloster eine einzigartige Eventlocation für Kunst- und Kulturbegeisterte. @ irb224

Gozzoburg, Hoher Markt 11, 801-571, Besichtigung nur im Rahmen von Führungen: Sa, So u. Fei 14 Uhr. Der reiche Kremser Bürger und Stadtrichter Gozzo ließ es 1260-70 in Anlehnung an den italienischen Typus des Stadtpalastes errichten. Der besonders schöne Saal macht die Anlage zum bedeutendsten Profanbau Österreichs aus dieser Zeit. @ anm778

Bürgerhäuser, Untere und Obere Landstr./Körnermarkt/Margarethenstr. Das Stadtbild wird hauptsächlich von Bauten des 16. Jhs. mit Erkern, Reliefs und Sgraffiti an den Fassaden, die hie und da auch reizvoller Barockstuck überzieht, bestimmt.

Rathaus, Pfarrpl. 1453 von Ulrich von Dachsberg an die Stadt geschenkt, in der Eingangshalle schöne Renaissancesäulen von 1549. Aus derselben Zeit stammen die besonders sehenswerten Erker mit reichen Wappenreliefs und dekorativer Ornamentik.

Sandgrube 13 wein.sinn, Sandgrube 13, 8551133 Beim Weinerlebnisrundgang des traditionsreichen Kremser Weinguts erleben Sie entlang der acht Stationen ein einzigartiges Weinerlebnis für alle Sinne. @ epi646

Steiner Tor (Steiner Gate), Stadtgraben. Mit vier gotischen Rundtürmen bildet es eines der Stadttore und das Wahrzeichen von Krems. Errichtet 1480, barocker Aufbau von 1754.

Badearena, Strandbadstr. 5, 801600, @ grp131

Krems gilt als die älteste Stadt Niederösterreichs, hier lassen barocke Bürgerhäuser mit Rennaissance-Arkadenhöfen, gotische Erker, Fenster und Kapellen und ein Gewirr mittelalterlicher Gässchen, die die Altstadt durchziehen, den eigentümlichen Charakter der Stadt für jeden zum Erlebnis werden. Wahrzeichen von Krems ist das Steiner Tor, das zwischen mittelalterlichen Spitztürmen einen hohen Barockturm trägt. Hinter dem Tor erhebt sich der Wachtberg, auf dem eine der schönsten Kremser Kirchen steht, die Piaristenkirche. Über die teilweise überdachte altertümliche Piaristenstiege gelangt man zu der 1475 im gotischen Stil erbauten Kirche, die einen Hochalter von Martin Johann Schmidt, genannt Kremser Schmidt, birgt. Neben der mustergültig gepflegten Altstadt genießt Krems aber heute auch den Ruf einer innovativen Stadt mit neuartigen wissenschaftlichen Einrichtungen und künstlerischen Projekten.

Stein (Krems a. d. Donau)

Vorwahl: 02732

Schifffahrts- u. Welterbezentrum Wachau, Welterbepl. 1, 78282, @ hlj775

Brandner Schiffahrt, Franz-Zeller-Pl. 1, Donaustation Nr. 24, 07433/259021. Anlegestellen der Wachau-Route: Krems (Station 24), Dürnstein (20), Weißenkirchen (17), Spitz (15), Emmersdorf (38) und Melk (10). Fahrradtransport ca. 2 Euro. @ trc728

DDSG Blue Danube, Welterbepl. 1, Franz-Zeller-Pl. 1, 78282, 01/58880. Anlegestellen: Krems-Stein, Dürnstein, Spitz und Melk/Altarm. @ tfh575

Karikaturmuseum, Museumspl. 3, 908010 Das Wachauer Museum beschäftigt sich neben wechselnden Ausstellung auch mit der Dauerausstellung des Starkarikaturisten Manfred Deix. @ jca871

Kunsthalle, Museumspl. 5, 908010 Der internationale Ausstellungsort zeigt Zeitgenössische Kunst seit 1945. Ein zweiter Standort befindet sich in Krems in der ehemaligen Dominikanerkirche. @ hrb216

Landesgalerie Niederösterreich, Museumspl. 1, 908010 Der architektonisch spektakuläre Museumsneubau sieht sich als

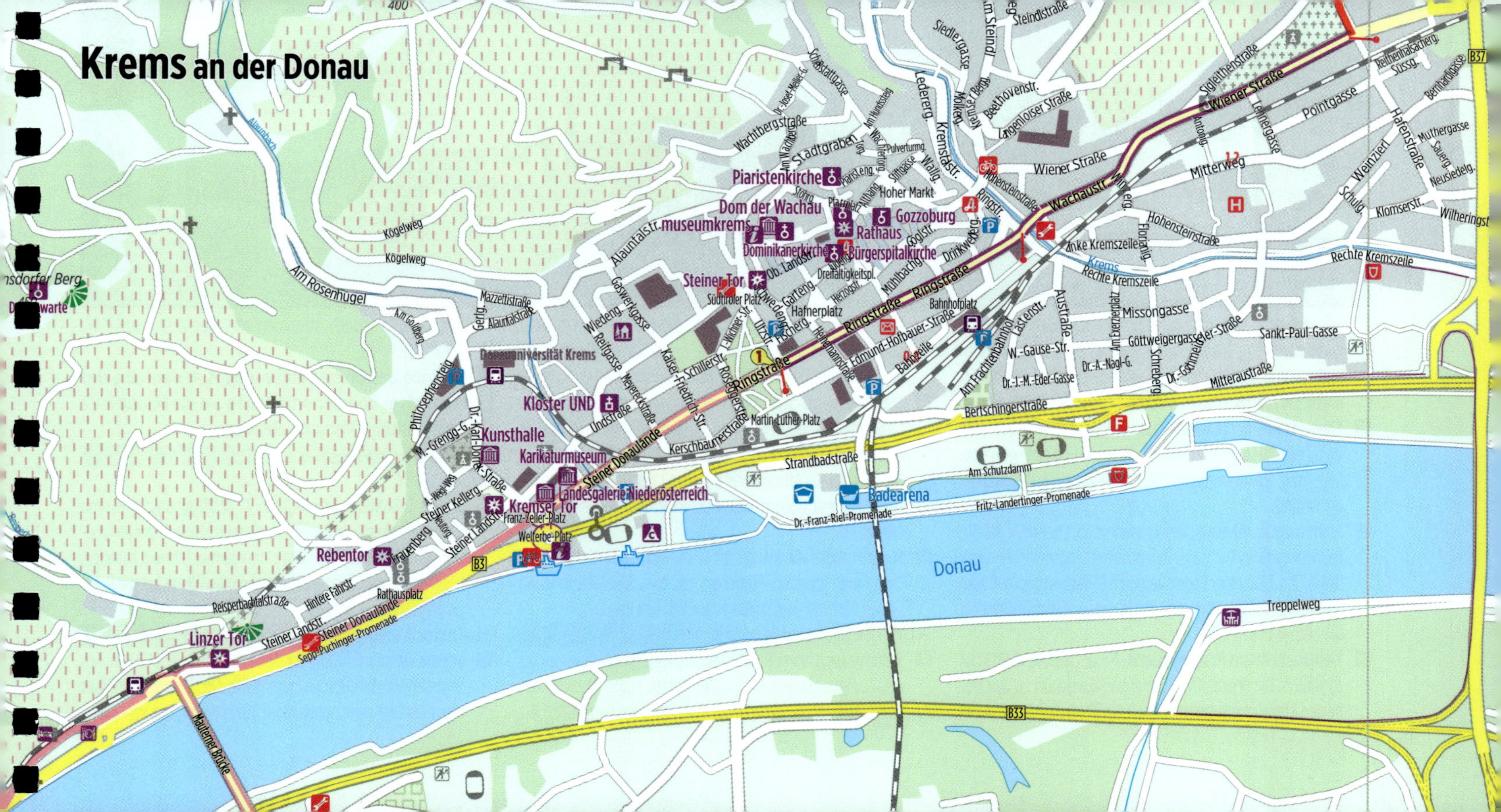

Krems an der Donau
Piaristenkirche
Dom der Wachau
museumkrems
Gozzoburg
Rathaus
Dominikanerkirche
Bürgerspitalkirche
Steiner Tor
Donauuniversität Krems
Kloster UND
Kunsthalle
Karikaturmuseum
Landesgalerie Niederösterreich
Kremser Tor
Rebentor
Linzer Tor
Badearena
Donau
Wiener Straße
Wachaustr.
Ringstraße
Steiner Donaulände
Strandbadstraße
Am Schutzdamm
Dr.-Franz-Riel-Promenade
Fritz-Landertinger-Promenade
Sepp-Puchinger-Promenade
Treppelweg
Mauterner Brücke
Am Rosenhügel
Kögelweg
Stadtgraben
Hoher Markt
Pointgasse
Mitterweg
Hohensteinstraße
Rechte Kremszeile
Missongasse
Sankt-Paul-Gasse
Bertschingerstraße
Mitteraustraße
Kerschbaumerstraße
Martin-Luther-Platz
Hafnerplatz
Bahnhofplatz
Südtiroler Platz
Schillerstr.
Kaiser-Friedrich-Str.
Undstraße
Steiner Landstr.
Rathausplatz
Frauenberg
Welterbe-Platz
Franz-Zeller-Platz
Reisperbachtalstraße
Hintere Fahrstr.
Steiner Kellerg.
Alauntalstr.
Mazzettistraße
Wiedeng.
Reifgasse
Gaswerkgasse
Philosophensteig
Dr.-Karl-Dorrek-Straße
Edmund-Hofbauer-Straße
Austraße
Schreberg.
Göttweigergasse
Weinzierl
Hafenstraße
Wilheringst.
Klomserstr.
Beethovenstr.
Langenloiser Straße
Steindlstraße
Am Steindl
Kremstalstr.
Wachtbergstraße
B3
B33
B37
400

Panorama Krems a. d. Donau

dynamisches Zentrum für österreichisches Kunstschaffen. Eine Kombination aus Niederösterreichischen Landessammlungen und privaten Kollektionen. Die Landesgalerie Niederösttereich bildet das Zentrum der Kunstmeile Krems. @ xgk541

Ehem. Frauenbergkirche, Frauenberg 23 (24) Errichtet 1380, im Turmraum spannt sich ein mächtiges Kreuzrippengewölbe. Seit der Restaurierung 1963 Kriegergedächtnisstätte. @ iwd852

Pfarrkirche St. Nikolaus, Steiner Landstr. 55, Egelsee, ✆ 82292. Die heutige dreischiffige Staffelkirche mit Langchor ist ein Werk des 15. Jhs. Trotz einer Regotisierung 1901 blieben Deckenfresko und Altarbilder von Martin Johann (Kremser) Schmidt erhalten. @ bqq743

Klangraum Krems Minoritenkirche, Minoritenpl. 4, ✆ 908030, ✆ 908033. Die dreischiffige Säulenbasilika gehört zu den frühesten Kreuzbogenkonstruktionen des deutschen Bettelorden (1264). Bemerkenswert: Die Fresken aus dem 14. Jh. Heute dient die Kirche als Galerie für Projekte der modernen Kunst, sowie international renommierte Konzerte. @ ruh888

Stadttore Krems-Stein. Die Stadt wurde bis ins 19. Jh. von einer Schutzmauer, einem Mauerring, umgeben. Kremser Tor: wurde 1470 erbaut und um 1600 erneuert. Reben Tor: bietet herrlichen Ausblick auf die Altstadt und ist unweit der Frauenbergkirche. Linzer Tor: mit hohem, wuchtigem Tor und wurde im 15. Jh. erbaut.

Steiner Landstraße. Der gut erhaltene alte Häuserbestand und die eingeschobenen Plätzchen mit barocken Statuen und Säulen verleihen der Straße einen seltenen Reiz.

Rohrendorf bei Krems

Kellergasse, Lindobelg. Die längste Kellergasse Österreichs, mit 72 Presshäusern und Kellerröhren, erstreckt sich über eine Länge von 1.650 m. Einige Keller sind aus dem 14./15. Jh., die meisten jedoch stammen aus der Zeit nach 1848. @ xrr875

VARIANTE **Am Ende des Oberen Mitterweges, in der Nähe des Bahnhofs in Rohrendorf, können Sie die Hauptroute mittels unserer Variante abkürzen.**

2 Gobelsburg (Langenlois)

Vorwahl: 02734

Schloss Gobelsburg, Schlossstr. 16, ✆ 24220 Das Schloss mit Renaissancekern wurde 1725 von Joseph Munggenast barockisiert, in der Kapelle ist ein Werk von Kremser Schmidt zu sehen. In der schlosseigenen Vinothek kann man Weine aus der Region verkosten. @ vuv244

Haindorf (Langenlois)

Schloss Haindorf, Krumpöck-Allee 21, ✆ 02734/26930. In den Sommermonaten werden im romantischen Park des Schlosses Operettenfestspiele abgehalten. Besichtigung nur von außen möglich. Vorraussichtlich bis Sommer 2023 wegen Sanierung geschlossen! @ gmj344

3 Langenlois

Vorwahl: 02734

- **Ursin Haus Vinothek & Tourismusservice**, Kamptalstr. 3, ✆ 20000, @ ofe347
- **Heimatmuseum**, Rathausstr. 9, ✆ 210110, ✆ 210127 Besonders sehenswert ist die Ansicht des größten Mammutstoßzahnes Mitteleuropas mit einer Länge von 3,34 m. Rund 7.000 Exponate aus urgeschichtlicher Zeit, sakrale Gegenstände, Zunftfahnen, Weinbaugeräte und Gegenstände aus dem bürgerlichen Leben vergangener Zeit werden hier in 13 Räumen ausgestellt. @ pfl667
- **Maurermuseum und Dachdeckermuseum**, Franziskanerpl. 9, ✆ 25020 Das Museum zeigt die Möglichkeiten des Dachdeckens und der dafür verwendeten Materialien – von der Römerzeit bis zur Gegenwart.
- **Loisium WeinErlebnisWelt & Vinothek**, Loisium Allee 1, ✆ 322400 Entdecken Sie bei einem Rundgang eine bis zu 900 Jahre alte Keller-Tradition. Das Kellerlabyrinth bietet mit über 18 künstlerisch gestalteten Stationen ein besonderes Erlebnis. @ rsn153
- **Schlossfestspiele Langenlois**, Schloss Haindorf, ✆ 3450. Im romantischen Park des Schlosses Haindorf finden jährlich Schlossfestspiele statt. @ rnu512
- **Vinothek im Ursin Haus**, Kamptalstr. 3, ✆ 20000 Geboten werden ca. 300 Produkte wie Weine, Sekte, Edelbrände und Liköre. @ nix647

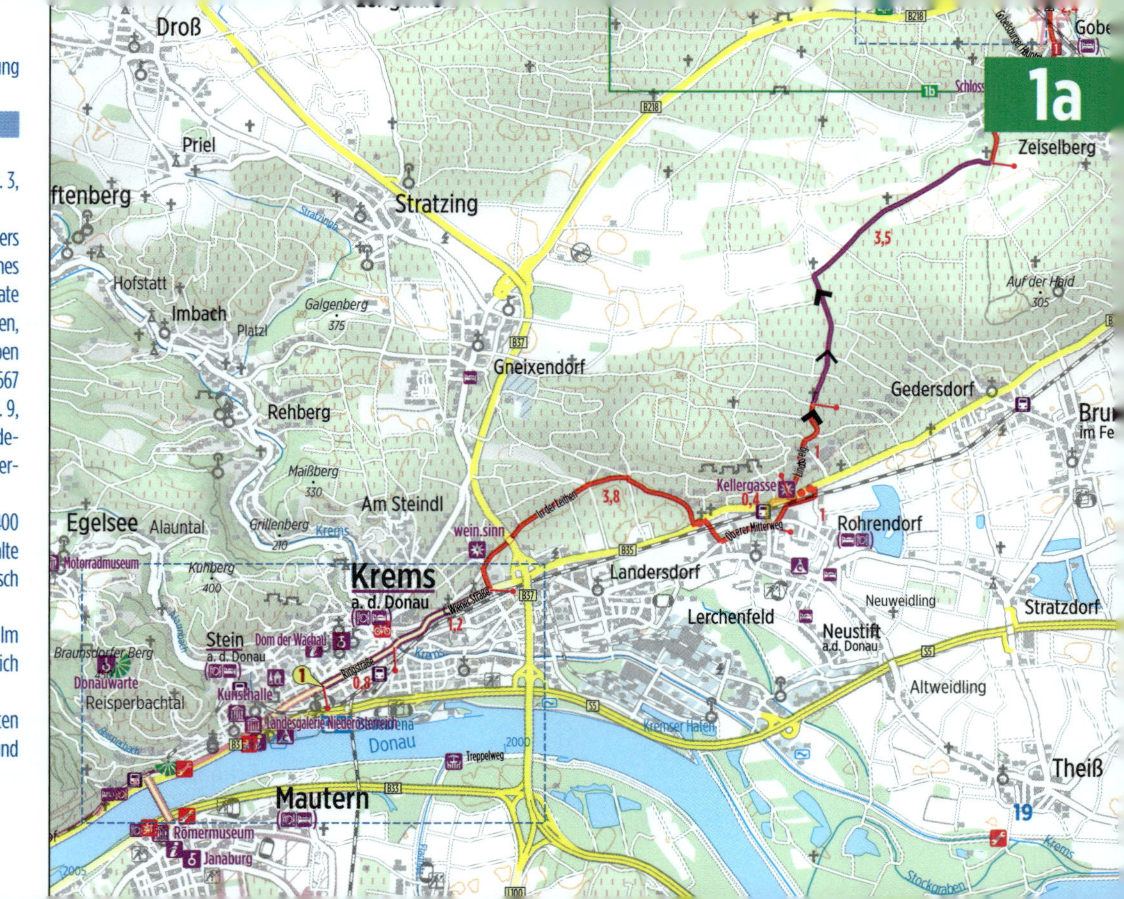

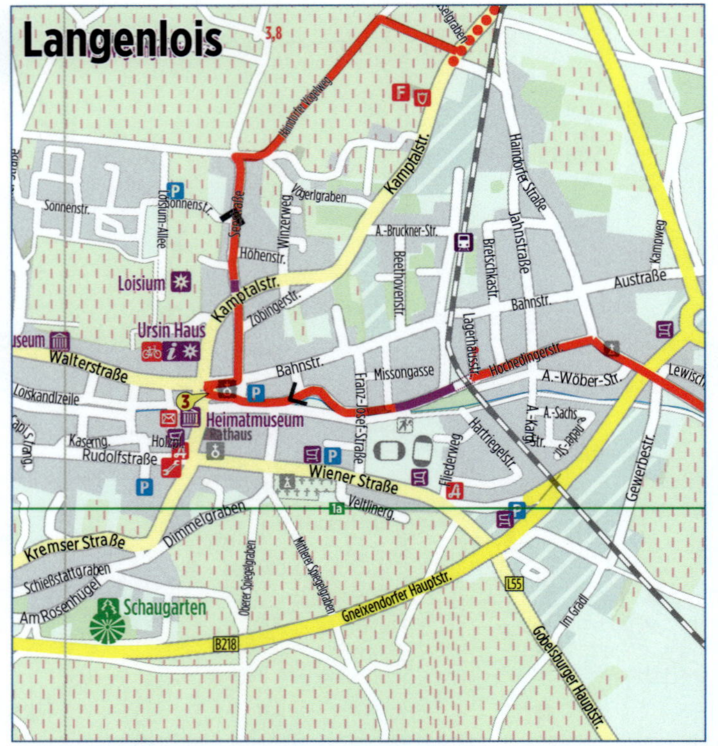

Weinweg Langenlois Der Weinweg lädt zu einer Entdeckungsreise durch die bekannten Langenloiser Rieden ein. Unterwegs gibt es spannende Objekte und Skulpturen zu entdecken. Ein Extra für Weinwanderer sind die sogenannten „Weinsafes“. In drei Weingartenhütten entlang der Route stehen gut gekühlte Weine zur Verkostung bereit. Den Leihschlüssel zum Öffnen der „Weinsafes“ sowie Degustationssets erhält man im Ursin Haus oder im Loisium. @ jpp425

Schaugarten, Am Rosenhügel 15 Der Lehr- und Schaugarten der Gartenbauschule Langenlois ist für Besucher frei zugänglich. Vom Aussichtsturm hat man einen Ausblick über den Schulgarten und Langenlois bis hin zum Heiligenstein. @ qhc368

Freizeitanlage Kamp, Austr., ✆ 3471, ✆ 2101. Die 17.500 m² große Erholungsfläche in der Haindorfer Au bietet einen Kinderspiel-, Fußball- und Beach-Volleyballplatz. Oder Sie erleben ein einmaliges Erlebnis und durchstreifen den Fluss mit dem Kanu. @ uxx586

Zöbing (Langenlois)

Schönberg-Neustift (Schönberg am Kamp)

4 Schönberg am Kamp

Vorwahl: 02733

Alte Schmiede Kultur- und Tourismuszentrum, Hauptstr. 36, ✆ 76476. Die detailverliebte Architektur des Hauses springt sofort ins Auge. Genießen Sie beste Unterhaltung bei einem Kulturabend oder Weinevent. @ egg334

Hubertuskapelle, Manhartsbergstr. Von der kleinen Kapelle hat man eine schöne Aussicht auf Schönberg.

Ruine Schonenburg, Schlossberg Die Burgruine befindet sich südlich des Ortes hoch über dem Kamptal. Die damalige Burg wurde im 17. Jh. zerstört und danach zum Abtragen freigegeben. Die Ostwand des Palastes ist teilweise bis heute erhalten geblieben. @ nql447

Kalvarienberg. Österreichs einziger zweiseitiger Kreuzweg mit gemeinsamer Kreuzigungsgruppe befindet sich südöstlich des Ortes. @ ves156

Schaubühne, Kalvarienberg, ✆ 02742/900513203. Der Künstler Norbert Maringer realisierte die begehbare Sitzplatzskulptur. Die Bühne befindet sich nahe der Kreuzigungsgruppe und ist Treffpunkt für Lesungen, Weinverkostungen und Feiern.

Straußenland, Mollandserstr. 9, ✆ 82244, ⏲ Di, Do, Sa und So 13.30-16.30 Uhr. Über 300 Strauße, Nandus, Emus und Bio-Truthühner können Sie bei einem Aufenthalt im Straußenland besichtigen. @ tfw286

Freizeitzentrum, Badg. 27, ✆ 8305

ACHTUNG Hier macht der Radweg eine S-Kurve unter der Brücke hindurch.

Stiefern (Schönberg am Kamp)

Pfarrkirche, Hauptpl. 2, ✆ 02237/2238. Die heutige Kirche wurde auf den Resten einer Burg errichtet, deren sichtbare Mauern ins 12. Jh. rückverfolgbar sind. Die Kirche ist dem Hl. Johannes d. Täufer geweiht, jedoch weist eine Verschiebung der Achse des Langhauses zur Achse des Presbyteriums auf ein älteres Patrozinium hin, vermutlich des Hl. Mauritius. Das Altarbild (1776) stammt von Kremser Schmidt. @ npa324

Flussbad, Kellerg.

Plank am Kamp (Schönberg am Kamp)

5 Buchberg am Kamp (Gars am Kamp)

Schloss Buchberg, Nr. 1. Die heutige Anlage geht auf einen Renaissance-Neubau zurück und der mittelalterliche Altbestand wurde fast vollständig überbaut. Eine Innenbesichtigung ist nur im Rahmen von Ausstellungen möglich.

Zitternberg (Gars am Kamp)

Klösterl (24) Mauerreste einer Kirche (13. Jh.), die beim Bahnbau 1887 zum Großteil gesprengt wurde.

6 Thunau am Kamp (Gars am Kamp)

Vorwahl: 02985

Gertrudskirche, Am Schloßberg, ✆ 2100100. Nach der Errichtung der Babenbergerresidenz wurde die Kirche, die alle Stilrichtungen von Romantik bis Barock in sich vereint, erbaut. Sehenswert sind die sieben Glasfenster, die aus dem 14. Jh. stammen.

Burgruine Gars. Das weithin sichtbare Wahrzeichen der Stadt wurde um 1050 von den Babenbergern erbaut und ist frei zugänglich. Heutzutage finden hinter den historischen Mauern verschiedenste Veranstaltungen statt. @ prf316

Opern Air Gars, Am Schlossberg, ✆ 33000. Alljährlich finden im Juli und August Opernaufführungen auf der Burgruine Gars statt. @ slo178

Sport- und Erlebnisbad, Strandg. 180, ✆ 2440, @ bgh166

Gars am Kamp

Vorwahl: 02985

Touristinformation, Hauptpl. 82, ✆ 2100100, @ rmr135

Zeitbrücke-Museum, Kollerg. 155, ✆ 0650/5200525 Kulturhistorisches Museum, lokale Geschichte im globalen Zusammenhang. Vom Handel im Wandel, mit seinem originellen Einkaufsladen um 1900, dem Babenberger- und Burgenraum, der Ortsgeschichte – Bürgertum, Zunft, Handwerk, Sommerfrische und von der Gedenkstätte des bekannten Theaterkapellmeisters und Operettenkomponisten Franz von Suppé (1819-1895) über die Weltkriege und den Wiederaufbau Österreichs bis Gars am Kamp in der heutigen Welt. Dokumentation anhand zahlreicher Exponate aus dem Bestand des Zeitbrücke-Museums. @ fsf516

Die frühe Geschichte des Marktes Gars ist eng verknüpft mit der Burg, der Wehrkirche St. Gertrud und der Ortschaft Thunau, die direkt am Fuße des Burgberges entstand. Gars wurde von der Burgsiedlung aus in der zweiten Hälfte des 13. Jahrhunderts am östlichen Ufer des Kamps planmäßig angelegt. Stattliche Bauwerke aus dem 16. und frühen 17. Jahrhundert lassen auf eine wirtschaftliche und kulturelle Blütezeit schließen.

In der Zeit der Religionskriege konnte auch Gars sich nicht vor Zerstörung retten und verlor zunehmend an Bedeutung. Die Burg wurde um 1800 ihres Daches entledigt, da diese Maßnahme die Burgherren vom Zahlen der Dachsteuer befreite. So wurde unwiederbringlich der Verfall des einst so stattlichen Bauwerks eingeleitet. Erst das ausgehende 19. Jahrhundert bescherte dem unteren Kamptal und im besonderen dem Markt Gars eine neue Blütezeit, da die Sommerfrische ihren Einzug hielt. Aufgrund der immer schlechter werdenden Lebensbedingungen in den Großstädten flüchteten immer mehr Menschen während der Sommermonate, vor allem aus Wien, aufs Land.

Einige Wiener Sommergäste, zu denen auch der Komponist Franz von Suppé zählte, bauten sich ansehnliche Villen im Stil der Jahrhundertwende.

Kamegg (Gars am Kamp)

Vorwahl: 02985

Ruine Kamegg, Kamptalstr., ✆ 2680. Die einstige Festung der Herren zu Kaja-Kamegg bietet eine wunderschöne Aussicht auf das Kamptal und ist jederzeit frei zugänglich.

Stallegg (Rosenburg-Mold)

7 Rosenburg-Mold

Vorwahl: 02982

Gemeindeamt, Rosenburg 25, ✆ 2917, @ bkg577

Schloss Rosenburg, Rosenburg 1, ✆ 2911, ✆ 0664/8557259 Ausstellungen über das adelige Landleben von 1500-1800, Bau und Besitzergeschichte der Rosenburg und die Geschichte der Familie Hoyos, Falknerei und Greifvogelkunde, Märchenwelt. Die Rosenburg gehört zu den bedeutendsten Burganlagen in Österreich. Sie hat den größten, vollständig erhaltenen Turnierhof Europas. Die Bibliothek birgt historische Schränke mit über 4.000 Büchern. Weiters gibt es eine Sammlung von Waffen und Ausrüstungsgegenständen aus dem 15.-18. Jh. Einer der Prunkräume ist der Vortragssaal mit prächtigem Marmorboden und Tonnengewölbe. Die spätgotische Kapelle (Ende des 15. Jhs.) bietet mit den Reliefs „Krönung Mariens“ und „Anbetung der Könige“ weitere Kostbarkeiten. @ vca517

Graselhöhle, am Fußsteig von der Ortschaft zum Schloss Die Überlieferung verbindet dieses 110 m lange Naturdenkmal, auch Zwergel-Höhle genannt, mit dem berüchtigten Räuberhauptmann Johann Georg Grasel.

Erlebnispark, Rosenburg 1, beim Schloss Rosenburg, ☎ 0664/3918319 Der Klettergarten erstreckt sich über einen Hektar Waldfläche und verspricht Abenteuer aus einer anderen Perspektive: beim Fliegen durch den Wald mit dem Flying Fox, beim Kriechen durch hängende Tunnel oder bei verschiedensten Seil- und Brückenkonstruktionen können Sie Ihre Geschicklichkeit unter Beweis stellen. Zusätzlich gibt es einen Bogenparcours. @ xmn767

Freiflugvorführungen mit Greifvögeln, Schloss Rosenburg. Seit 1987 werden auf der Aussichtsterrasse Edelfalken, Milane und Großgreifvögel im Freiflug vorgeführt. Die hohe Schule der Falknerei wird in Gebrauchskostümen aus der Renaissancezeit gezeigt. Die historische Falknerei wurde 2012 von UNESCO zum Weltkulturerbe ernannt. @ jei411

Nach der Erbauung der Kamptalbahn im Jahre 1889 bis zum Ersten Weltkrieg entwickelte sich die Ortschaft Rosenburg zu einer vielbesuchten Sommerfrische der Wiener Gesellschaft. Fünfunddreißig gründerzeitliche Villen mit ihren kunstvollen Holzbalkonen erinnern heute noch an diese Glanzzeit.

8 Altenburg

Vorwahl: 02982

Gemeindeamt, Zwettler Str. 16, ☎ 2765, @ wrf444

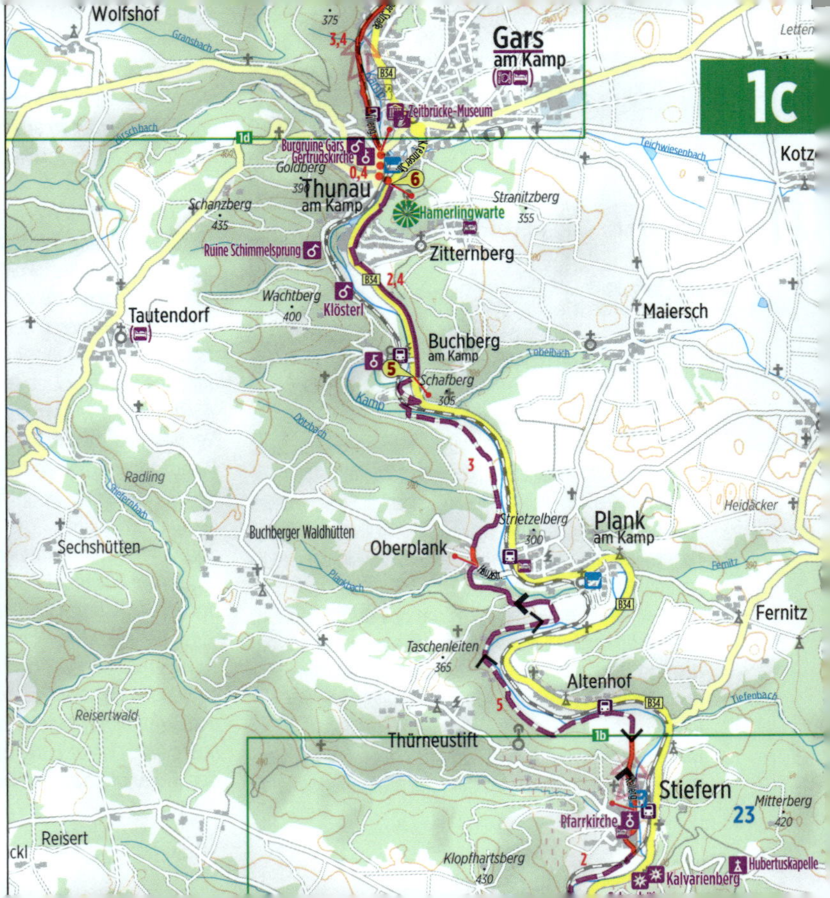

Stift Altenburg, Abt-Placidus-Much Str. 1, ☎ 3451 Besichtigung der Stiftskirche, der

barocken Prunkräume, des „Klosters unter dem Kloster" sowie des „Gartens der Religionen", Führungen für Gruppen gegen Voranmeldung. Sehenswert sind die bemerkenswerten Räume der Bibliothek und die Krypta. Die Stiftskirche ist mit Fresken von Paul Troger geschmückt. @ buy426

Mehr als andere Bauwerke wurde das Stift Altenburg über Jahrhunderte hinweg von ständiger Zerstörung heimgesucht. Die freistehende Lage des Klosters war fast schon eine Aufforderung zur Plünderung für alle kriegerischen Geister.

Die Benediktinermönche, die sich hier im 12. Jahrhundert niedergelassen hatten, flüchteten regelmäßig in versteckte Höhlen im Kamptal, um dann genauso regelmäßig die zerstörte Klosteranlage mit viel Geduld und Mühe wieder zu errichten. Nicht ohne Grund hatte das Kloster im 16. Jahrhundert den Ruf eines „Wüsten Steinhaufens".

Bis zu seiner völligen Zerstörung im 17. Jahrhundert war das Stift Altenburg das geistliche und kulturelle Zentrum des mittelalterlichen „Poigreiches". Auf den Ruinen des alten Klosters wurde eine neue Klosteranlage im Stil des Frühbarocks errichtet. Seine volle Pracht entfaltete das Stift aber erst im 18. Jahrhundert. Auf den Resten der alten Klosteranlage entstand das „Barockjuwel des Waldviertels", wie wir es heute kennen. Motor dieser Neugestaltung im feinsten hochbarocken Stil war Abt Placidus Much, der den Baumeister Josef Munggenast und den Maler Paul Troger für die barocke Umgestaltung verpflichten konnte.

Stiftskirche, Kaiserzimmer, Krypta und natürlich die prunkvolle Bibliothek sind bis in die Gegenwart Zeugnis der barocken Prachtentfaltung.

Auch die mittelalterliche Klosteranlage ist in weiten Teilen erhalten geblieben – durch archäologische Ausgrabungen konnten Kreuzgang, Kapitelsaal, Refektorium und Skriptorium freigelegt werden, diese Räume können heute als „Kloster unter dem Kloster" besichtigt werden. Rund um das Stift wurden in den letzten Jahren mehrere Gärten angelegt – allen voran der „Garten der Religionen", der sich der Beziehung der Weltreligionen zueinander widmet. Das stiftseigene Restaurant „Klosterkuchl" bietet sich für eine kleine Stärkung an, im Klosterladen können kleine oder größere Souvenirs erstanden werden.

Mahrersdorf (Altenburg)
Fuglau (Altenburg)
Gobelsdorf (Röhrenbach)
Feinfeld (Röhrenbach)

Veste Feinfeld (24) Die Überreste zeugen von einer einstigen mittelalterlichen Wehranlage. Bis in die Besiedelungszeit war der befestigte Gutshof von einer Ritterfamilie belehnt. Die Bauern mussten dem Gutsherrn Abgaben leisten, dafür gewährte er ihnen bei Feindeinfällen Schutz.

9 Greillenstein (Röhrenbach)

Schloss Greillenstein, Greillenstein 7, ✆ 0664/8576371 Renaissance-Architektur, Badestube, authentische Einrichtungen von Gerichtssaal, Registratur, Renaissance-Kapelle und Türkensaal. 1720 wurde der Park des Schlosses barockisiert und zu einem der größten profanen Gärten Niederösterreichs ausgebaut. Noch heute zeugen prächtige Sandsteinbalustraden, der Brunnen vor dem Schloss und die Allee, die in den Park führt, davon. Mehr als 100 Sandsteinplastiken aus den Zogelsdorfer Steinbrüchen zieren Garten, Park und Schloss. Unmittelbar neben dem Schloss ist im

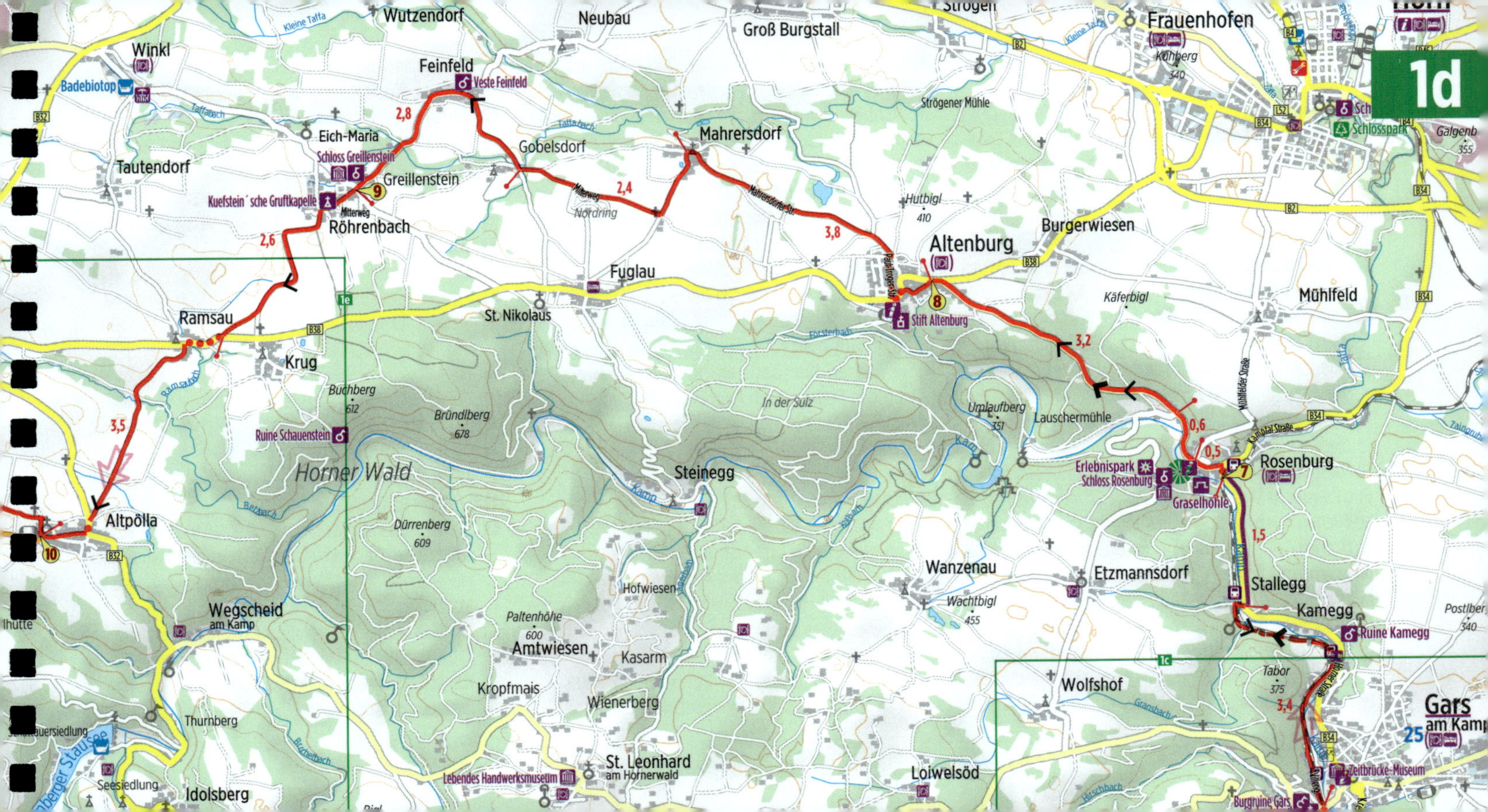
1d
Wutzendorf
Neubau
Groß Burgstall
Frauenhofen
Winkl
Badebiotop
Feinfeld
Veste Feinfeld
Eich-Maria
Tautendorf
Schloss Greillenstein
Greillenstein
Kuefstein´sche Gruftkapelle
Röhrenbach
Gobelsdorf
Mahrersdorf
Strögener Mühle
Hutbigl
410
Altenburg
Burgerwiesen
Stift Altenburg
Fuglau
St. Nikolaus
Ramsau
Krug
Buchberg
612
Bründlberg
678
Ruine Schauenstein
Horner Wald
Steinegg
In der Sulz
Umlaufberg
351
Lauschermühle
Käferbigl
Mühlfeld
Rosenburg
Erlebnispark
Schloss Rosenburg
Graselhöhle
Altpölla
Dürrenberg
609
Wegscheid
am Kamp
Hofwiesen
Paltenhöhe
600
Amtwiesen
Kasarm
Wanzenau
Wachtbigl
455
Etzmannsdorf
Stallegg
Kamegg
Ruine Kamegg
Postlberg
340
Kropfmais
Wienerberg
Thurnberg
Wolfshof
Tabor
375
Gars
am Kamp
Seesiedlung
Idolsberg
St. Leonhard
am Hornerwald
Lebendes Handwerksmuseum
Loiwelsöd
Zeitbrücke-Museum
Burgruine Gars
Kühberg
340
Schlosspark
Galgenb
355
2,8
2,4
3,8
2,6
3,5
3,2
0,6
0,5
1,5
3,4
25

„Schüttkasten" die Schlosstaverne Greillenstein untergebracht. @ wsx257

Röhrenbach

Kuefstein'sche Gruftkapelle, Röhrenbach 25. Die ehem. Spitalskirche wurde zur Gräflich Kuefstein'schen Kapelle umgebaut und Paul Troger gestaltete die Kuppelfreske „Das Jüngste Gericht".

Krug (Pölla)

Ruine Schauenstein (24) Die Ruine Schauenstein zählt zu den schönsten Ruinen im mittleren Kamptal. Auf dem steil abfallenden Ausläufer des 606 Meter hohen Buchberges gelegen, bietet sie einen herrlichen Ausblick in das wildromantische Kamptal. Der Bergfried ist nur mit Schlüssel (GH Speneder (02988/6280) und GH Kainrath (T 02988/6360), Altpölla und Hotel Wegscheidhof, Wegscheid/Kamp, 02731/237) zu besichtigen. @ gko541

Auf dem steil abfallenden Ausläufer des 611 Meter hohen Buchberges gelegen, bietet die Ruine Schauenstein einen herrlichen Ausblick über das Kamptal. Die Burg wurde im 11. und 12. Jahrhundert von den Babenbergern erbaut und diente als Bollwerk gegen die Böhmen. 1250 wurde der mächtige fünfeckige Burgfried dazugebaut.

Nach einigen Besitzerwechseln kam die Burg 1467 an den kaiserlichen Feldhauptmann Ullrich von Grafenegg. In der Auseinandersetzung zwischen Kaiser Friedrich III. und dem Ungarnkönig Matthias Corvinus stellt sich dieser auf die Seite der Ungarn und baute die Burg weiter zu einem Bollwerk gegen den Kaiser aus. Nach der Ächtung von Ullrich, der dadurch all seine Rechte verlor und als vogelfrei erklärt wurde, blieb sie in den Händen der Gegner Friedrichs II. Erst eine Belagerung mit 2.000 Reitern und 1.000 Fußsoldaten konnte den Widerstand brechen. Doch die Burg wurde durch Feuer größtenteils zerstört. Es folgten weitere Besitzwechsel und die entscheidende Zerstörung dürfte die Burg im Dreißigjährigen Krieg erlitten haben.

Ramsau (Pölla)

10 Altpölla (Pölla)

VARIANTE

Sie können hier auch am Kamptal-Radweg entlang des Flusses nach Peygarten-Ottenstein radeln (orange Route).

Krumau am Kamp

Vorwahl: 02731

Marktgemeinde, Krumau 22, ✆ 8230, @ rye525

Burg Krumau, Krumau 22, ✆ 8230. Die mittelalterliche Höhenburg wurde um 1160 unter Herzog Heinrich II. Jasomirgott errichtet. 1522 ließ der damalige Pfandherr Gregor Rauber die Burg in ein wohnlicheres Schloss umbauen. Nach mehreren Besitzübertragungen wurde die Halbruine der Gemeinde Krumau verpachtet, in den folgenden Jahren wurde sie von der Bevölkerung als Steinbruch zum Bau ihrer Häuser benutzt. 1976 ging das Schloss wieder in Privatbesitz über und dient nun, nach einer umfangreichen Sanierung, privaten Wohnzwecken. Der Tor- oder Märchenturm kann dennoch besichtigt werden.

Alte Hammerschmiede, Krumau 18, ✆ 0680/2030146 (76) Historische Hammerschmiede mit Wasserrad und sämtlichen Werkzeugen, die zum Schmieden gebraucht wurden. @ flo225

AUSFLUG

Ein kurzer Abstecher nach Neupölla ermöglicht es Ihnen Wissenswertes im Museum für Alltagsgeschichte zu erfahren.

Neupölla (Pölla)

Marktgemeindeamt, Neupölla 4, ✆ 02988/6220, @ hce453

Museum für Alltagsgeschichte, Neupölla 10, ✆ 02986/6220, ✆ 02986/62204 Das Museum bietet einen Überblick über die Alltagsgeschichte und die sozialen Veränderungen der ländlichen Bevölkerung der letzten 300 Jahre. @ twi774

Kleinraabs (Pölla)

Nondorf (Pölla)

Franzen (Pölla)

11 Waldreichs (Pölla)

Schloss Waldreichs, Waldreichs 1, ✆ 02988/6530. Das Schloss selbst ist nicht zu besichtigen, es befindet sich inmitten einer ausgedehnten Seenplatte und beherbergt das Greifvogelzentrum. @ oxo488

NÖ Falknerei- und Greifvogelzentrum, Waldreichs 1, ✆ 02988/20060 Die Falknerei zählt zum immateriellen Kulturerbe Österreichs bei der UNESCO. Im Eulenpark lernt man die Lebensweise der nachtaktiven Vögel besser kennen, das

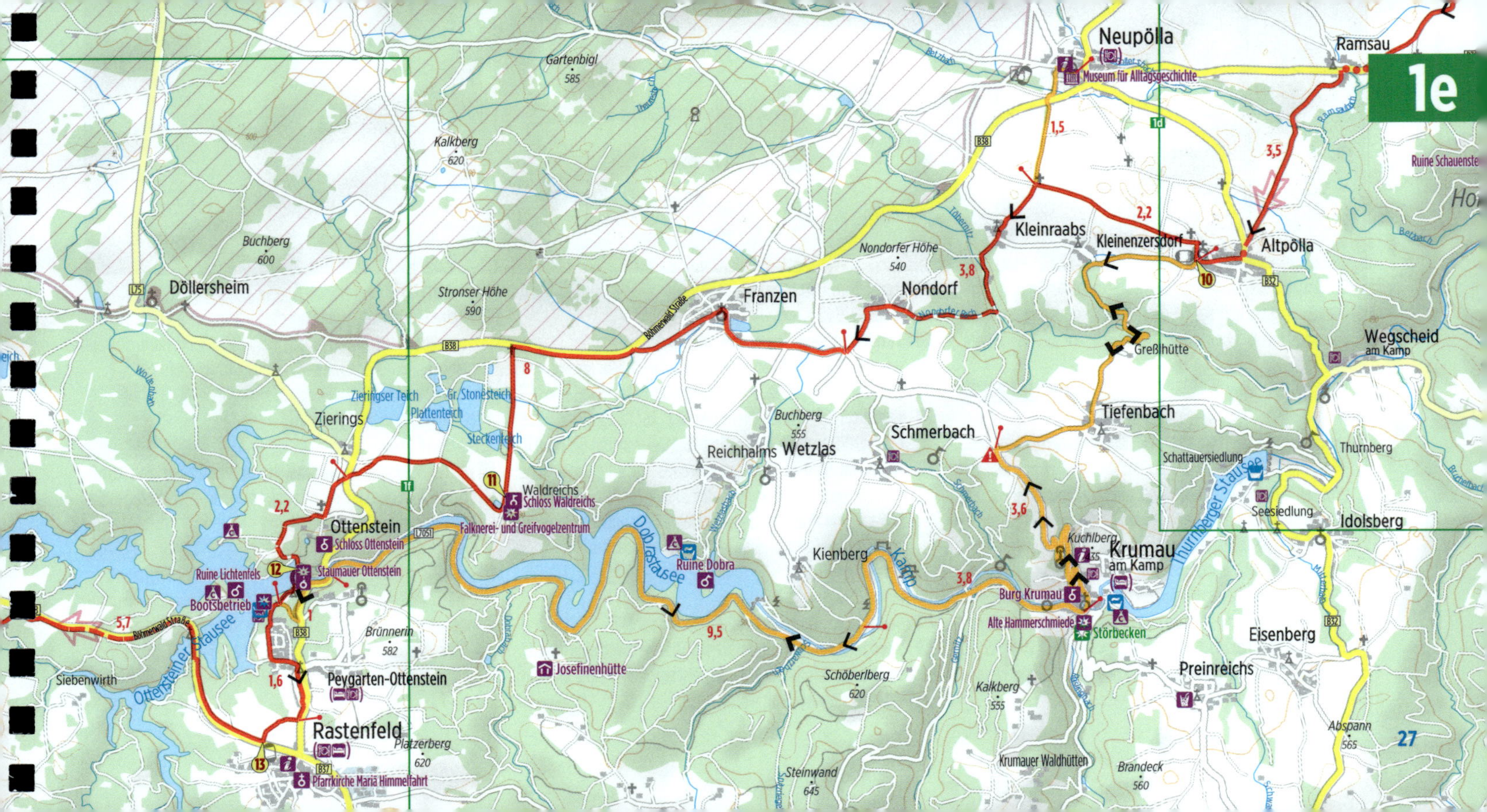
1e
Neupölla
Museum für Alltagsgeschichte
Ramsau
Altpölla
Kleinraabs
Kleinenzersdorf
Nondorf
Nondorfer Höhe
540
Franzen
Böhmerwald Straße
Döllersheim
Buchberg
600
Kalkberg
620
Gartenbigl
585
Stronser Höhe
590
Zierings
Zieringser Teich
Gr. Stonesteich
Plattenteich
Steckenteich
Waldreichs
Schloss Waldreichs
Falknerei- und Greifvogelzentrum
Ottenstein
Schloss Ottenstein
Staumauer Ottenstein
Ruine Lichtenfels
Bootsbetrieb
Ottensteiner Stausee
Siebenwirth
Peygarten-Ottenstein
Rastenfeld
Pfarrkirche Mariä Himmelfahrt
Brünnerin
582
Platzerberg
620
Josefinenhütte
Dobrastausee
Ruine Dobra
Reichhalms
Wetzlas
Buchberg
555
Schmerbach
Kienberg
Kamp
Schöberlberg
620
Steinwand
645
Greßlhütte
Tiefenbach
Schattauersiedlung
Seesiedlung
Thurnberger Stausee
Thurnberg
Idolsberg
Wegscheid
am Kamp
Krumau
am Kamp
Kuchlberg
Burg Krumau
Alte Hammerschmiede
Störbecken
Kalkberg
555
Krumauer Waldhütten
Brandeck
560
Preinreichs
Eisenberg
Abspann
565
Ruine Schauenstein
1,5
3,5
2,2
3,8
8
3,6
3,8
9,5
2,2
1
1,6
5,7
10
11
12
13
B38
B32
B37
L75
L7051
1d
1f
27

Panorama Stausee Ottenstein

Informationszentrum verschafft einen musealen Eindruck über das Kulturerbe und bei Greifvogelvorführungen erfahren Sie Wissenswertes über die majestätisch anmutenden Tiere. @ itf746

12 Ottenstein (Rastenfeld)

Vorwahl: 02826

Schloss Ottenstein, Ottenstein 1, ☎ 254 Neben einem Hotel-Restaurant beherbergt das Schloss ein Ausstellungszentrum von Handwerkskunst, einer Kunst- und Antiquitätenmesse und einer jährlichen Sommerausstellung. Sehenswert ist die romanische Burgkapelle mit den Fresken (deren Fund von überregionaler Bedeutung ist), sowie das Päpstezimmer. @ fee765

Als Skandinavien des Waldviertels wird der Kampsee Ottenstein bezeichnet. Und das zu Recht. Der fjordähnliche Charakter und die beeindruckenden Wälder an den Ufern des größten Kamptalstausees lassen dieses Gefühl bei all seinen Besuchern entstehen.

Peygarten-Ottenstein (Rastenfeld)

Vorwahl: 02826

Kraftwerk und Staumauer Ottenstein, Peygarten-Ottenstein 70, ☎ 420. Das Pumpspeicherkraftwerk liegt am unteren Ende der 69 m hohen Gewölbesperre Ottenstein. @ tam634

Bootsbetrieb, Peygarten-Ottenstein 69, ☎ 267. Fahrgastschifffahrt mit der MS Ottenstein, Ruder-, Tret- und Elektroboote. @ hbv837

Baden im Stausee. Das faszinierende Naherholungsgebiet bietet beinahe überall unverbauten Zugang zum Ufer, verzweigt sich auf rund 14 km in zahlreiche kleine Täler und Buchten und erinnert dabei an skandinavische Fjordlandschaften.

13 Rastenfeld

Vorwahl: 02826

Gemeindamt, Rastenfeld 30, ☎ 289, @ ypn877

Pfarrkirche Mariä Himmelfahrt, Nr. 57. Sehenswert sind die viel beachteten Altarbilder der romanischen Anlage, die an eine Ritterkapelle angebaut wurde.

Lichtenfels (Zwettl)

Ruine Lichtenfels, gegenüber des Bootsverleihes (24) Auf einem bewaldeten Berghang erbaut, befindet sich die Burgruine auf einer Halbinsel des Stausees Ottenstein. @ sol411

Friedersbach (Zwettl)

Mitterreith (Zwettl)

Edelhof (Zwettl)

AUSFLUG **14 Rechts geht es, kurzzeitig ratternd über das Kopfsteinpflaster, zur beeindruckenden Klosteranlage des Zisterzienserstifts Zwettl.**

Zwettl Stift (Zwettl)

Stift Zwettl, Stift 1, ☎ 02822/202020 (7d) Das wohl berühmteste Kulturdenkmal wurde 1138 von Hadmar von Kuenring gegründet. Es stellt eine unvergleichliche Synthese der Stilrichtungen Romanik, Gotik und des Barocks dar. Einmalig ist auch die einzige noch erhaltene Latrinenanlage (Toilette mit Fließwasser) Mitteleuropas, ein unglaublicher Komfort für eine mittelalter-

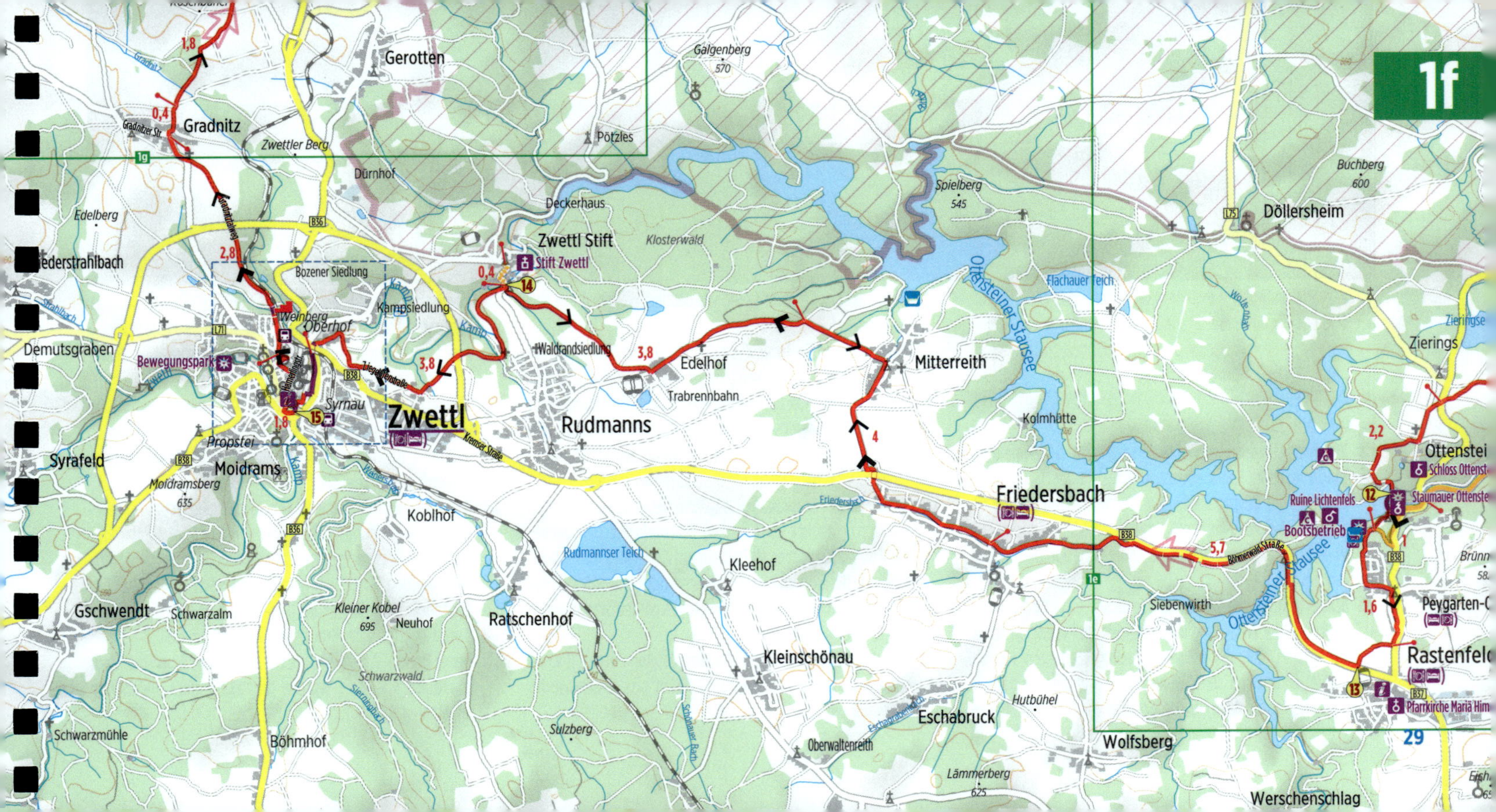

1f
Gerotten
Gradnitz
Zwettler Berg
Pötzles
Galgenberg
570
Dürnhof
Deckerhaus
Zwettl Stift
Stift Zwettl
Klosterwald
Spielberg
545
Buchberg
600
Döllersheim
Edelberg
Bozener Siedlung
Kampsiedlung
Weinberg
Oberhof
Demutsgraben
Bewegungspark
Waldrandsiedlung
Edelhof
Trabrennbahn
Mitterreith
Ottensteiner Stausee
Flachauer Teich
Zierings
Syrnau
Zwettl
Rudmanns
Kolmhütte
Propstei
Syrafeld
Moidrams
Moidramsberg
635
Friedersbach
Ottenstein
Schloss Ottenstein
Ruine Lichtenfels
Staumauer Ottenstein
Bootsbetrieb
Böhmerwald Straße
Koblhof
Rudmannser Teich
Kleehof
Siebenwirth
Peygarten-Ottenstein
Gschwendt
Schwarzalm
Kleiner Kobel
695
Neuhof
Ratschenhof
Kleinschönau
Rastenfeld
Pfarrkirche Maria Himmelfahrt
Schwarzwald
Hutbühel
Schwarzmühle
Böhmhof
Sulzberg
Eschabruck
Oberwaltenreith
Wolfsberg
Lämmerberg
625
Werschenschlag
29

liche Wohnung. Die Kunstkammer birgt einmalige Schätze, wie z. B. das „Zwettler Kreuz" (1180), einen Abtstab (11. Jh.) aus Elfenbein, eine französiche Elfenbeinmadonna (1258) und das „Agneskreuz" (14. Jh.). @ hwr185

15 Zwettl

Vorwahl: 02822

Waldviertel Tourismus, Sparkassenpl. 1/2/2, ☎ 54109, @ cih315

Stadtmuseum, Sparkassenpl. 4, Altes Rathaus, ☎ 503601, ☎ 503129 Wissenswertes zur Stadtgeschichte und zur Geschichte des Waldviertels sowie verschiedene Objekte von Walther von der Vogelweide, der in der Nähe von Zwettl geboren worden sein soll. @ sju238

Bürgerspitalskirche Hl. Martin, Klosterstr. 2. Die Kirche wurde 1438 nach der Zerstörung durch die Hussiten wieder errichtet. Sehenswert sind die gotischen Steinmetzarbeiten wie das Portal zur Sakristei, die Sessionsnische und das quadratische Sakramentshäuschen. Die drei Glocken aus 1179, 1818 und 1881 fielen den Kriegen zum Opfer, wurden jedoch 1998 durch drei neue ersetzt. @ cde714

Propsteikirche, Probstei, ☎ 54956 Die Kirche, die auch Johanneskirche genannt wird, ist in der 2. Hälfte des 12. Jhs. entstanden; mit der Michaelskapelle (13. Jh.), dem Rundkarner (13. Jh.), den spätgotischen Totenleuchten und dem spätromanischen „Kasten" – einem langgestreckten Hallenbau, wahrscheinlich das Hauptgebäude des Pfarrhofes. @ ajk831

Altes Rathaus, Sparkassenpl. 4 Das Gebäude wurde bereits 1307 von Leuthold I. von Kuenring-Dürnstein um- bzw. ausgebaut. Seit 1850 dient es als Rathaus. Im Zuge eines Turmzubaues wurde die Front mit Sgraffiti geschmückt. Es wurde in Folge mehrmals umgebaut, so auch nach den beiden Stadtbränden 1772 und 1814. @ bny786

Bewegungspark Ideales Training der Konditions-, Koordinations- und Motorikfähigkeit am 2.400 m² großen Gelände des Parks. @ cel635

Brauerlebnis Zwettl, Syrnauer Str. 22-25, ☎ 500010 Bei einer Führung durch die Privatbrauerei Zwettl erfahren Sie in knapp zwei Stunden Details zum zeitgemäßen Brauwesen. Anmeldung erforderlich. @ aow633

Hundertwasserbrunnen, Hauptpl. Der Brunnen wurde 1994 im Zuge der Neugestaltung von Friedensreich Hundertwasser, welcher in der Nähe von Zwettl eine alte Mühle besaß, geplant und errichtet. @ quf224

Kreuzweg mit Kreuzigungsgruppe, Propsteiberg Der Kreuzweg mit Kreuzigungsgruppe führt vom Platz bei der Hamböckbrücke hinauf zur Propstei. Die ursprünglich hölzernen Stationen wurden 1870 durch gemauerte ersetzt. Gegenüber der 12. Station steht die aus der 1. Hälfte des 18. Jhs. stammende Sandsteingruppe der Kreuzigung Jesu. @ vov413

Neuer Markt 1230 erfolgte die erste Erweiterung der Stadt Zwettl. Bis ins 20. Jh. wurden hier wöchentlich Viehmärkte abgehalten. @ lii181

Stift Zwettl

Park- und Erlebnisbad, Schwaiger Sisters Weg 1, ✆ 52175, @ eqf733

Der Name der Stadt geht auf den altslawischen Namen „Svetla“ zurück und bedeutet so viel wie „Lichtung“. Die auf dem heutigen Propsteiberg entstandene Burg- und Kirchenanlage wurde von den Kuenringern in der zweiten Hälfte des 12. Jahrhunderts gegründet. Bereits 1200 wurde die auf dem Felsplateau zwischen Kamp und Zwettl errichtete Siedlung in einer Urkunde von Herzog Leopold VI. als Stadt bezeichnet. Die wechselvolle Geschichte der Stadt ist sowohl von Wohlstand als auch von Kriegen, Seuchen und Feuersbrünsten geprägt. Bei Bränden in den Jahren 1500, 1649, 1772 und 1814 brannte jeweils mehr als die Hälfte der Stadt nieder. Die Bevölkerung baute sie jedoch stets wieder auf.

Schon seit Urzeiten wird in Zwettl Bier gebraut und seit dem Jahre 2000 darf sich Zwettl auch als Braustadt bezeichnen, begründet durch die steigende wirtschaftliche Bedeutung der Privatbrauerei der Familie Schwarz.

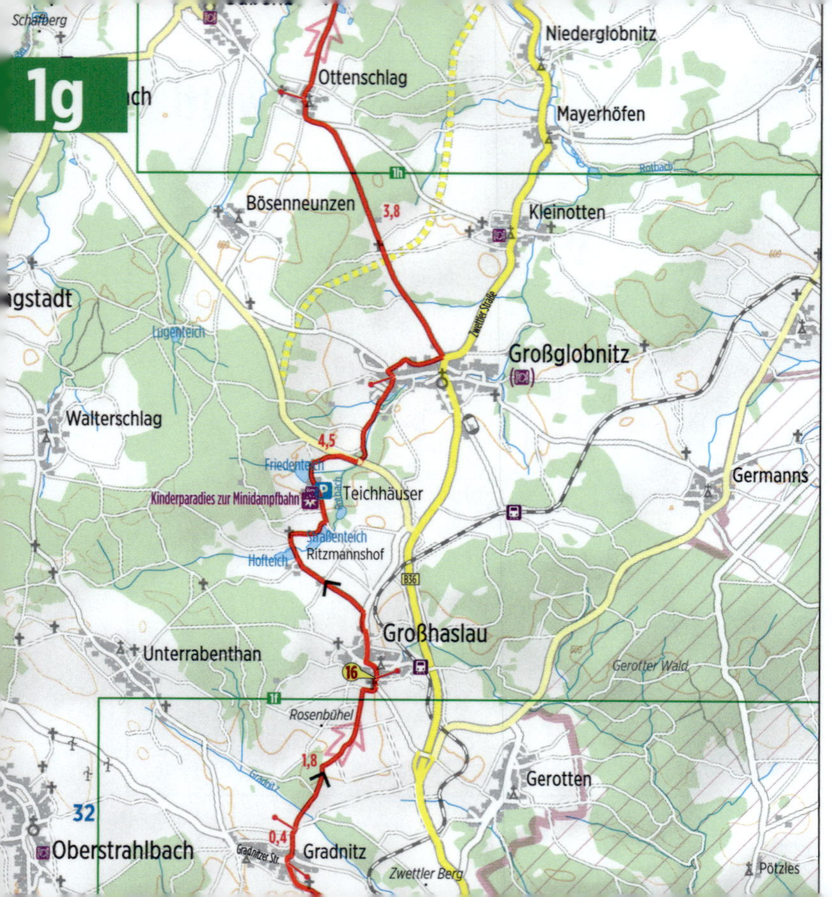

Gradnitz (Zwettl)
16 Großhaslau (Zwettl)
Teichhäuser (Zwettl)

Kinderparadies zur Minidampfbahn, Nr. 47, ☎ 02823/223, ☎ 0664/3934550 (7d), @ hhc254

Großglobnitz (Zwettl)
Ottenschlag (Zwettl)
Warnungs (Zwettl)
Wolfenstein (Echsenbach)
Rieweis (Echsenbach)
17 Echsenbach

Vorwahl: 02849

Gemeindeamt, Kirchenberg 6, ☎ 8218, @ dqq388

Schnapsglasmuseum, Kirchenberg 4, ☎ 8218 (7d) Mehr als 5.000 Einzelstücke zählt die Sammlung des Echsenbacher Glasspezialisten Harald Rath, davon werden rund 1.000 Gläser im Museum präsentiert. Bestände vom Habsburgerhof, der Fürsten Esterhazy, Palffy und der Familie Rothschild gehören zu den kunstvoll gefertigten Schnaps- und Likörgläsern aber auch Entwürfe bekannter Künstler aus der Zeit des Historismus. Gläser der Wiener Werkstätte und von Adolf Loos zählen zu den absoluten Highlights dieser sehenswerten Ausstellung. @ pgs181

Badesee, An der Bahn, ☎ 8218, ☎ 0664/5433103

In Echsenbach ist auch der Sitz des ältesten Fertigteilhausherstellers Österreichs. Der Betrieb war bereits bei der Wiener Weltausstellung vertreten und hat für diesen Anlass ein Musterhaus aus Holz für den Kaiser angefertigt. Dieses Jagdhaus steht noch heute in Echsenbach und befindet sich in Privatbesitz der Familie Hartl.

Modlisch (Zwettl)
18 Schwarzenau

Vorwahl: 02849

Gemeindeamt, Waidhofnerstr. 2, ☎ 2247, @ tbb231

Schloss Schwarzenau, Waidhofnerstr. 1. Eines der schönsten und eines der wenigen, völlig restaurierten Renaissance-Schlösser Österreichs. Sein heutiges Aussehen verdankt es im Wesentlichen zwei Adelsgeschlechtern; denen von Streun (Besitzer vom 13. Jh. bis 1636), sie errichteten Ende des 16. Jhs. die zweistöckige, dreiflügelige Anlage mit den zwei markanten Ecktürmen an der Vorderfront, und Franz Adam von Polheim. Der Graf

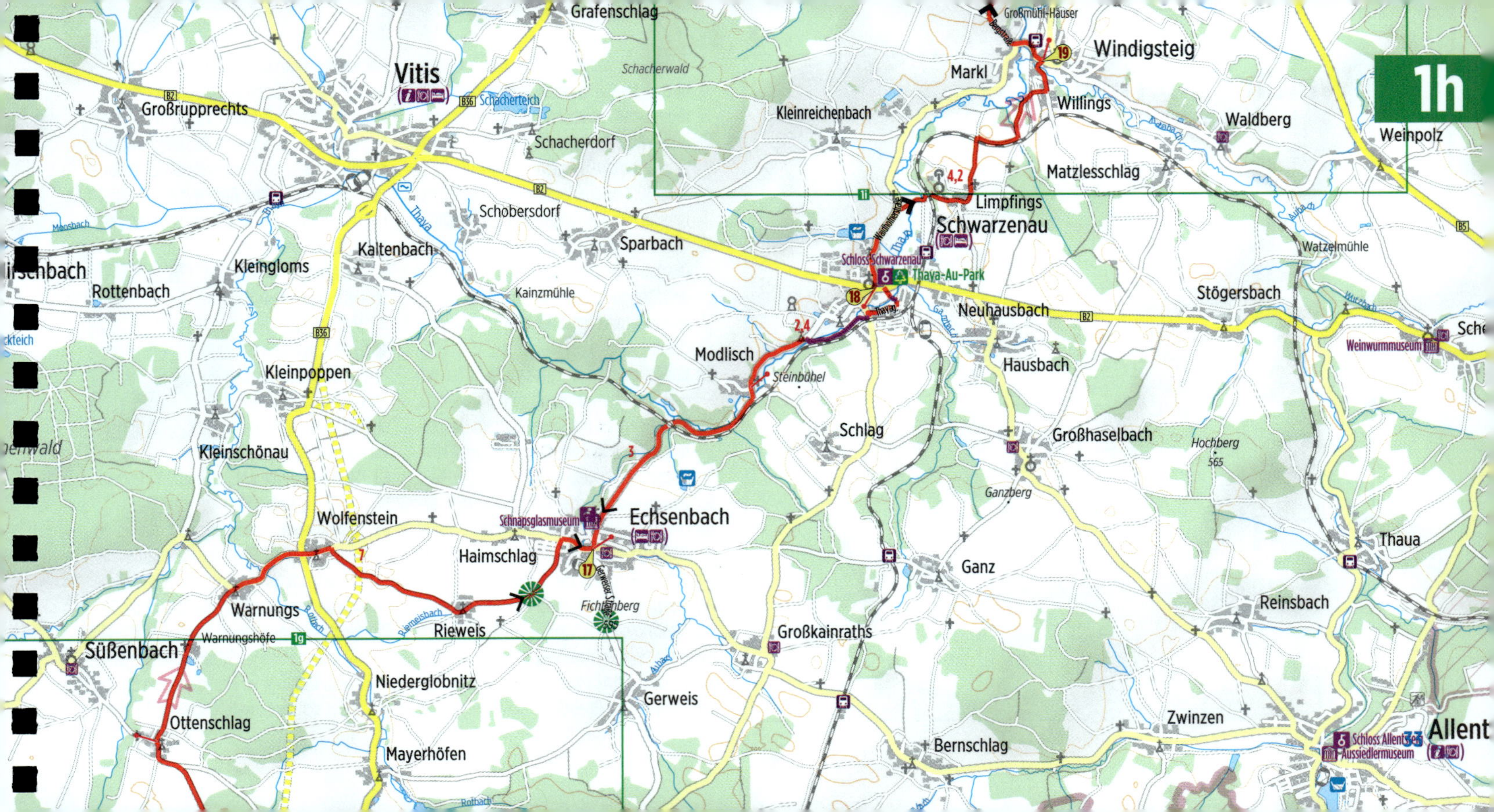
1h
Vitis
Windigsteig
Schwarzenau
Echsenbach
Allent
Grafenschlag
Großrupprechts
Schacherdorf
Schacherteich
Schacherwald
Kleinreichenbach
Markl
Willings
Waldberg
Weinpolz
Matzlesschlag
Limpfings
Großmühl-Häuser
Schobersdorf
Sparbach
Kaltenbach
Kleingloms
Rottenbach
Kainzmühle
Schloss Schwarzenau
Thaya-Au-Park
Neuhausbach
Stögersbach
Watzelmühle
Weinwurmmuseum
Modlisch
Steinbühel
Hausbach
Kleinpoppen
Schlag
Großhaselbach
Hochberg
Kleinschönau
Ganzberg
Wolfenstein
Schnapsglasmuseum
Haimschlag
Ganz
Thaua
Warnungs
Rieweis
Fichtenberg
Reinsbach
Warnungshöfe
Großkainraths
Süßenbach
Niederglobnitz
Gerweis
Zwinzen
Ottenschlag
Mayerhöfen
Bernschlag
Schloss Allentsteig
Aussiedlermuseum

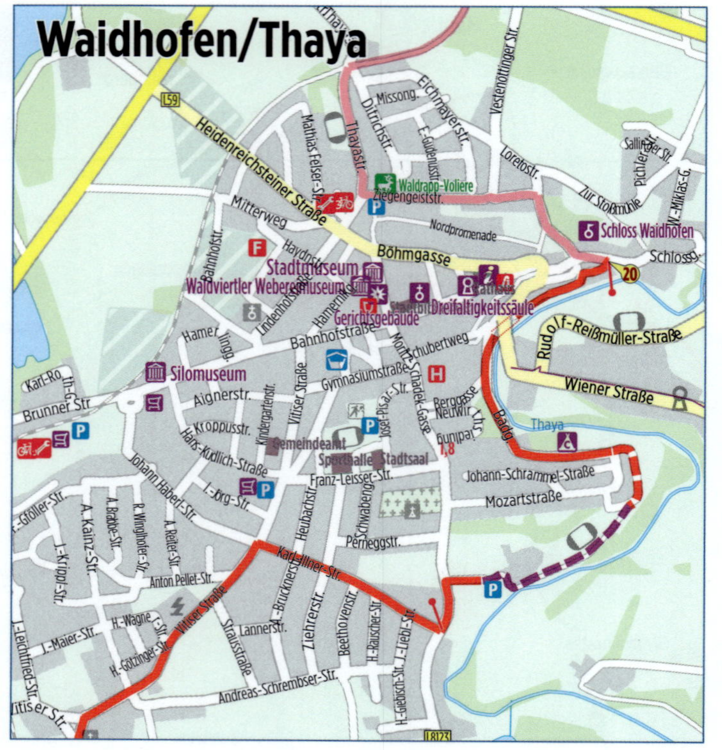

erwarb das Schloss 1728 und ließ den italienischen Meister Giovanni Battista d'Allio alle repräsentativen Räume mit Stuck verzieren. In den Kellern ist das größte private Selbstschutzzentrum Österreichs untergebracht. Es ist für 300 Personen ausgerichtet. Das Schloss ist nicht öffentlich zugänglich. @ fmw216

Thaya-Au Park, gegenüber des Schlosses (24) Die damalige verbaute Thayaau wurde neu gestaltet und bietet mit einem Biotop und einem Naturlehrpfad Ruhe für Erholungssuchende.

Brühlteich. Die Freizeitanlage befindet sich einige Minuten außerhalb von Schwarzenau. Besuchenswert mit sehenswertem Skulpturenpark aus Waldviertler Granit und einer „Russischen Kegelbahn".

Schwarzenau wurde erstmals 1150 urkundlich erwähnt. Im 12. Jahrhundert war es Hoheitsgebiet der Kuenringer. 1197 errichtete Pilgrim de Swarcenave eine Wasserburg zum Schutz des Fernweges von Gmünd nach Böhmen. 1891, anlässlich eines Kaisermanövers – es trafen sich die drei Kaiser: Franz Joseph I. von Österreich, Wilhelm II. von Preußen und Albert I. von Sachsen – wurde das Schloss Schwarzenau das kaiserliche Hauptquartier. Einen wirtschaftlichen Aufschwung erlebte der Ort Ende des 19. Jahrhunderts durch den Bau der Franz-Josefs-Bahn und den abzweigenden Bahnen nach Zwettl und Waidhofen. 1930 wurde Schwarzenau zum Markt erhoben.

20 Waidhofen an der Thaya

Vorwahl: 02842

Stadtgemeindeamt, Hauptpl. 1, Rathaus, ✆ 5030, @ hlb485

Silomuseum, Raiffeisenstr. 14, Raiffeisen-Lagerhaus, ✆ 52535 Ⓒ Das Museum beschäftigt sich u. a. mit der Ausstellung bäuerlicher Arbeits- und Handwerksgeräte. @ prt236

Stadtmuseum, Moritz Schadek G. 4, ✆ 53401 Ⓔ In dem einstigen Schweinehändlerpalais, einem Gebäude im klassizistischen Stil, befindet sich eine Darstellung der Entwicklung von Handwerk und Gewerbe (eine Schneider- und Schusterwerkstatt) und das „Erste Waldviertler Webereimuseum", eine vollständig eingerichtete Greißlerei und ständig wechselnde Sonderausstellungen. @ vqb853

- **Waldviertler Webereimuseum**, Moritz Schadek G. 4, ✆ 53401 Informatives zur historischen und regionalen Bedeutung der Weberei. Der „Bandlkramer" und die Bandmühle stehen im Mittelpunkt der Ausstellung. @ itb533
- **Stadtpfarrkirche**, Pfarrhofpl. 1. Der auf dem höchsten Punkt der Stadt errichtete „Dom des Thayatals" wurde 1713-23 vom Maurermeister Mathias Fölser erbaut. Sehenswert ist die barocke Innenausstattung mit reichen Stukkaturen und Deckenfresken.
- **Schloss Waidhofen**, Schlossg. 1. Die Burganlage mit dem wuchtigen Turm und Zinnen wurde 1770 in ein Schloss umgebaut. Das Schloss befindet sich heute in Privatbesitz.
- **Dreifaltigkeitssäule**, Hauptpl. 1709 wurde sie mit Statuen von Wolfgang Stainböck angefertigt und befindet sich am südwestlichen Teil des Hauptplatzes. Beiderseits der Barocksäule stehen die anlässlich der Silberhochzeit von Kaiser Franz Josef und „Sissi" am 24. April 1879 gepflanzten Kaiserlinden.
- **Gerichtsgebäude**, Raiffeisenpromenade 2. Das heutige Bezirksgericht war im 18. Jh. die Waldviertler Zentrale der „Schwechater Cotton-Manufaktur", des größten Baumwollerzeugers der Monarchie. Ab 1848 wurde das Gebäude für Verwaltungszwecke genutzt.
- **Rathaus**, Hauptpl. 1. Das Gebäude wurde 1520 erbaut und befindet sich im Zentrum des Hauptplatzes. Der Renaissancebau mit gotischem Kern, Treppengiebel und „Dachreiter"-Turm ist nun Sitz der Stadtgemeinde. @ eiy558
- **Waldrapp-Voliere**, Hauptpl. 6, ✆ 0664/9493929 Die Grundidee, die bedrohte Tierart nach Waidhofen zu bringen, war die Abbildung am Waidhofner Stadtbuch aus dem Jahr 1383. Nun ist es die größte Waldrapp Voliere der Welt. @ sed576
- **Hallenbad**, Bahnhofstr. 9, ✆ 52689, ✆ 0676/3306745, @ eof615

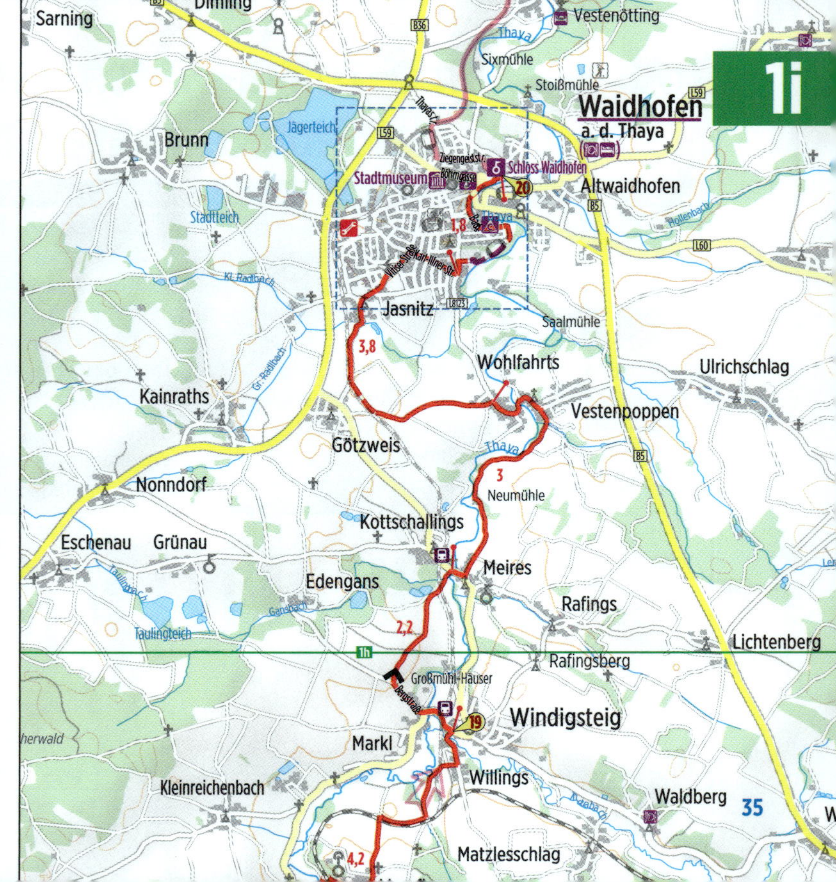

Tour 2 Kamp-Thaya-March Radroute
Von Waidhofen/Thaya nach Laa/Thaya 147,7 km

HM/km: ↗ 6,1 (896m) ↘ 8,0 (1.187m) **Radweg:** 15 % **Unbefestigt:** 0 % **Verkehr:** 3 %

Der zweite Teil der KTM-Radroute entlang der Thaya führt Sie durch weite Strecken des nördlichen Waldviertels, vor allem aber durch ein malerisches sowie mäanderreiches Durchbruchstal und den Nationalpark Thayatal, der mit seiner wunderschönen Auenlandschaft geradezu zum Kraft und Energie tanken einlädt. Burg Karlstein, Schloss Raabs und Schloss Drosendorf laden zu einem Besuch. Eine angenehme Abkühlung bieten die Langauer Bergwerkseen, die ein wahres Freizeit- und zugleich Erholungsparadies sind. Des Weiteren entdecken Sie das Retzer Land mit seinen sanft gewellten Hügeln rund um die attraktive Weinstadt Retz. Vorbei an Feldern und Weingärten, entlang der sanfthügeligen Landschaft des Weinviertels gelangen Sie nach Laa an der Thaya.

Charakteristik

Start: Waidhofen an der Thaya

Ziel: Laa an der Thaya

Wegbeschaffenheit: Die Route verläuft auf asphaltiertem Untergrund.

Verkehr: Der neu ausgebaute Radweg von Waidhofen nach Waldkirchen verläuft auf der ehemaligen Bahntrasse der Thayatalbahn. Danach geht es weiter auf verkehrsfreien Güterwegen und Nebenstraßen, mit etwas mehr Verkehr ist nur in den Städten und kurz vor Riegersburg zu rechnen.

Beschilderung: Kamp-Thaya-March-Radroute (8)

Steigungen: Auch diese Etappe des KTM birgt ein paar kräftigere Steigungen, u. a. bei Hardegg.

Schwierigkeitsgrad: schwierig

Anschlusstour(en): 1, 3

An- und Abreise: Bhf Waidhofen/Thaya, Bhf Laa/Thaya

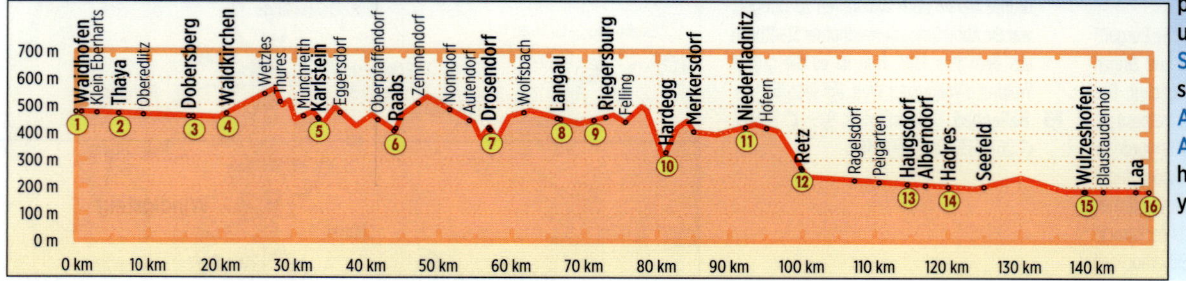

1 Waidhofen a. d. Thaya s. S. 34

2 Thaya

Vorwahl: 02842

Marktgemeindeamt, Hauptstr. 32, ✆ 52663, @ qxm875

Heimatmuseum, Bahnhofstr. 1a Das Museumsgebäude ist das älteste Haus des Ortes und stellt Funde archäologischer Ausgrabungen dar. Der Münzschatzfund und Reste einer Glockengießerwerkstatt aus der Zeit um 1200 sind die spektakulärsten Entdeckungen. @ jqo561

Kulturlehrpfad. Der Rundweg führt mit wappenförmigen Schildchen durch den Ortskern von Thaya. Dabei entdecken Sie den Johannesbrunnen aus dem Jahr 1852, das alte Rathaus mit Sgraffitofassade, den Renaissancebrunnen am Kirchenplatz, die gotische Pfarrkirche mit barockem Kirchturm, den Haidl-Keller u.v.m. @ cug276

Flussbad, Badg., ✆ 52663, @ wmu266

Oberedlitz (Thaya)

3 Dobersberg

Vorwahl: 02843

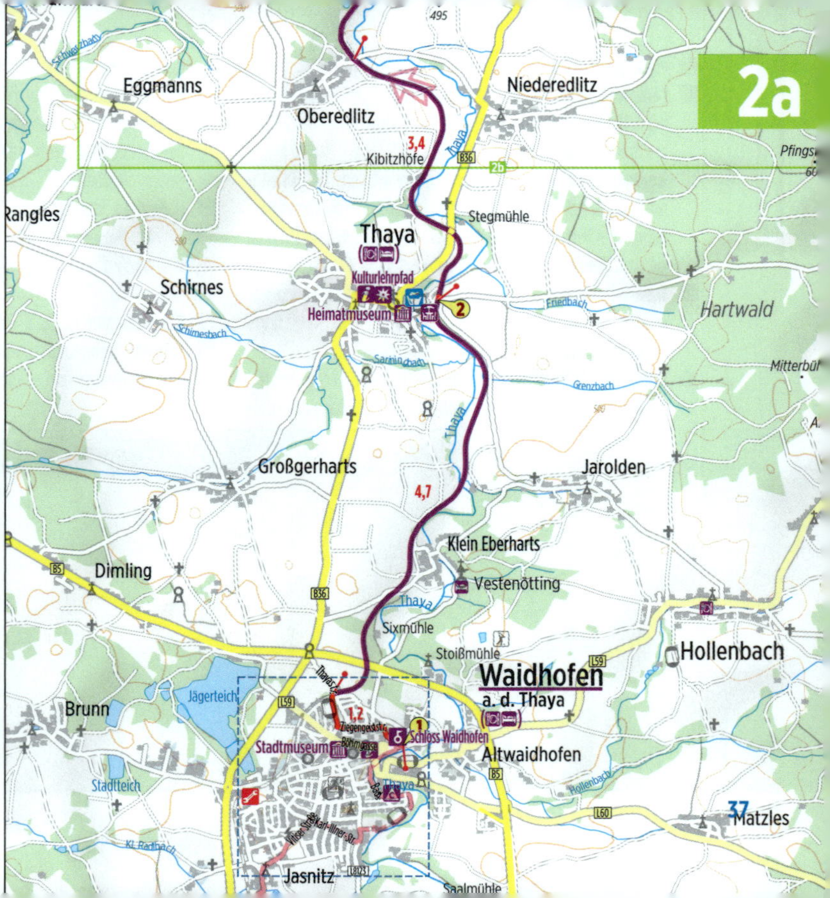

2a

Eggmanns
Oberedlitz
Niederedlitz
Kibitzhöfe
3,4
Rangles
Stegmühle
Thaya
Kulturlehrpfad
Heimatmuseum
Schirnes
Hartwald
Großgerharts
Jarolden
4,7
Klein Eberharts
Dimling
Vestenötting
Sixmühle
Stoißmühle
Hollenbach
Waidhofen a. d. Thaya
Brunn
Jägerteich
1,2
Schloss Waidhofen
Stadtmuseum
Altwaidhofen
Stadtteich
37 Matzles
Jasnitz
Saalmühle

Marktgemeindeamt, Schlossg. 1, ✆ 2332, @ myy533

Feuerwehrmuseum, Schloss Dobersberg, ✆ 23320 Ansicht der 300 Exponate, die zur ehemaligen Ausrüstung der FF Dobersberg gehörten. @ gew572

Naturkundemuseum, Naturpark Das wissenschaftliche Informationszentrum des Naturparks bietet Ansicht der Sammlung heimischer Mineralien, Insekten, Tier- und Vogelwelt und befasst sich mit der Orts- und Besiedlungsgeschichte. @ bsc511

Schloss Dobersberg, Schlossg. 1. Das vierflügelige Renaissanceschloss ist nur von außen zu besichtigen und steht unter Denkmalschutz.

Naturpark, Schlossg. 1, ✆ 0664/1154498. Erleben Sie den frei zugänglichen Thayatal-Naturpark (ca. 200 ha), denn das Erholungswaldgebiet ist weithin bekannt für seine Vielfalt von Flora und Fauna. @ drm571

Badeteich, Hohenauerstr. Die Anlage am idyllischen Teich bietet folgende Freizeitaktivitäten: Tennis, Tischtennis und Beachvolleyball.

Hallenbad, Schulstr. 8, ✆ 220114, ✆ 2332, @ ecj268

Lexnitz (Dobersberg)

4 Waldkirchen an der Thaya

Vorwahl: 02843

Gemeindeamt, Nr. 65, ✆ 2282, @ npx451

Sauteich. Beim landschaftlich schön gelegenen Naturteich ist eine Liegewiese und ein Beachvolleyballplatz vorhanden.

Waldhers (Waldkirchen an der Thaya)

Wetzles (Waldkirchen an der Thaya)

Thures (Waldkirchen an der Thaya)

Münchreith (Karlstein an der Thaya)

5 Karlstein an der Thaya

Vorwahl: 02844

Marktgemeindeamt, Wilhelm-Matzinger-Str. 2, ✆ 279, @ xuj126

Uhrenmuseum, Hauptstr. 12, ✆ 71204 Im Karlsteiner Uhrenmuseum können rund 200 Exponate bewundert werden. @ jij725

Burg Karlstein, Schlossweg 4. Bis ins 16. Jh. war die Burg im Besitz verschiedener Adelsfamilien und wurde unterschiedlichst

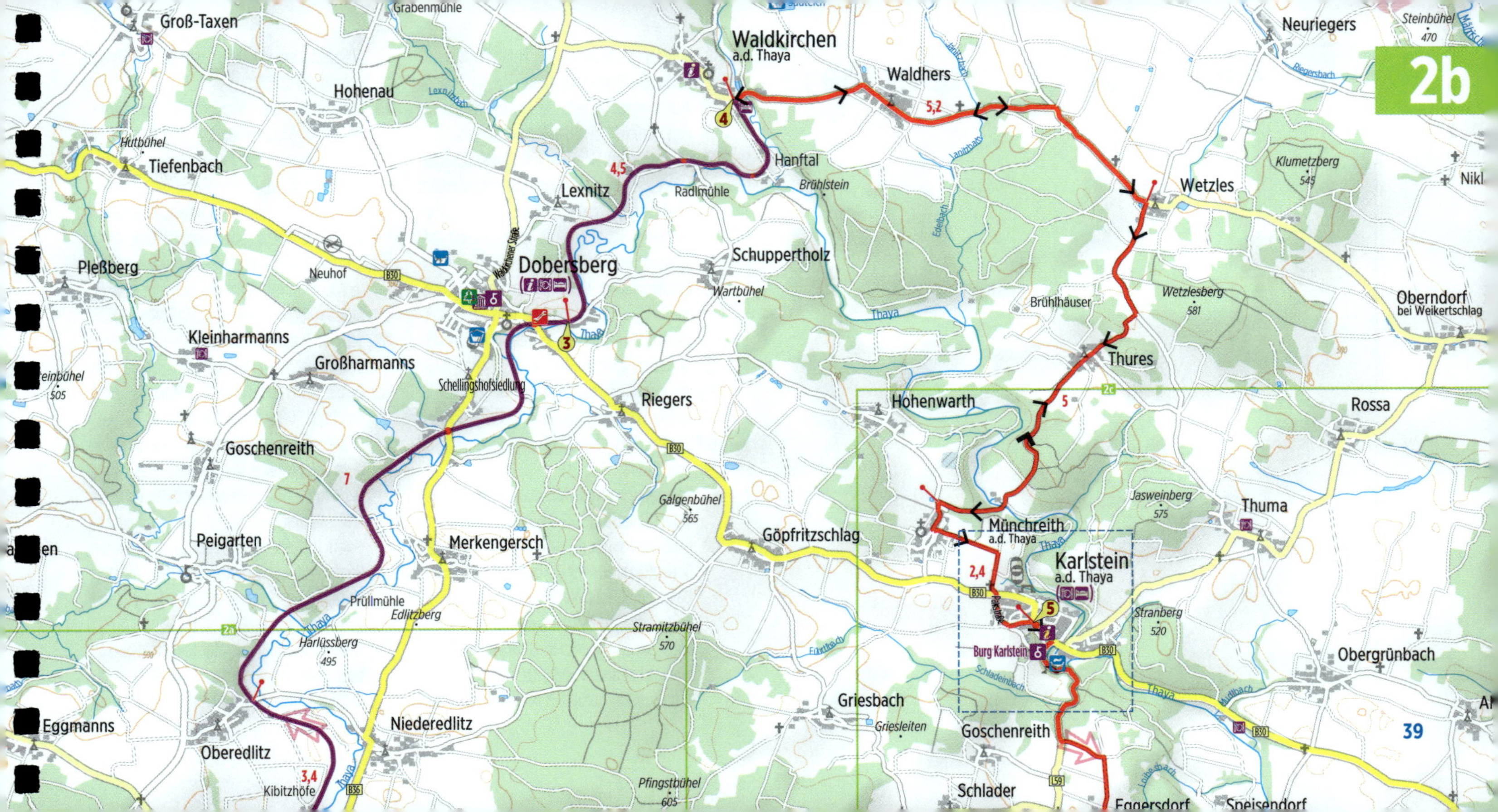

2b
Waldkirchen
a.d. Thaya
Groß-Taxen
Grabenmühle
Neuriegers
Steinbühel
470
Hohenau
Waldhers
5,2
Hutbühel
Tiefenbach
Hanftal
Brühlstein
Radlmühle
Lexnitz
4,5
Wetzles
Klumetzberg
545
Pleßberg
Neuhof
B30
Dobersberg
Schuppertholz
Wartbühel
Thaya
Brühlhäuser
Wetzlesberg
581
Oberndorf
bei Weikertschlag
Kleinharmanns
Großharmanns
Schellingshofsiedlung
Riegers
Thures
Hohenwarth
5
Rossa
Goschenreith
7
Galgenbühel
565
Jasweinberg
575
Thuma
Peigarten
Merkengersch
Göpfritzschlag
Münchreith
a.d. Thaya
Karlstein
a.d. Thaya
2,4
Prüllmühle
Edlitzberg
Stramitzbühel
570
Stranberg
520
Harlüssberg
495
Burg Karlstein
Obergrünbach
Griesbach
Griesleiten
Eggmanns
Oberedlitz
Niederedlitz
Goschenreith
39
3,4
Kibitzhöfe
B36
Pfingstbühel
605
Schlader
L59
Eggersdorf
Speisendorf

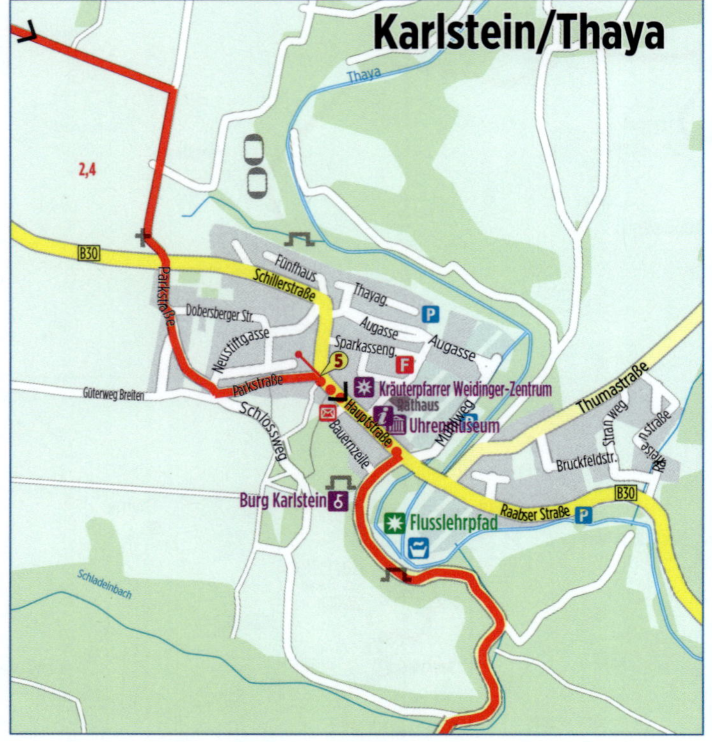

genutzt: als Adelssitz, Uhrenfabrik, Jugendherberge, Pensionsbetrieb und für Ferienwohnungen. Sie befindet sich in Privatbesitz und ist nicht frei zugänglich. @ foo168

Flusslehrpfad. Der Pfad führt an 16 Schautafeln, einem kleinen Kräutergarten und einem Insektenhotel vorbei und ist auch als „Themenweg Naturdenkmal Hangenstein“ beschildert. @ xgc261

Kräuterpfarrer Weidinger-Zentrum, Hauptstr. 16/17, ✆ 7070. Informations- und Verkaufszentrum von Heilkräutern. @ qek743

Flussbad, Raabser Str. 2, ✆ 279, @ myf316

Eggersdorf (Karlstein an der Thaya)

Speisendorf (Karlstein an der Thaya)

6 Raabs an der Thaya

Vorwahl: 02846

Tourismusverband Nationalparkregion Thayatal, Hauptstr. 25, ✆ 36520, @ cwc155

Grenzlandmuseum, Hauptpl. 11, ✆ 36520 Bodenfunde aus der Ur- und Frühgeschichte. Das Fundmaterial gibt Einblick in jene Zeit als ungarische Streitscharen die slawische Siedlung „Sand“ auf dem Umlaufberg der Thaya niederbrannten. Da bis jetzt keine menschlichen Knochen gefunden wurden, nimmt man an, dass den Menschen damals die Flucht gelang. @ sff538

Pfarrkirche Maria Himmelfahrt am Berge, Oberndorf 54, Oberndorf, ✆ 390. Der älteste Teil zeigt spätromanische Formen aus dem 13. Jh. Im 15. Jh. gotisiert und in eine dreischiffige Staffelkirche umgebaut. Beachtenswert ist das Kreuzrippengewölbe, Grabsteine und das von Kaiserin Maria Theresia gestiftete Altarbild. Im Kirchturm befindet sich die älteste Glocke Österreichs (1343). @ wjd631

Schloss Raabs, Schlossstr., Oberndorf. Von einem Ahnherrn der späteren „Grafen von Raabs“ in der 2. Hälfte des 11. Jhs. als Steinburg errichtet. 1100 erstmals als „castrum Racouz“ in der „Chronica Bohemorum“ erwähnt. Die Burg erlebte eine wechselvolle Geschichte und wurde 1702 zu seiner heutigen Form als Schloss umgebaut. Es befindet sich heute in österr. Privatbesitz und nach umfangreichen Renovierungsarbeiten steht es für Ausstellungen und diverse Veranstaltungen zur Verfügung. @ xyt722

Kanuwandern im Thayatal, Hallenbadparkpl. oder Ende Hamerlingstr., ✆ 36520. Eine Kanufahrt entlang der Stromschnellen und

2c
Münchreith a.d. Thaya
Karlstein a.d. Thaya
Burg Karlstein
Thuma
Jasweinberg 575
Stranberg 520
Obergrünbach
Alberndorf
Hadérmühle
Süßbühel
Süßenbach
Rabesreith
Großau
Grabermühle
Nonndorf
Trabersdorf
Zemmendorf
Zemmendorfer Berg 560
Zabernreith
Primmersdorf
Modsiedl
Raabs a.d. Thaya
Schloss Raabs
Grenzlandmuseum
Maria Himmelfahrt
Oberpfaffendorf
Oberndorf bei Raabs
Liebnitz
Kletterfels
Hammühle
Goschenreith
Schlader
Eggersdorf
Speisendorf
Häuslberg 610
Schlagles
Sittmannshof
Jungfrauenberg 610
Pommersdorf
Hoher Stein 660
Meierhof
Loibes
Neuhof
Koggendorf
Siedlung-Linde
Lindau
Mostbach
Mostbacher Berg
Kollmitzberg 600
Kollmitzdörfl
Kollmitzgraben
Reith
Eibenstein
Lehsteinmühle
Zötting 530
Thaya
Mährische Thaya
Schladeinbach
Grundbach
Frattingbach
Reither Bach
Ludenl
B30
L59
L8065
L55
L173
2b
2d
2,4
7,5
3
1,6
0,5
5,5
5,7
5
6
41

Schloss Raabs

Dämme der Thaya wird zu einem unvergesslichen Erlebnis. @ kpr231

Kletterfels, Hahnmühle. Wandklettern, Überhandkletterei, Schwierigkeitsgrad III-VIII. @ mjc128

Thayatal Vitalbad, Hauptstr. 2a, ✆ 735540, @ ttn647

Modsiedl (Raabs an der Thaya)

Zemmendorf (Raabs an der Thaya)

Nonndorf (Raabs an der Thaya)

Autendorf (Drosendorf)

7 Drosendorf

Vorwahl: 02915

Stadtgemeinde Drosendorf-Zissersdorf, Hauptpl. 1, ✆ 2213, @ imn726

Franz-Kiessling-Museum, Bürgerspitalg. 11. Das Museum im ehemaligen Bürgerspital enthält die Sammlungen der Heimatforscher Franz Xaver Kießling und Raimund Bauer.

Martinskirche, Hauptpl. In der 1461–1463 erbauten spätgotischen Martinskirche werden die Reliquien der Katakombenheiligen Valentina aufbewahrt.

Pfarrkirche Drosendorf. im 16. Jh. erbaut, später erweitert und umgebaut.

Schloss Drosendorf, Schlosspl. 1, ✆ 23210. Das Schloss besitzt einen romanisch-gotischen Gebäudekern und wurde im Renaissancestil erbaut. Bis zum Jahr 2020 beherbergte das historische Gebäude die Bildungsstätte der niederösterreichischen Landarbeiterkammer.

Reblaus-Express, ✆ 0664/6176579. Erleben Sie Natur und Kultur bei einer Fahrt von Drosendorf nach Retz durch Waldviertler Weinberge und Wälder. Fahrten von Drosendorf nach Retz und retour – Fahrradtransport gratis. @ fiy844

Roland- bzw. Prangersäule, Hauptpl.

Schüttkasten, Schulsiedlung. Der um 1720 erbaute Getreidespeicher steht unter Denkmalschutz.

Stadtmauer. Drosendorf ist die einzige österreichische Stadt, die noch vollständig von einer Stadtmauer umgeben ist.

Terrassenbad, Badstr. 25, ✆ 2213

Kneipp-Aktiv-Thayabad, Sebastian Kneipp Pl. 1, ✆ 2213

Die erste urkundliche Erwähnung der Stadt mit heute 1.200 Einwohnern erfolgte 1188. Vom böhmischen König Ottokar II. wurde die Stadt 1278 belagert. Während des Ersten Weltkrieges befand sich im Schüttkasten Drosendorf das Internierungslager Drosendorf.

Die Besiedlungsspuren um Drosendorf gehen bis in die Jungsteinzeit zurück, erstmals urkundlich erwähnt wurde die Siedlung im Jahr 1188.

Drosendorf war ursprünglich eine Burgstadt zur Grenzsicherung gegen Böhmen. Auf einem Felsrücken über der Thaya gelegen und von ihr gleich auf drei Seiten umspült, ist Drosendorf ein bezaubernder Ferienort. Diese Lage hatte vor allem strategischen Wert, nach dem Dreißigjährigen Krieg jedoch erlosch diese Bedeutung Drosendorfs nach und nach.

Wolfsbach (Drosendorf)

8 Langau

Vorwahl: 02912

Gemeindeamt, Langau 103, ✆ 401, @ wsk471

Freizeitmuseum, Sommerzeile 36, ✆ 0664/1459903 © Hier erfahren Sie Wissenswertes zum Thema Freizeit, Tipps für die sinnvolle Freizeitgestaltung und zu den regionalen Hobbys. @ qpo783

Bienenlehrpfad, Nr. 262, beim Bergwerksee, ✆ 442, ✆ 0650/9009965. Erlebnisweg rund um die Biene mit Schaubienenhaus. @ ije581

Langauer Bergwerkseen, Langau 500, ✆ 401. Inmitten einer von Birken dominierten idyllischen Teichlandschaft erstreckt sich der etwa ein Kilometer lange Badesee mit Badeplatz, Wasserski, Beachvolleyballplatz und Sommerlager. @ les137

Nationalpark Thayatal

ACHTUNG **9** Zwischen den Langauer Bergwerkseen und Riegersburg müssen Sie ein kurzes Stück der stark befahrenen Thayatal Bundesstraße folgen.

Riegersburg (Hardegg)

Schloss Ruegers, Riegersburg 1, ✆ 0664/2145855. Seit über 280 Jahren befindet sich das ehem. Wasserschloss in Familienbesitz und wurde durch Franz Anton Pilgram, einen niederösterreichischen Landschaftsbaumeister, zu einem Barockschloss umgestaltet. Bei einem Schlossbesuch entdecken Sie die prunkvollen Räume, die Schlossgeschichte und vieles mehr. @ xqb427

Um einen burgartig befestigten Gutshof entstand das erstmals urkundlich 1212 als „De Ruggers" erwähnte Dorf. Nach Erwerb des Riegersburger Lehens samt Dorf ließ Reichsgraf Sigmund von Hardegg-Prueschenk die Burg 1580 zu einem Wasserschloss umbauen, welches jedoch nach dem Dreißigjährigen Krieg mehr und mehr verfiel. Unter Reichsgraf Khevenhüller baute der Baumeister Franz Anton Pilgram ab 1730 das alte Gemäuer zu einem Barockschloss um. Berühmt wurde vor allem einer der Fürsten aus dem Geschlecht der Khevenhüller, Fürst Johann Josef. Der einstige Obersthofmarschall der Kaiserin Maria Theresia hinterließ ein Tagebuch über das Österreich des 18. Jahrhunderts. Es diente Hugo von Hofmannsthal als Anregung für sein Libretto zum Rosenkavalier. In der Strauß-Komposition wird der Khevenhüller-Fürst als Baron Ochs verewigt.

Nach den Zerstörungen des Zweiten Weltkrieges und den anschließenden lang andauernden Renovierungsarbeiten, präsentieren sich die glanzvoll als Museum ausgestatteten Repräsentationsräume des Barockschlosses heute als „Adeliger Landsitz des 18. Jahrhunderts". An die Zeiten des Wasserschlosses erinnern heute noch die Fischteiche, die das Schloss Riegersburg umgeben. Jedes Jahr im Herbst wird hier, wie auch sonst überall im Waldviertel, das Wasser abgelassen und daraufhin abgefischt. Neues Lebenselixier für neue Fische spendet ausschließlich das Grundwasser.

Felling (Hardegg)

Perlmuttmanufaktur, Nr. 37, ✆ 02916/203. In Österreichs einziger Perlmuttmanufaktur erwartet Sie ein Museum, eine Aus-

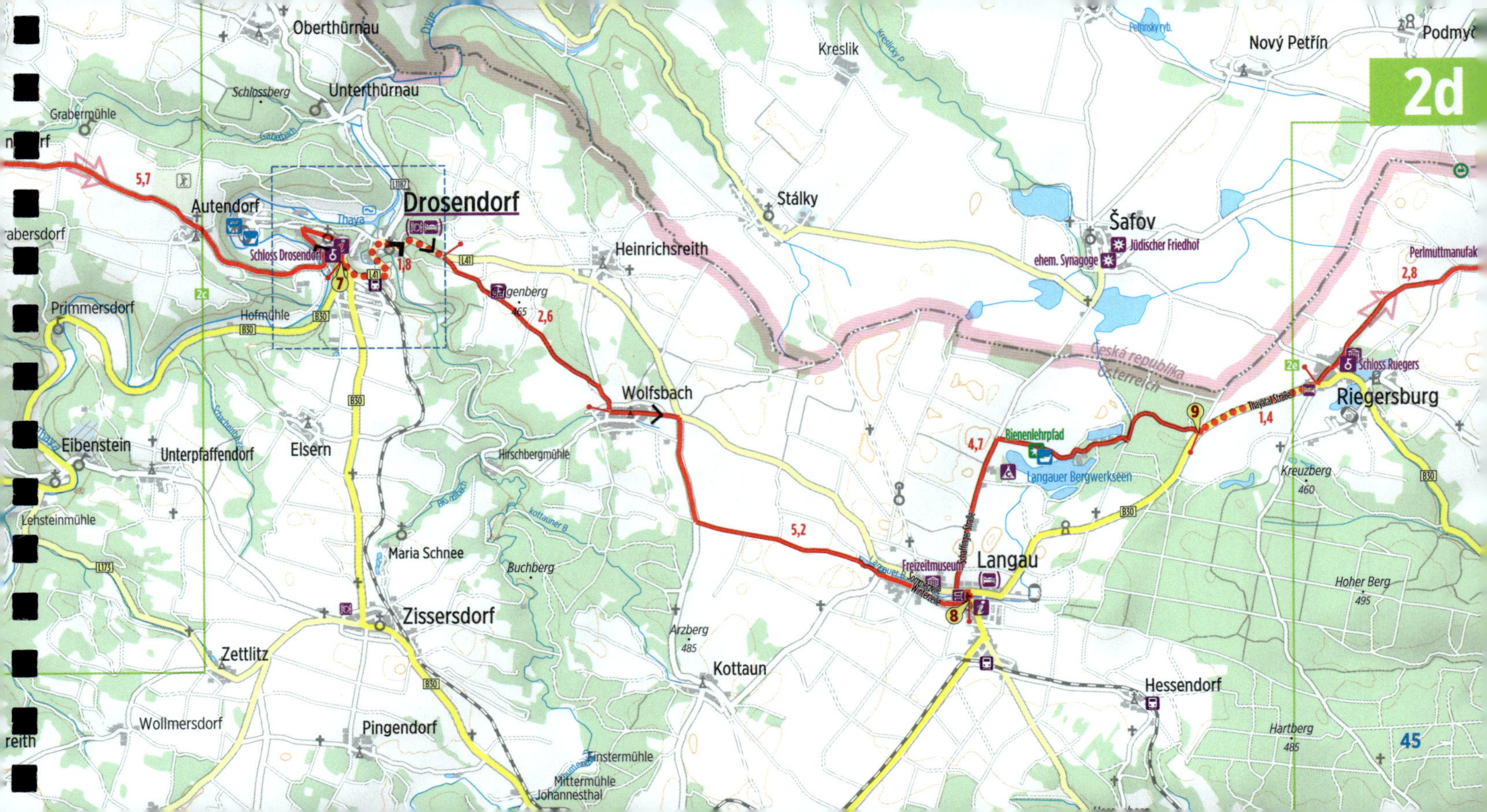
2d
Oberthürnau
Unterthürnau
Schlossberg
Grabermühle
Autendorf
Drosendorf
Thaya
Schloss Drosendorf
7
1,8
5,7
L1187
L41
B30
Primmersdorf
Hofmühle
Heinrichsreith
Wolfsbach
2,6
465
Stálky
Kreslik
Nový Petřín
Podmyč
Šafov
Jüdischer Friedhof
ehem. Synagoge
Perlmuttmanufak
2,8
Česká republika
Österreich
Schloss Ruegers
Riegersburg
2c
2e
9
1,4
Thayatal Straße
Bienenlehrpfad
4,7
Langauer Bergwerkseen
Schaffinger Straße
Freizeitmuseum
Langau
Sommerzeile
Winterzeile
8
5,2
Eibenstein
Unterpfaffendorf
Elsern
Hirschbergmühle
Lehsteinmühle
Maria Schnee
Buchberg
L173
Zissersdorf
Zettlitz
Arzberg
485
Kottaun
Kreuzberg
460
Hoher Berg
495
Hessendorf
Wollmersdorf
Pingendorf
Finstermühle
Mittermühle
Johannesthal
Hartberg
485

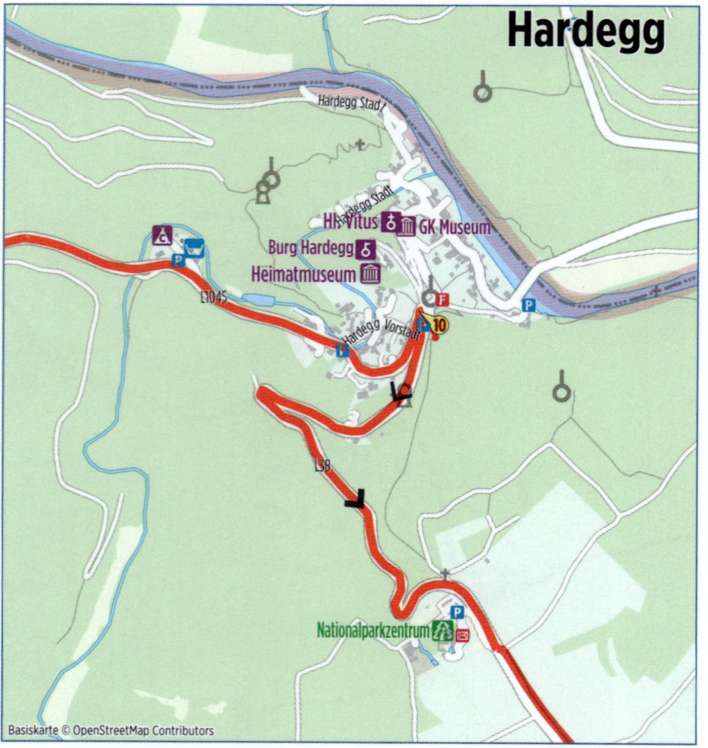

stellung der Handwerkskunst und auf Wunsch eine Betriebsbesichtigung. @ yql561

10 Hardegg

Vorwahl: 02948

- **GK Museum**, Stadt 36, in der ehem. VS, ✆ 8450. Im Guckkasten Museum können Geschichts-Interessierte durch Gucklöcher sechs historische Fotopräsentationen und zwei kurze Filme betrachten. Im Zuge des Themenweges zu besichtigen. @ lmi258
- **Hl. Vitus**, Kircheng. 1, ✆ 0664/2202860. An die barocke Pfarrkirche schmiegt sich der Karner, einer der wenigen romanischen Gebeinhäuser (1160) in Niederösterreich. @ xri363
- **Burg Hardegg**, Stadt 38, ✆ 0664/2145855 Seit dem 11. Jh. befindet sich die Burg im idyllischen Thayatal zur Sicherung der Thayagrenze, heimgesucht von Zerstörung und Wiederaufbau. Besonders sehenswert ist die romanisch-gotische Kapelle, das Verlies, der Waffensaal und die Kaiser Maximilian von Mexiko-Ausstellung sowie der Ortsturm, der sich gegenüber des dreieckigen Burghofes befindet. @ qgx345
- **Uhrturm**, Hardegg 39, direkt an der Ortseinfahrt. Hier befindet sich auch der Eingang zur Burg. Der mehrmals renovierte Stadtturm ist mit seinem steilen Walmdach Teil der Befestigungsanlage.
- **Nationalparkzentrum Thayatal**, Nationalparkhaus, ✆ 02949/70050. Ausstellungen, Wildkatzengehege, Naturforscherwerkstätte, Abenteuerspielplatz, Café. @ bqh458
- **NSG Nationalpark Thayatal**, ✆ 02949/70050. Entdecken Sie die einzigartige, artenreiche Tallandschaft Europas und den Zauber des Thayatales sowie die Vielfalt an Pflanzen und Tieren. Das Thayatal zählt zu den außergewöhnlichsten Durchbruchstälern in Europa. @ jcf775
- **Waldbad**, Vorstadt, ✆ 8450, ✆ 0680/2171808, @ dkm784

Nur wenige Einwohner zählt die kleinste Stadt Österreichs. Zur Zeit des „Eisernen Vorhangs“ lag sie lange nur am Rande des Geschehens. Dadurch hat sich das landschaftlich so reizvoll gelegene Städtchen im wildromantischen Thayatal viel von seiner Ruhe und Beschaulichkeit bewahrt.

Nationalpark Thayatal

Das Thayatal ist mit 1.360 ha der kleinste unter Österreichs Nationalparks, er schließt an den tschechischen Nationalpark Podyjí an. Das Thayatal liegt an einer ausgeprägten Klimagrenze, während von Osten das trockene pannonische Klima wirkt, dominiert auf den Hochflächen des Waldviertels das feuchte atlantische Klima. Darum vermischen sich hier kontinental- und mitteleuropäische Flora und Fauna und es gibt eine besonders hohe Vielfalt an verschiedenen Pflanzen auf engstem Raum. Markantes Kennzeichen des Nationalparks ist der canyonartig eingeschnittene Flusslauf mit seinen extrem gewundenen Flussschlingen. Weiters lockt der Nationalpark mit einem Besucherzentrum all jene, die mehr über den Park erfahren wollen: Zahlreiche Wanderführer, geführte Wanderungen, Natur-Infos, Veranstaltungsprogramme und Ausflugstipps werden hier angeboten. Neben dem Nationalparkshop und dem Nationalpark-Café Thayatal wird das Servicezentrum durch die Ausstellung „Natur-Geschichten" ergänzt, die faszinierende Einblicke in die Entwicklung und die natürliche Vielfalt des Thayatales gibt.

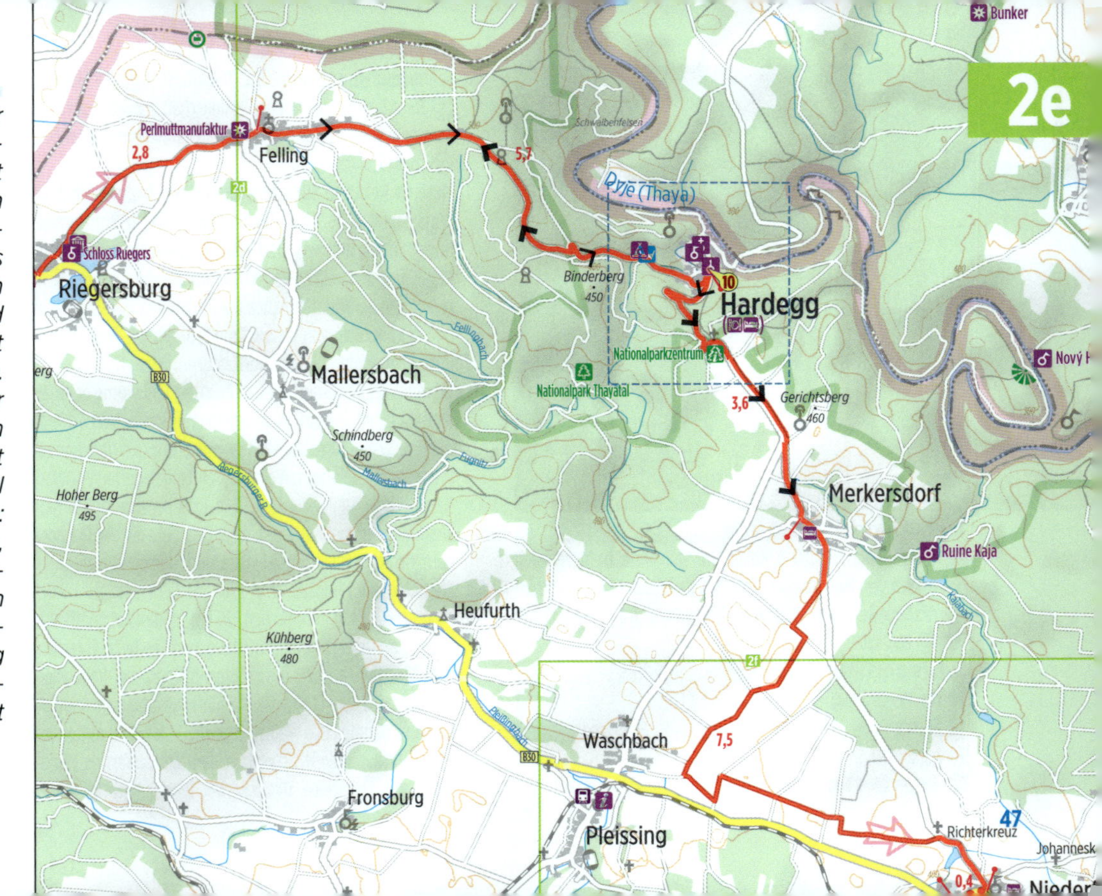

Merkersdorf (Hardegg)

Ruine Kaja, 02948/8450. Die Burguine befindet sich östlich von Merkersdorf. Vom Burgfried aus überblickt man die Weiten des Nationalparkwaldes im Kajabachtal. @ huv426

11 Niederfladnitz (Hardegg)

Hofern (Hardegg)

12 Retz

Vorwahl: 02942

Retzer Land Tourismus, Hauptpl. 30, 20010, @ bbl821

Fahrradmuseum, Schlosspl. 5, 0664/6431791 Das Museum „s'Fahrradl im Schloss" ist aus Leidenschaft und lebenslangem Sammeln von Fritz Hurtl und freiwilligen Helfern entstanden. @ xpx645

Museum Retz und Südmährische Galerie, Znaimer Str. 7, im Bürgerspital, 20242, 0664/73266148 Musikinstrumentensammlung mit dem „Liszt-Flügel", zahlreiche Exponate wie Uhren, Trachtenhauben, Geschirr, Informatives zur Zeitgeschichte u.v.m. In der Südmährischen Galerie können Sie Bilder, Fotos und Zeichnungen von bekannten Künstlern wie Prof. Othmar Ruzicka oder Anton Bruder bewundern. @ gog475

Windmühle, Kalvarienberg 1, 2700 1772 wurde erstmals eine auf einem Holzpflock gelagerte drehbare hölzerne Windmühle errichtet. Drei Jahre später entstand gleich daneben ein zylindrischer Steinbau mit einem drehbar gelagerten Windrad. Die alte Holzmühle wurde 1830 in eine kegelstumpfförmige Steinmühle umgebaut. Diese stellt bis heute die einzige noch betriebsfähige Windmühle in Österreich dar. @ shn343

Erlebniskeller, Hauptpl. 30, 2700 Gehen Sie auf Entdeckungsreise im unterirdischen, 20 km langen Labyrinth und lassen Sie sich von Mythen, Abenteuer und Geschichten verzaubern. Eine Besichtigung des größten, historischen Weinkellers Österreichs ist nur mit einem Kellerführer gestattet. @ mxm216

Rathaus, Hauptpl. Das Wahrzeichen der Stadt steht mitten auf dem weiträumigen Hauptplatz, einem der schönsten Marktplätze von Österreich. Der Bau war ursprünglich als Kirche konzipiert, wurde aber durch den Umschwung der Ratsherren zum Protestantismus und zum Rathaus umgewidmet.

Sgraffitohaus, Kremserstr. Das „bemalte Haus" wurde nach Art der italienischen Fassadenmalerei gestaltet. @ vyj623

Stadtmauernrundgang, 20010. Treffpunkt beim Tourismusverein. Der Rundgang ist ganzjährig möglich und wetterunabhängig.

Verderberhaus, Hauptpl. Italienische Baumeister schufen im 16. Jh. aus drei verschiedenen Bauwerken dieses Bürgerhaus im venezianischen Stil. @ kne351

Weinwanderweg, 20010. Auf dem 700 m langen Lehrpfad durch die Weingärten am Stadtrand wird mittels Tafeln, Figuren und Objekten die Geschichte und Entwicklung des Weinbaus veranschaulicht. Infos dazu beim Tourismusverein am Hauptplatz. @ joe641

Erlebnisbad-Parkbad, Wallstr. 13, 2476, @ syl232

Am Ende des 13. Jahrhunderts entstand als neuer Mittelpunkt der Grafschaft Hardegg die planmäßig angelegte Stadt mit großem zentralem Platz und rechteckigem Grundriss. Die bis heute gut erhaltenen mittelalterlichen Befestigungen wie die Stadtmauer mit Eckturm und die Stadttore im Norden und Süden lassen die ursprüngliche Stadtanlage deutlich erkennen. Durch die Verleihung verschiedener Privilegien wie das Niederlagsrecht und das Weinhandelsrecht erfolgte der Aufstieg von Retz zum wirtschaftlichen und kulturellen Mittelpunkt der

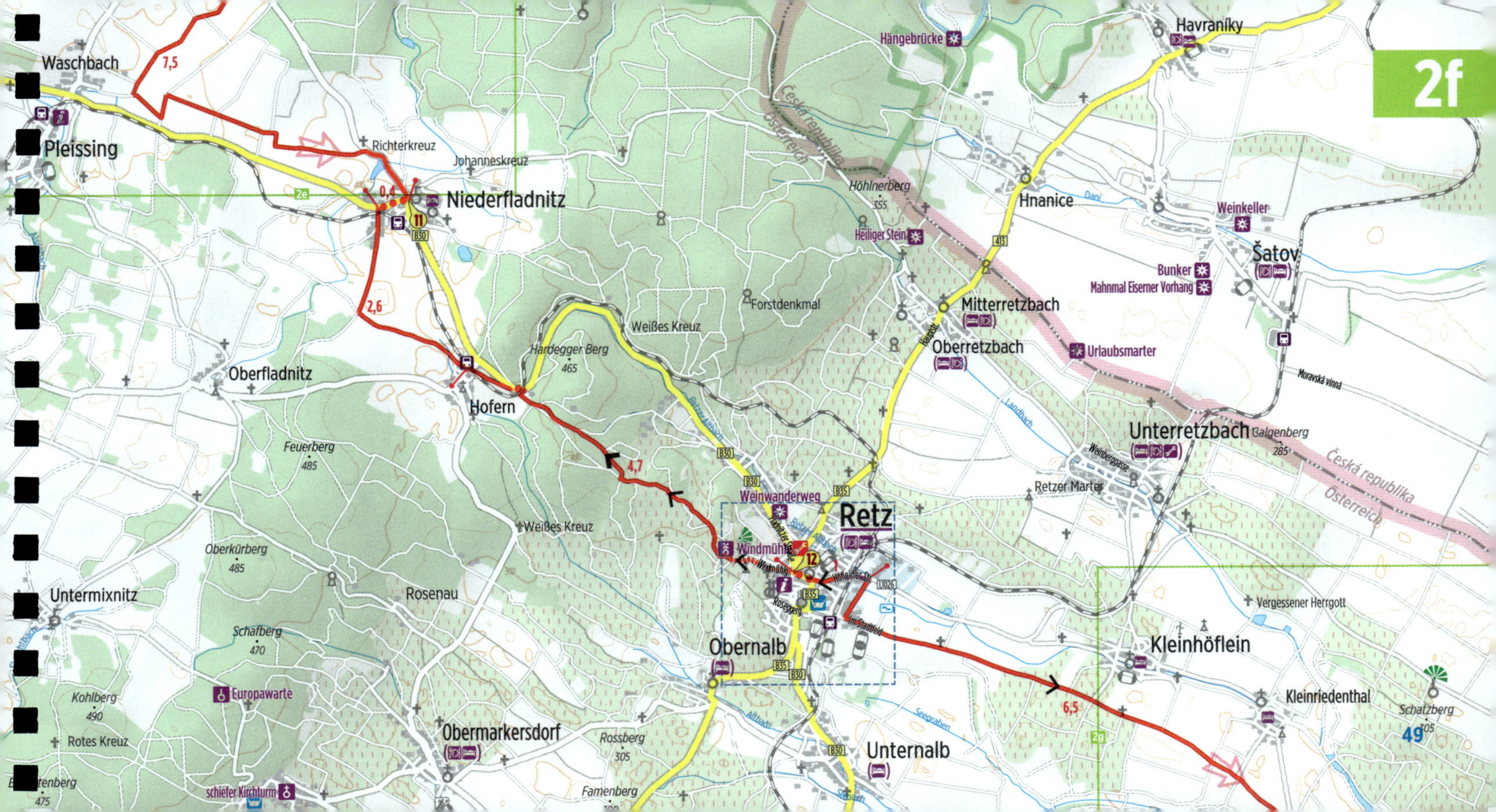
2f
Waschbach
Pleissing
Richterkreuz
Johanneskreuz
Niederfladnitz
Oberfladnitz
Hofern
Hardegger Berg
465
Weißes Kreuz
Forstdenkmal
Hängebrücke
Havraníky
Höhlnerberg
355
Heiliger Stein
Hnanice
Weinkeller
Šatov
Bunker
Mahnmal Eiserner Vorhang
Mitterretzbach
Oberretzbach
Urlaubsmarter
Moravská vinná
Unterretzbach
Galgenberg
285
Česká republika
Österreich
Retzer Marter
Feuerberg
485
Weinwanderweg
Retz
Windmühle
Obernalb
Oberkürberg
485
Untermixnitz
Rosenau
Schafberg
470
Kohlberg
490
Rotes Kreuz
Europawarte
Obermarkersdorf
Rossberg
305
Famenberg
schiefer Kirchturm
Unternalb
Vergessener Herrgott
Kleinhöflein
Kleinriedenthal
Schatzberg
305
49
Hafnerstraße
Höflein Str.
Im Stadtfeld
Rosegger
B30
B35
L1026
413
7,5
0,4
2,6
4,7
6,5
11
12
2e
2g

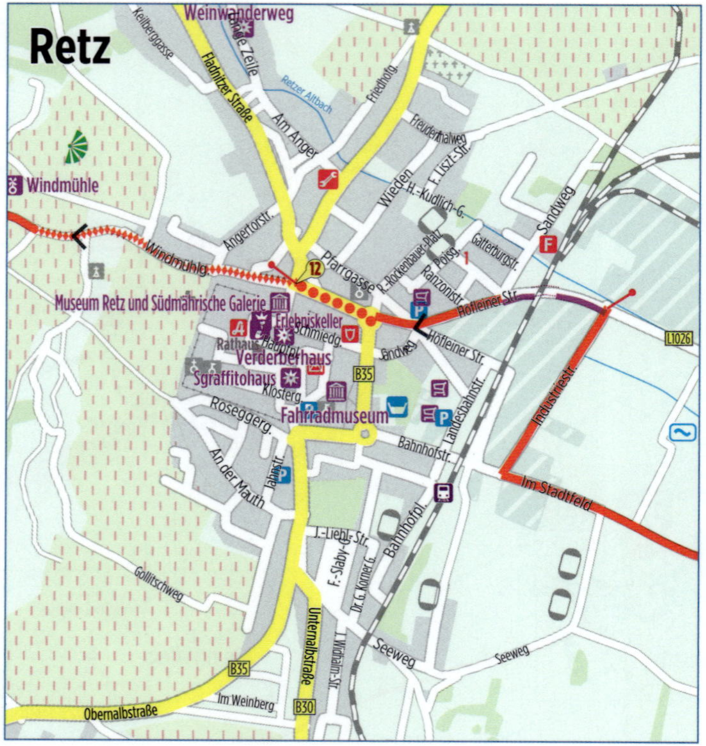

Retz

Region. Dies konnte auch die wahrscheinlich vollständige Zerstörung der Stadt, während der Hussitenkriege 1425, nicht verhindern. Glanzvoller Höhepunkt der Stadtgeschichte war das 16. Jahrhundert. Weinhandel und Weinbau führten zu einem bis heute unerreichten Wohlstand der Bürger. Die prächtigen Renaissancebauten am weiten Hauptplatz zeugen noch von der Blütezeit der Stadt. Die Wirren des Dreißigjährigen Krieges zogen auch die blühende Kleinstadt schwer in Mitleidenschaft. Erst der weiterhin auf dem privilegierten Weinhandel der Bürger basierende, mit der Barockisierung zahlreicher Bürgerhäuser und Sakralbauten einhergehende Aufschwung im 18. Jahrhundert, brachte den alten Glanz zurück.

Ragelsdorf (Pernersdorf)

Peigarten (Pernersdorf)

Vorwahl: 02944

Bienenmuseum, Nr. 122, ✆ 8561 Ⓒ Im Museum stehen 15-20 Objekte zur Ansicht. Ab Hof Verkauf von div. Honigprodukten. @ yta125

Hauptplatz Retz

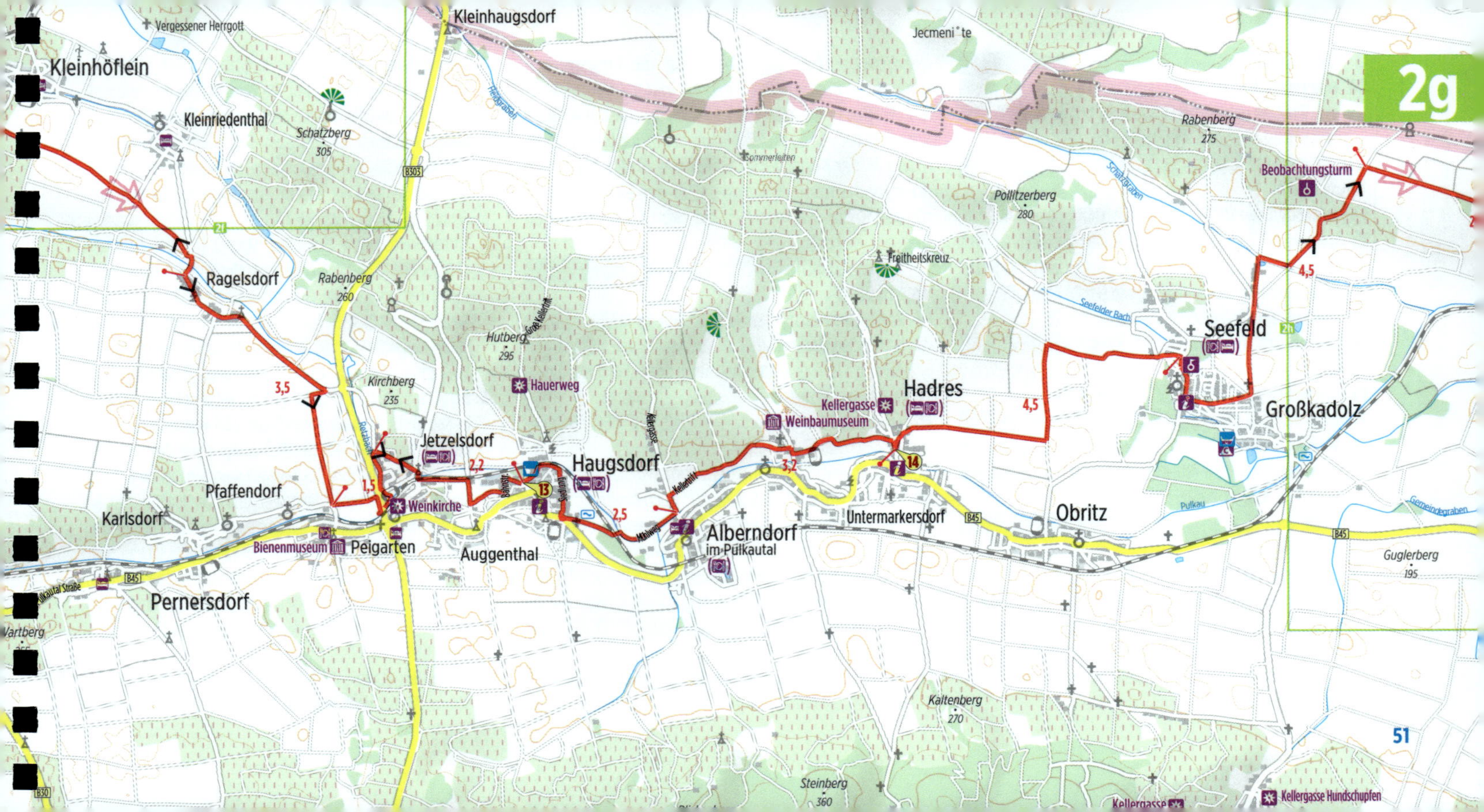

2g
Kleinhaugsdorf
Vergessener Herrgott
Kleinhöflein
Kleinriedenthal
Schatzberg
305
Jecmeni˚te
Rabenberg
275
Beobachtungsturm
Sommerleiten
Pollitzerberg
280
Freitheitskreuz
Ragelsdorf
Rabenberg
260
Hutberg
295
Hauerweg
Kirchberg
235
Seefeld
Hadres
Kellergasse
Weinbaumuseum
Großkadolz
Jetzelsdorf
Haugsdorf
Pfaffendorf
Weinkirche
Karlsdorf
Bienenmuseum
Peigarten
Auggenthal
Alberndorf
im Pulkautal
Untermarkersdorf
Obritz
Pernersdorf
Guglerberg
195
Kaltenberg
270
Steinberg
360
Kellergasse
Kellergasse Hundschupfen
3,5
1,5
2,2
2,5
3,2
4,5
4,5
13
14
B303
B45
B30
Seefelder Bach
Schatzgraben
Pulkau
Gemeindegraben

Jetzelsdorf (Haugsdorf)

Weinkirche. Aus der alten josephinischen Pfarrkirche wurde eine Vinothek gebaut. Dort können die besten Weine der Region verkostet werden. @ pgx623

13 Haugsdorf

Vorwahl: 02944

Pulkautal, Laaer Str. 12, ✆ 26066, @ jxf411

Hauerweg, ✆ 2218. Der ca. 1 km lange Rundwanderweg vermittelt Wissenswertes über Weinbau, Wasserhaushalt und Ökologie. Der Weg beginnt am Ende der Kellergasse „Große Kellertrifft".

Parkbad, Am Mühlgraben 4, ✆ 2502, @ fbp226

Alberndorf im Pulkautal

Vorwahl: 02944

Gemeindeamt, Hauptstr. 97, ✆ 2333, @ jjk744

Untermarkersdorf (Hadres)

Weinbaumuseum, ✆ 0660/5999113 Zu sehen gibt es unter anderem verschiedene Arbeitsgeräte für den Weinbau aus dem 19. und 20. Jh. @ sxb258

14 Hadres

Vorwahl: 02943

Marktgemeindeamt, Hadres 367, ✆ 2303, @ osg165

Kellergassenführung, ✆ 0664/5256597 Die Kellergasse in Hadres ist die längste „geschlossene" Kellergasse Europas. Bei der Besichtigung der Weinkeller und beim Verkosten regionaler Weinproben erfahren Sie Wissenswertes über das Örtchen im Pulkautal. @ pxr361

Die Besonderheit von Hadres ist die längste, geschlossene Kellergasse Europas. In der 1,6 Kilometer langen Gasse werden übers Jahr verschiedene Feste veranstaltet wie zum Beispiel der traditionelle Adventmarkt in der Kellergasse. In Hadres findet man auch noch eine andere Kellergasse, in der einige Szenen für den Krimi „Blumen für Polt" von Alfred Komarek gedreht wurden.

Seefeld-Großkadolz

Vorwahl: 02943

Marktgemeindeamt, Seefeld 39, ✆ 2201, @ liv375

Schloss Seefeld, Seefeld 39. Die dreigeschossige Anlage befindet sich auf einer kleinen Anhöhe in Seefeld und ist nur von außen zu besichtigen.

Freibad, Großkadolz 1, ✆ 2540, ✆ 0664/2422931, ✆ 0664/5388667, @ alu552

Der Ort hat etwa 1.000 Einwohner und wurde bereits 1108 als Markt erwähnt. Das Schloss ist noch heute im Besitz der Familie Hardegg. Seefeld-Kadolz wurde 1992 zum jugendfreundlichsten Ort Niederösterreichs gewählt.

15 Wulzeshofen (Laa an der Thaya)

Blaustaudenhof (Laa an der Thaya)

16 Laa an der Thaya

Vorwahl: 02522

Tourismus- und Innovationsverein Land um Laa, Stadtpl. 43, ✆ 250129, @ xed848

Biermuseum, Burgpl. 23, in der Burg Laa, ✆ 85142 Die Geschichte, die Zubereitung und die Vermarktung des beliebten Hopfentees sind die Themen des Museums. @ agj673

Kutschenmuseum, Bürgerspitalg. 4 Die Privatsammlung zeigt die vielfältigen Transportmittel der Adeligen, der Gewerbetreibenden und der Bauern vom Barock bis zur Moderne. @ otp774

Südmährermuseum Thayaland, Stadtpl. 17, Altes Rathaus, ✆ 0676/7536902 Volkskundliches Museum, das anhand von Exponaten aus dem täglichen Leben und dem Brauchtum die Geschichte der Deutsch-Südmährer dokumentiert. @ ygs418

Stadtpfarrkirche St. Vitus, Kirchenpl. Die spätromanische Basilika verfügt über eine barocke Ausstattung. @ eot111

Burg Laa, Burgpl. 22, ✆ 25010 Errichtet wurde der imposante Bau im 13. Jh. Nach einem Brand 1564 wurde beinahe die gesamte Stadt und Teile der Wehranlage sowie der Burg eingeäschert. Derzeit wird das Bauwerk renoviert. @ tuq677

Stadtplatz. Seine Größe diente einst militärischen Zwecken. Er sollte in Kriegszeiten der Versammlung von Heereseinheiten und von geflüchteter Bevölkerung des Umlandes dienen. Seit gut hundert Jahren wird er von dem eklektischen Neuen Rathaus beherrscht. Neben dessen prunksüchtiger Überladenheit wirkt das Alte Rathaus in Höhe der Prangersäule (1575) geradezu gemütlich.

Zwiebelfest, Stadtpl., ✆ 250191. Das 3-Tages-Fest findet alljährlich im August statt. Ganz im Zeichen der Zwiebel stehend,

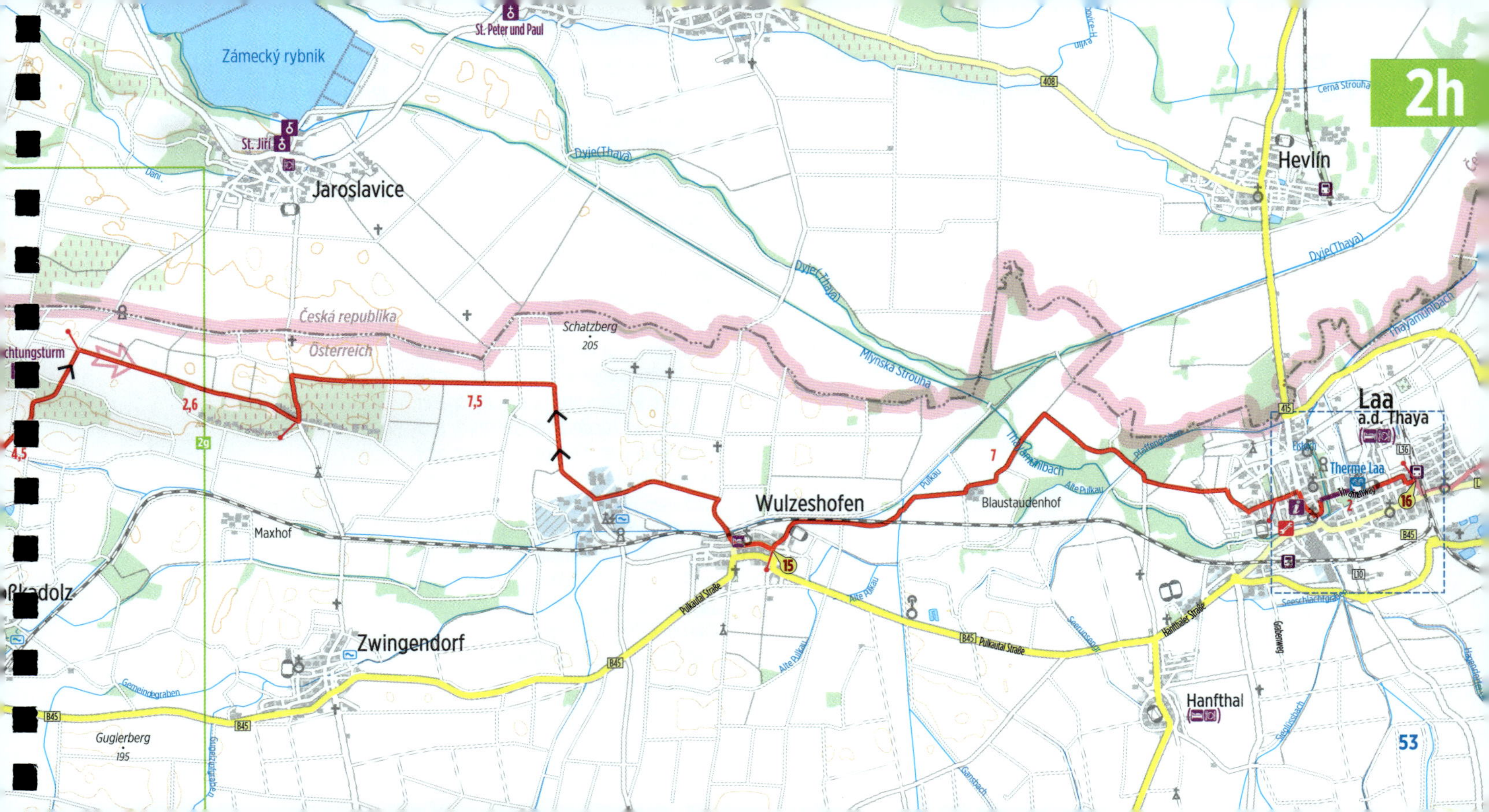
2h
Zámecký rybník
St. Peter und Paul
St. Jiří
Jaroslavice
Hevlín
Dyje(Thaya)
Česká republika
Österreich
Schatzberg
205
Mlýnská Strouha
2,6
7,5
7
4,5
2g
Maxhof
Wulzeshofen
Blaustaudenhof
15
16
Laa
a.d. Thaya
Therme Laa
Zwingendorf
Pulkautal Straße
B45
408
415
L36
L10
Hanfthaler Straße
Hanfthal
Guglerberg
195
Gemeindegraben
Seeschlachtgraben
Thayamühlbach
Alte Pulkau
Pulkau
Grabenweg
Seeringsgraben
Gansbach
Dani
Černá Strouha

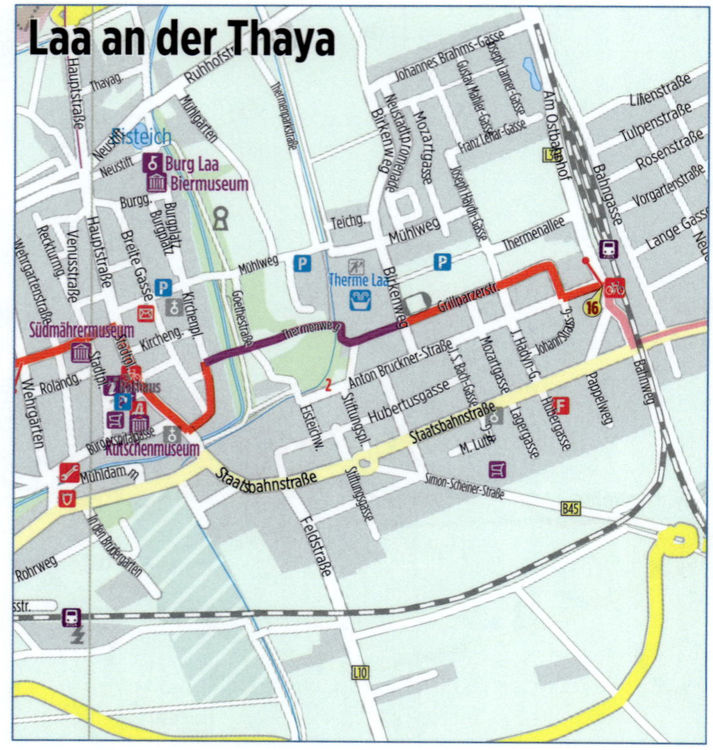

erwarten Sie diverse Kunstausstellungen, regionale Zwiebelschmankerl und ein einmaliges Unterhaltungsprogramm. @ pke732

Therme Laa, Thermenpl. 1, ✆ 84700570, @ jco555

Der Kirchenplatz stößt mit seiner Nordostecke an den spitzwinkligen Burgplatz, der einst den ganzen linksseitigen Häuserkomplex bis zur Breiten Gasse mit umfasste und ebenfalls zur Sammlung von Truppen angelegt war. Über ihn gelangt man zur Burg, die ursprünglich von Wasser umgeben und nur als letzte Zuflucht eingerichtet war. Erst später wurden der runde Butterfassturm und Wohngebäude hinzugefügt. Hier gibt es auch einen Doppelfriedhof, auf der südlichen Seite einen österreichischen, auf der nördlichen einen sowjetischen Friedhof mit etwa eintausend in den letzten Kriegstagen gefallenen Soldaten. Dort befindet sich auch das zentrale Denkmal. Die um 1230 mit militärischen Absichten gegründete Stadt wurde durch kriegerische Einwirkungen immer bedeutungsloser. Das verschlimmerte sich noch, als sie mit Gründung der Tschechoslowakei 1918 einen Großteil ihres Hinterlandes verlor. Seit der Grenzöffnung hat sich einiges geändert: Die Einwohnerzahl nimmt zu, die Besucherzahlen steigen, besonders seit der Eröffnung der Therme. Eine elektrifizierte Schnellbahn fährt nun direkt nach Wien – drei Jahrzehnte nach der Grenzöffnung aber noch immer nicht über die Grenze nach Tschechien.

Tour 3 Kamp-Thaya-March Radroute
Von Laa/Thaya nach Hainburg/Donau

145,2 km

HM/km: ↗ 2,7 (389m) ↘ 2,8 (409m) Radweg: 15 % Unbefestigt: 19 % Verkehr: 1 %

Das Gebiet im nordöstlichen Teil Österreichs kann zwar, oberflächlich betrachtet, mit vergleichsweise weniger Attraktionen aufwarten, dafür verströmt diese sanfte Landschaft ein spezielles, etwas melancholisches Flair. Sehr belebend hingegen wirken die zahlreichen Heurigenschenken und Kellergassen, in denen Sie gute österreichische Weine verkosten können. Sehr beschaulich ist die Fahrt durch die Marchauen, dabei radeln Sie an eindrucksvollen Schlössern, wie Schloss Hof und Schloss Niederweiden, vorbei – schauen, staunen und genießen.

Der Donaustrom beendet die Radreise durch das Wald- und Weinviertel. Ein besonderes Highlight ist der Ausflug nach Petronell-Carnuntum, denn hier ist die Römerzeit keine weit entfernte Vergangenheit. Mit der weltweit einzigartigen Rekonstruktion eines römisch-antiken Stadtviertels ist Carnuntum ein wahrer Besuchermagnet.

Charakteristik

Start: Laa an der Thaya

Ziel: Hainburg an der Donau

Wegbeschaffenheit: Die Route verläuft fast ausschließlich auf asphaltierten Wegen. Bei Hohenau und Schloßhof befinden sich kurze, unbefestigte Stücke.

Verkehr: Der Radweg verläuft meist auf ruhigen Straßen, mit etwas mehr Verkehr müssen Sie unter anderem in Hohenau, Dürnkrut und Marchegg rechnen.

Beschilderung: Kamp-Thaya-March-Radroute (8)

Steigungen: Die letzte Etappe des KTM ist anfangs hügelig und zum Ende hin flach.

Schwierigkeitsgrad: mittel

Anschlusstour(en): 2, 4, 5

An- und Abreise: Bhf Laa/Thaya, Bhf Hainburg/Donau

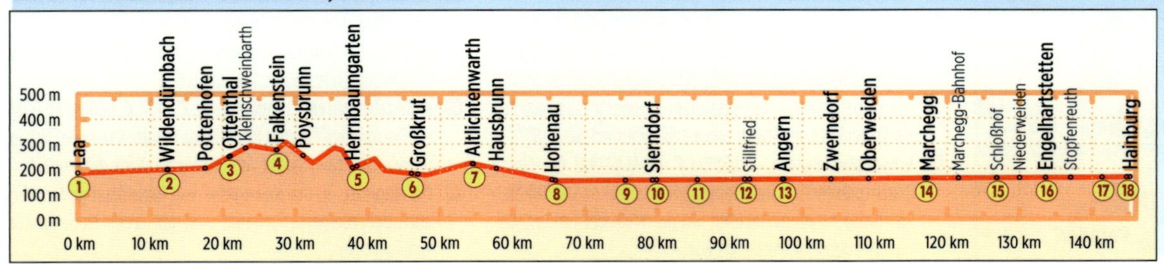

1 Laa an der Thaya s. S. 52

Neudorf bei Staatz

2 Wildendürnbach

Gemeindeamt, Wildendürnbach 95, 02523/8252, nnl271

Kellergasse Galgenberg, ca. 1 km außerhalb des Ortes, 02523/89147, 0676/4356329 Der Name leitet sich von einem Galgen ab, der 1828 auf dem 256 m hohen Berg stand. Heutzutage befinden sich hier rund 180 Presshäuser und etliche Weinkeller. 2013 wurde das einzigartige Ensemble am Galgenberg zur „Kellergasse des Jahres" gekürt. rhk343

Pottenhofen (Wildendürnbach)

3 Ottenthal

Gemeindeamt, Ottenthal 194, 02554/8181, mxq848

Kleinschweinbarth (Drasenhofen)

4 Falkenstein

Vorwahl: 02554

Marktgemeindeamt, Marktstr. 60, 85340, oth113

Burgruine Falkenstein, 85340, 0664/1713106 Neben der Burgruine aus dem 11. Jh., die auf einer weithin sichtbaren Kalkklippe steht, sind auch archäologische Ausgrabungen zu bestaunen. Bei der Burgruine befindet sich ein geologischer Informationspunkt, der über den Ernstbrunner Kalk informiert. fss837

Gmoakeller, Kellerg., 85539, 0664/2617992 Einige Bauern präsentieren ihre Weine und kulinarischen Spezialitäten im einstigen Gemeindekeller, wo der Wein der Gmoa (=Gemeinde) gepresst wurde. wfx576

Kellergasse „Oagossn", 85340 Die idyllische und sorgfältig renovierte Kellergasse in Falkenstein ist eine der längsten im Weinviertel. Hier findet alljährlich eines der schönsten Kellergassenfeste des niederösterreichischen Weinherbstes statt. qpa626

Weinwanderpark, 85340. Verschiedene Wege laden mit Weingartenhütten, Picknickplatz, Schaukeller in der Kellergasse und Weingartenlabyrinth zum Entdecken ein, Heurigengarnituren laden zum Verweilen ein. vug276

Poysbrunn (Poysdorf)

5 Herrnbaumgarten

Vorwahl: 02555

Marktgemeindeamt, Hauptstr. 50, 2200, mnf717

Nonseum, Poysbrunner Str., 2737, 0650/6667076 Das Nonseum zeigt Erfindungen, die zwar nicht alltagstauglich sind, dafür aber zum Schmunzeln einladen. vry488

Vermischte Warenhandlung und Küchenmuseum, Poysbrunner Str., neben dem Nonseum Besuchen Sie das erste österreichische Küchenmuseum und die Greißlerei Brüger mit eigens eingerichteten Museumsshop. lic664

Kellerlabyrinth am „Langen Berg", 2787, 00664/9956014 Die mehrere hundert Meter lange Vinothek befindet sich in unterirdisch miteinander verbundenen Kellern. mep774

Mariengrotte. In der Kellergasse von Herrnbaumgarten, die auch „Schindergasse" genannt wird, gibt es eine Mariengrotte zu besichtigen.

3a
Galgenberg
Kellergasse
Mitterhof
Wildendürnbach
Pottenhofen
Ottenthal
Langer Berg
260
Leopoldsberg
280
Schmalzberg
185
Lausberg
185
Česká republika
Österreich
Cerna Strouha
Dyje (Thaya)
Thayamühlbach
Ruhhof
Rothenseehof
Neuruppersdorf
Guttenbrunn
Freudentalkapelle
Dürrenberg
380
Kirchstetten
Laa
a.d. Thaya
Therme Laa
Neudorf
bei Staatz
Zlabern
Falkenstein
Ruine Falkenstein
Weinwanderpark
Kellergasse "Oagossn"
Gmoakeller
Galgenberg
425
Heidberg
420
Lourdesgrotte
Kottingneusiedl
57
3b
4,5
5
6,5
9
3,4
L23
L36
B45
B46
L10
415

Marchbrücke Hohenau

6 Großkrut

Gemeindeamt, Poysdorferstr. 3a, ✆ 02556/7200, @ kmm516

Harrersdorf (Großkrut)

Althöflein (Großkrut)

7 Altlichtenwarth

Vorwahl: 02533

Gemeindeamt, Florianig. 150, ✆ 801806, @ aon752

Kriegerdenkmal, Hutsaulberg. 1923 wurde die Hausberganlage zu einem Kriegerdenkmal mit Kapelle und Aussichtsturm ausgestaltet. Im Turm, der die Wirkung des mittelalterlichen Adelssitzes nachvollziehen lässt, befindet sich ein eigens errichteter Gedenkraum.

Hutsaulberg. Der Hausberg diente im Mittelalter aufgrund seiner Höhe (274 m) zur Verteidigung und eignete sich als guter Aussichtspunkt. Dem Volksglauben nach stand hier einst eine Säule, die von Wachposten umgeworfen wurde, wenn Gefahr drohte.

Kellerviertel. Das Kellerviertel zieht sich über 7 Etagen entlang des Silberberges und lädt zum Verweilen bei verschiedenen Heurigen ein.

Hausbrunn

Marktgemeindeamt, Hauptstr. 92, ✆ 02533/801320, @ nhr247

TIPP: Wenn Sie sich den Schotterweg ersparen möchten, können Sie der orangen Route folgen.

8 Hohenau an der March

Vorwahl: 02535

Regionalverband March-Thaya-Auen, Rathauspl. 1, ✆ 0660/3116153, @ tdk224

March-Thaya-Zentrum, Parkg. 1a, ✆ 0660/3116153. Die March-Thaya-Auen beheimaten eine große Anzahl gefährdeter und seltener Arten, die Ausstellung „Schau, die Au!“ bietet einen Einblick in

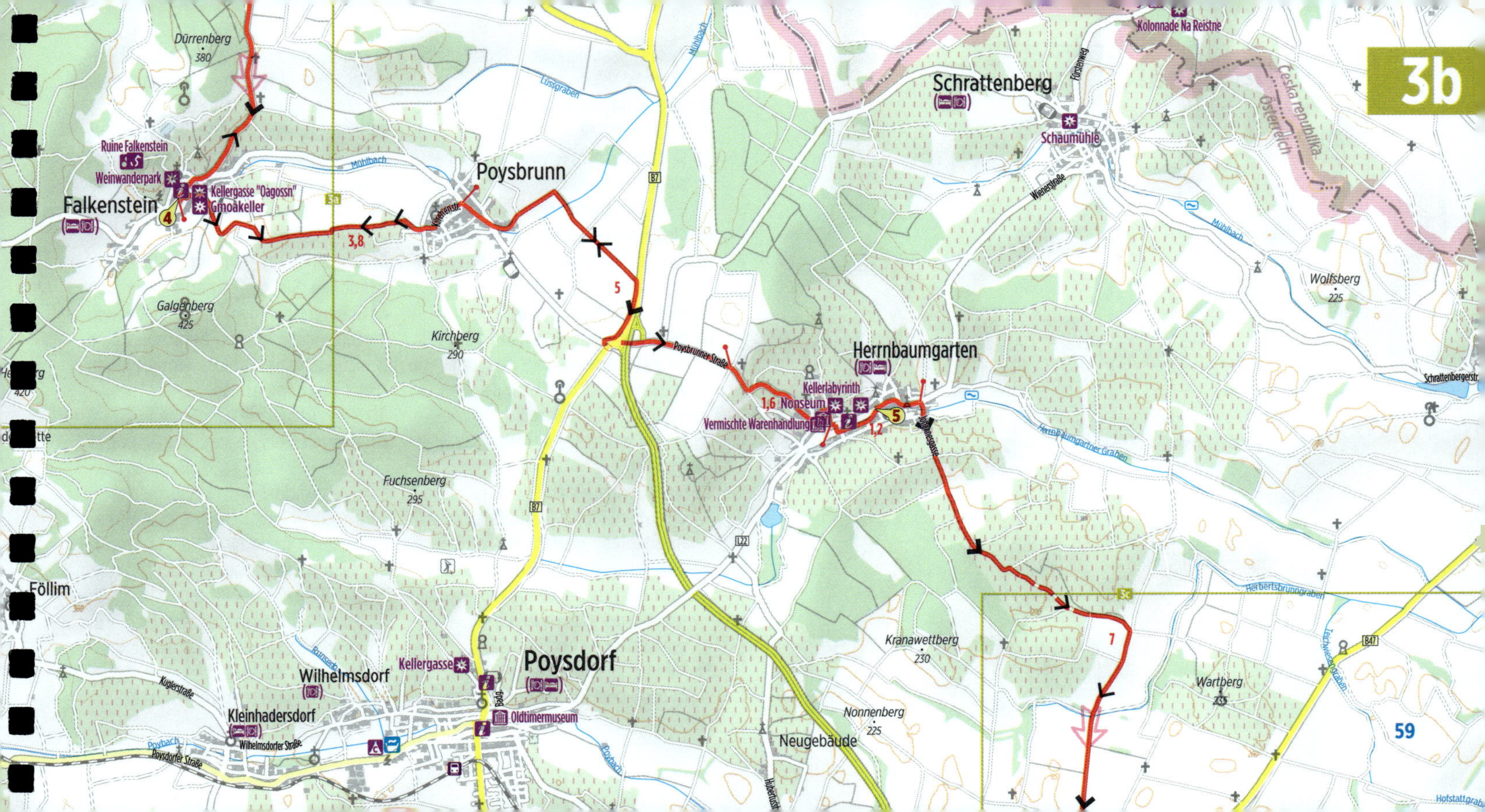

3b
Dürrenberg
380
Ruine Falkenstein
Weinwanderpark
Falkenstein
Kellergasse "Oagossn"
Gmoakeller
Galgenberg
425
Poysbrunn
3,8
5
Kirchberg
290
Fuchsenberg
295
Schrattenberg
Schaumühle
Kolonnade Na Reistne
Česká republika
Österreich
Wolfsberg
225
Herrnbaumgarten
Kellerlabyrinth
Nonseum
Vermischte Warenhandlung
1,6
1,2
Poysbrunner Straße
Wienerstraße
Mühlbach
Lussgraben
Herrnbaumgartner Graben
Schrattenbergerstr.
Föllim
Wilhelmsdorf
Kleinhadersdorf
Kuglerstraße
Wilhelmsdorfer Straße
Poysdorfer Straße
Poybach
Kellergasse
Poysdorf
Oldtimermuseum
Kranawettberg
230
Nonnenberg
225
Neugebäude
Wartberg
235
Herbertsbrunngraben
7
59
B7
L22
B47
5a
3c

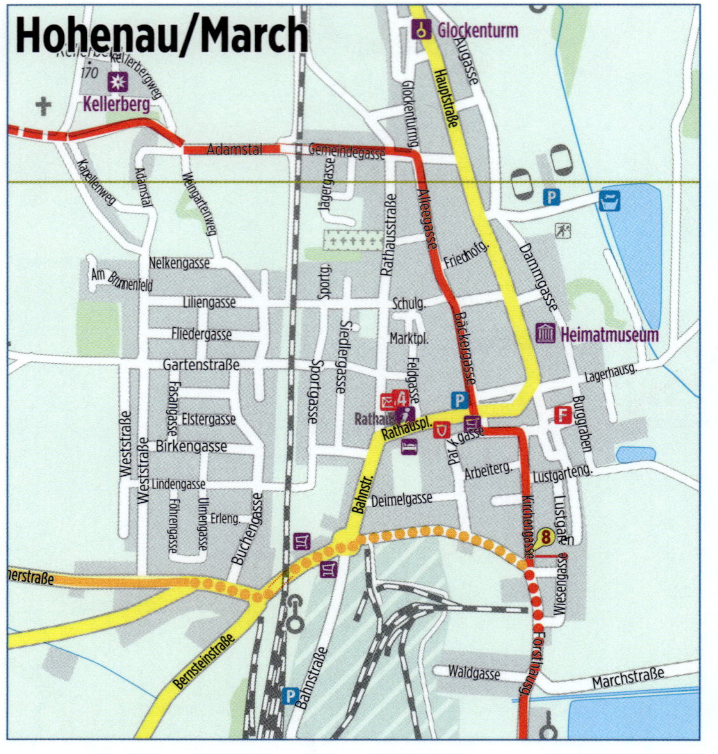

dieses faszinierende Feuchtgebiet. @ tbe841

Museum Hohenau an der March, Hauptstr. 12, ✆ 0677/62365061, April-Okt., Sa, So/Fei 14-17 Uhr und nach Vereinb. Themenschwerpunkte: Ortsgeschichte, Ausstellung über Oskar Sima, Eisenbahnexponate. @ bsw123

Glockenturm, Glockenturmg. Das Wahrzeichen des Ortes lässt mittels 13 Glocken über ein Schaltwerk das „Hohenauer Heimatlied" ertönen; täglich um 10, 12 und 15 Uhr.

Kellerberg, Kellerbergweg, ✆ 0664/3571201. Der urige Kellerberg bietet einen herrlichen Ausblick über die Weinrieden. Bei einer Führung (auch mit Traktorrundfahrt) können Sie bei den verschiedenen Heurigen gustieren. @ ncf185

vogel.schau.plätze, Forsthausg., ✆ 0664/9418881 24 Das 55 ha große, von Menschenhand geschaffene Absetzbecken Hohenau bietet über 230 Vogelarten Unterkunft. Beobachtungspunkte: Turm am Kühlteich, Versteck an den Anlandebecken, Beringungsstation. @ wgc234

Aubad, ✆ 2307. Die gepflegte Parkanlage und die ausgedehnte Liegewiese (6,7 ha) grenzen an die Einrichtungen des Freizeitareals: Tennisplätze, Streetballplatz, Beachvolleyballplatz u.v.m. @ lxk772

Flussabenteuer, ✆ 0699/13363361. Geführte Kanutouren in den March-Thaya Auen. @ imc554

9 Drösing

Marktgemeindeamt, Hauptstr. 8, ✆ 02536/7330, @ enf726

VARIANTE **10 Nach dem Bahnhof in Sierndorf können Sie die Variante über den Goldberg nehmen. Hier ist mit einem kurzen, steilen Anstieg zu rechnen. Eine Besichtigung des Schloss Jedenspeigen bietet sich demnach an.**

10 Sierndorf an der March

Heimatmuseum, Wagnerg. 21, ✆ 02536/8224, ✆ 0699/12539594 Dokumentation der urgeschichtlichen Sammlung (Funde von der Jungsteinzeit bis in die Neuzeit) sowie Wissenswertes zur Volkskultur des Ortes. @ opn653

Kellergassenführung, ✆ 0699/118951. Bei einer Führung mit Frau Rauscher erfahren Sie Interessantes zur Geschichte der March-Thaya-Auen Region und natürlich auch Informatives aus der Welt des Weines. Treffpunkt: jeden Freitag, 17 Uhr bei der Pfarrkirche.

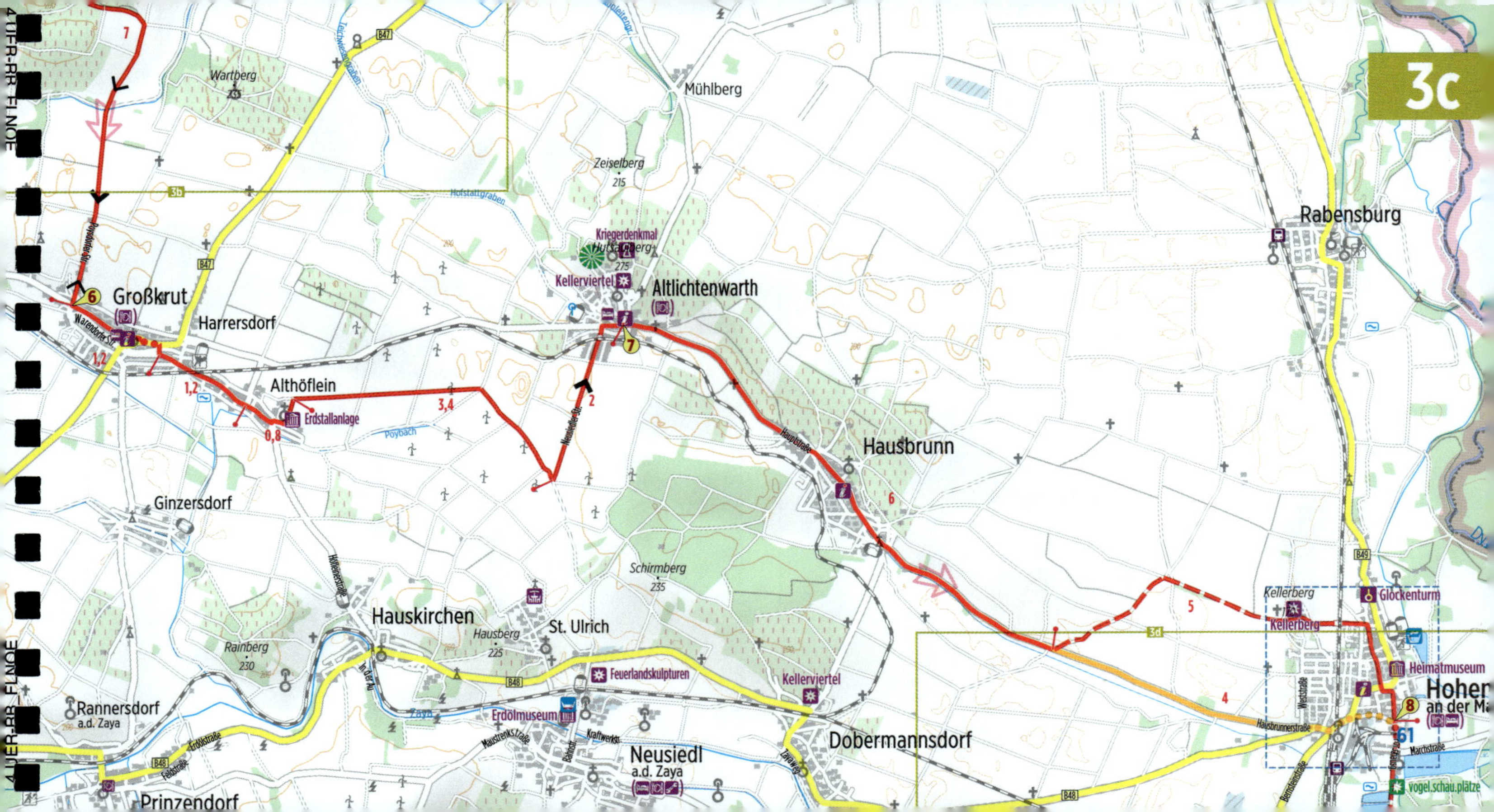
3c
Wartberg
Mühlberg
Zeiselberg
215
Kriegerdenkmal
Hutsaulberg
275
Kellerviertel
Altlichtenwarth
Rabensburg
Großkrut
Harrersdorf
Althöflein
Erdstallanlage
Poybach
Hausbrunn
Ginzersdorf
Schirmberg
235
Kellerberg
Glockenturm
Heimatmuseum
Hausbrunnerstraße
Hauskirchen
St. Ulrich
Hausberg
225
Rainberg
230
Feuerlandskulpturen
Kellerviertel
Erdölmuseum
Rannersdorf
a.d. Zaya
Neusiedl
a.d. Zaya
Dobermannsdorf
Prinzendorf
vogel.schau.plätze
B47
B48
B49
Hauptstraße
Neusiedler Str.
Warendorfer Str.
Poysdorfer Str.
Maustrenkstraße
Kraftwerkstr.
Erdölstraße
Feldstraße
Zayaweg
Marchstraße
Weststraße
Bernsteinstraße
Hofeinerstraße
Hofstattgraben
Teichwiesengraben
Zaya
3b
3d
1,2
0,8
3,4
2
6
5
4
7
8
61

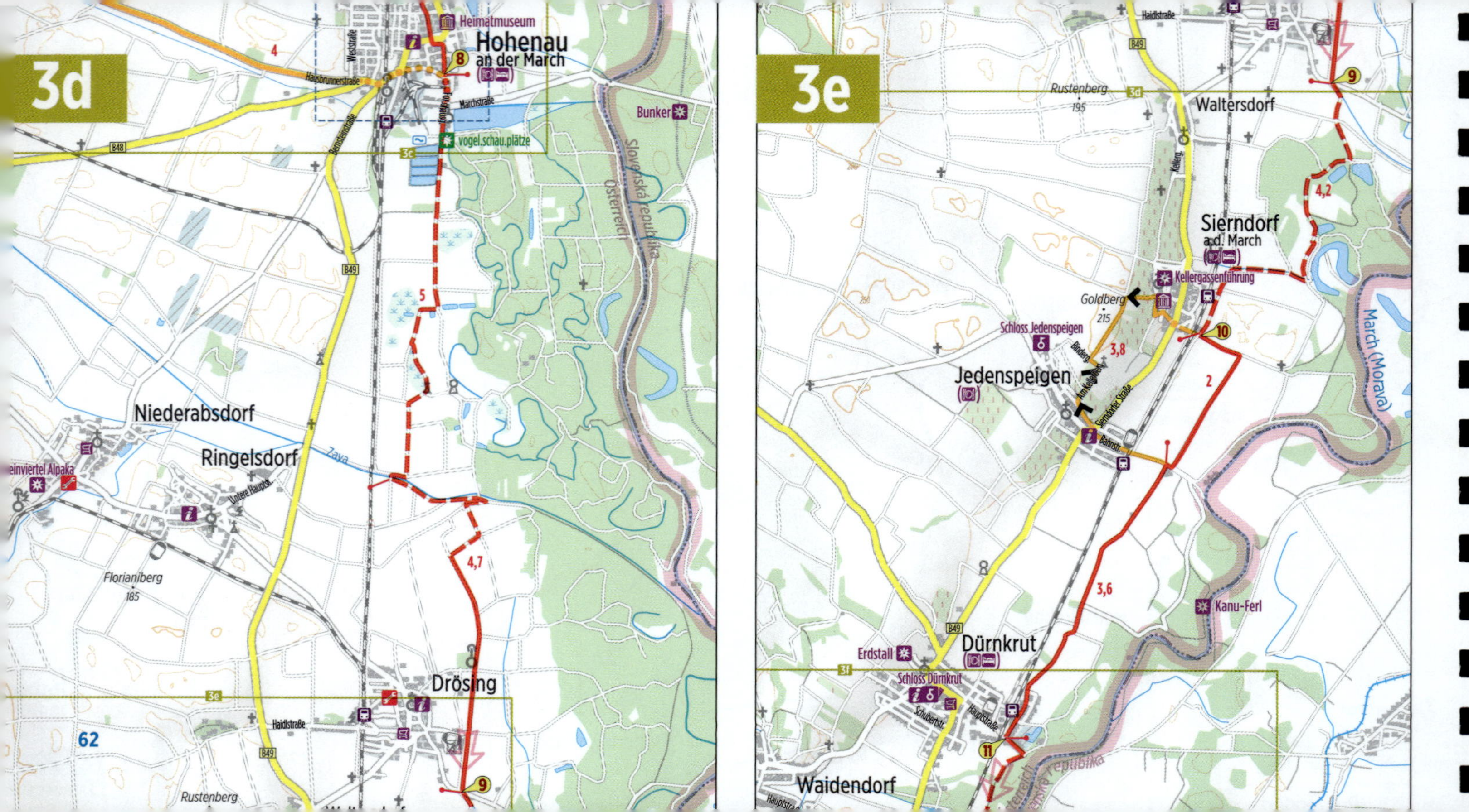
3d
Heimatmuseum
Hohenau
an der March
8
Bunker
vogel.schau.plätze
B48
3c
B49
5
4
Niederabsdorf
Ringelsdorf
Zaya
Weinviertel Alpaka
Untere Hauptstr.
Florianiberg
185
Slovenská republika
Österreich
4,7
Drösing
3e
Haidlstraße
62
Rustenberg
9
Marchstraße
Bahnstraße
Weststraße
Hausbrunnerstraße
Bernsteinstraße
3e
Haidlstraße
Rustenberg
195
3d
Waltersdorf
9
4,2
Kellerg.
Sierndorf
a.d. March
Kellergassenführung
Goldberg
215
Schloss Jedenspeigen
3,8
10
2
Bindergasse
Jedenspeigen
Am Kellerberg
Sierndorfer Straße
Bahnstr.
March (Morava)
3,6
Kanu-Ferl
Erdstall
B49
Dürnkrut
3f
Schloss Dürnkrut
Schubertstr.
Hauptstraße
11
Waidendorf
Hauptstraße
Slovenská republika
Österreich
280

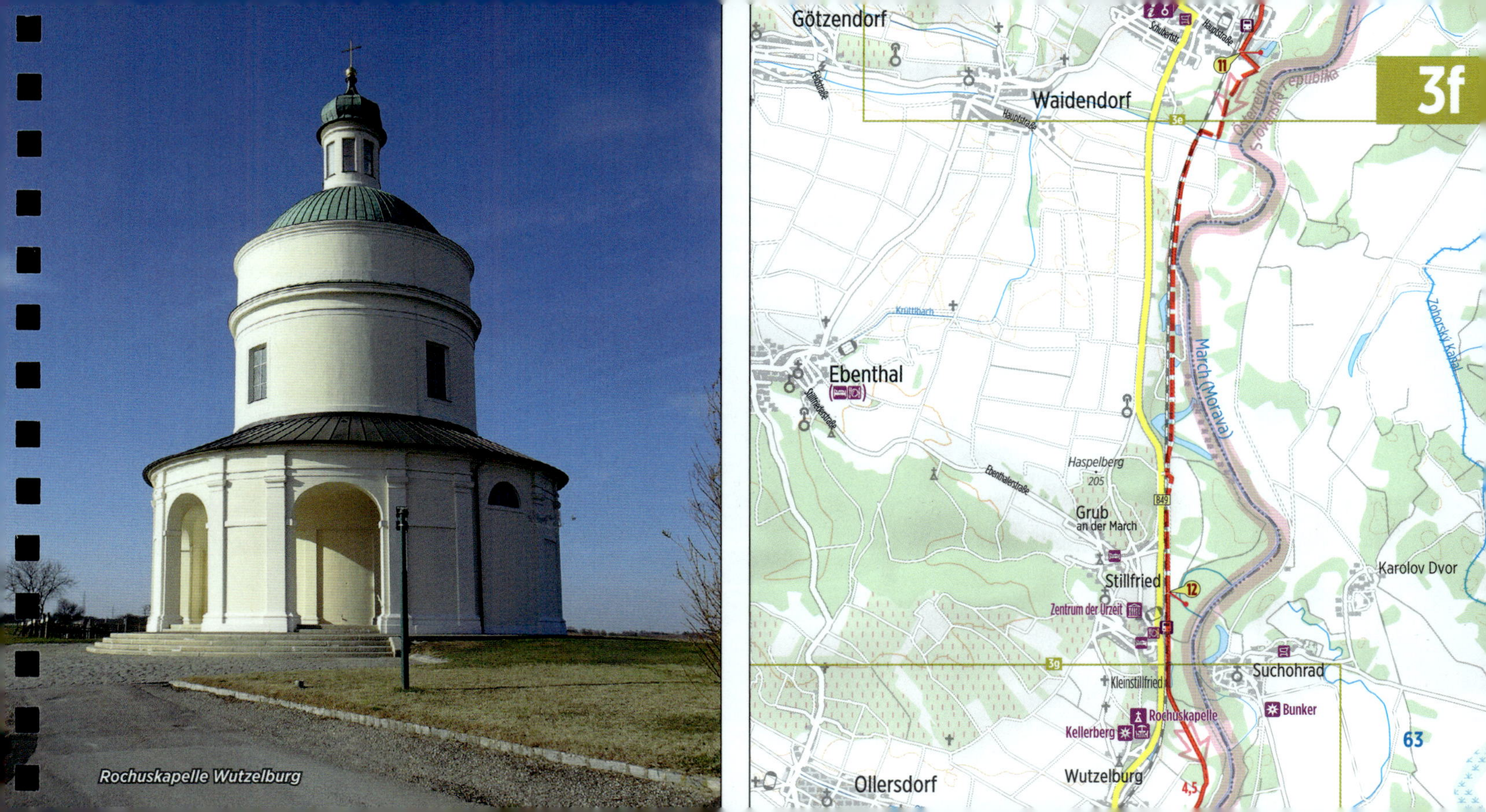

Rochuskapelle Wutzelburg

Jedenspeigen

Vorwahl: 02536

- **Marktgemeindeamt**, Bahnstr. 2, ✆ 8224, @ ify123
- **Schloss Jedenspeigen**, Schlosspl. 1, ✆ 8224 Der Renaissancebau aus dem 16. Jh. beschäftigt sich im Rahmen einer Dauerausstellung mit der Dokumentation „Schlacht bei Dürnkrut und Jedenspeigen 1278“. @ lem848
- **Kanuverleih Kanu-Ferl**, ✆ 02245/6293, ✆ 0699/12939869. Der Verleih befindet sich zwischen Dürnkrut und Jedenspeigen direkt an der March. @ mgk881

11 Dürnkrut

Vorwahl: 02538

- **Gemeindeamt**, Schlosspl. 1, ✆ 80562, @ ywc561
- **Schloss Dürnkrut**, Schlosspl., ✆ 80726 Das Schloss zeigt ein Diorama mit der nachgestellten Schlacht von Dürnkrut und Jedenspeigen im Jahre 1278. Anführer der Schlacht waren Rudolf von Habsburg und Ottokar von Böhmen. @ kwh365
- **Erdstall**, Kirchenberg 29, ✆ 0664/3933077 Bei Kellersanierungsarbeiten entdeckter Erdstall aus dem Mittelalter.

Grub an der March (Angern an der March)

12 Stillfried (Angern an der March)

- **Zentrum der Urzeit**, Hauptstr. 23, ✆ 0676/5498915, April-15. Nov., Mi, Sa, So/Fei 13.30-17.30 Uhr. Begeben Sie sich auf eine spannende Reise durch 30.000 Jahre Geschichte zurück in die Urzeit des Menschen. @ qld413

Wutzelburg (Mannersdorf an der March)

- **Rochuskapelle**, Rochusberg. Auf dem weithin sichtbaren Platz kann man sich von der italienischen Renaissance-Architektur verzaubern lassen. Die Kapelle wurde aus Dankbarkeit von

Schloss Hof

Freiherr Rudolf von Teuffenbach, weil seine Soldaten großteils von der Pest verschont blieben, errichtet.

Kellerberg, Rochusberg/zum Kellerberg. Die Kellergassen nahe der Rochuskapelle laden zum Verweilen und Gustieren ein.

Mannersdorf an der March

13 Angern an der March

Vorwahl: 02283

Marktgemeindeamt, Bahnstr. 5, 2241, pnr755

Fähre Angern-Záhorská Ves, Zollamtsstr. 2261, beim ehem. Zollamt Die Fähre bietet die Möglichkeit zwischen der slowakischen und österreichischen Seite zu wechseln. Kein Betrieb bei Hochwasser. Fahrradmitnahme möglich. bqj856

Zur Kreuzauffindung, Kircheng. Im Inneren der Kirche von 1958 befindet sich ein barockes Kruzifix (17. Jh.) aus der ehemaligen Schlosskapelle.

Die Gemeinde mit 3.000 Einwohnern wurde 1260 erstmals urkundlich erwähnt und bekam 1465 und 1819 das Marktrecht, das 1970 neu verliehen wurde. Das örtliche Schloss wurde 1945 zerstört und später abgetragen. Ein kleiner Teil der Mauer steht noch als Erinnerung.

Der Grenzfluss March trennt die Ortschaft von der Slowakei. Früher verband eine Brücke die beiden Länder und seit einigen Jahren gibt es eine Fähre, die jedoch im Falle von Hochwasser gesperrt werden muss.

Zwerndorf

Oberweiden (Weiden an der March)

14 Marchegg

Vorwahl: 02285

Stadtgemeindeamt, Hauptpl. 30, 710019, iig554

Heimatmuseum, Schlosspark, 0677/61825015 Besucher entdecken das Flair eines ländlichen Kleinbürgerhauses, die Marchegger Landwirtschaft, die Industrie vergangener Zeit und die dokumentierte Entwicklung der Stadt. cib614

Stadtpfarrkirche, Kirchenpl., 6566. Der Langchor der Kirche zählt zu den schönsten österreichischen Bauwerken der Frühgotik. esj556

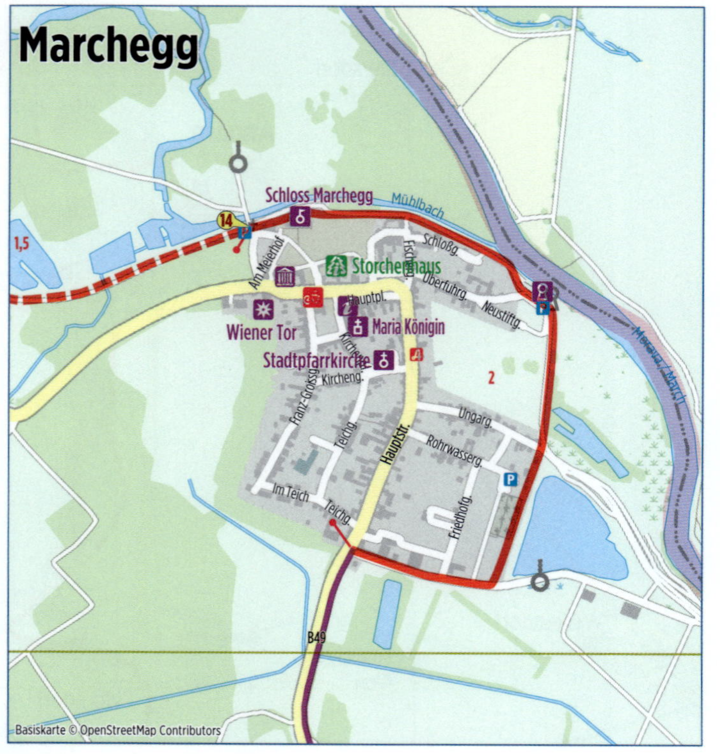

Maria Königin, Hauptpl. 26, ✆ 7360. Das Kloster wurde 1994 von der St. Johannes Gemeinschaft gegründet und 2001 ausgebaut.

Schloss Marchegg, Im Schloß 1, ⌚ Keine Ausstellungen und Führungen bis 2022!. Das Schloss wurde ursprünglich von König Ottokar II. von Böhmen als Stadtburg errichtet und wird jeweils Ende März von 70 bis 100 Störchen besucht, um hier zu brüten und Jungtiere aufzuziehen. @ ouu735

Zollwachedenkmal, Neustiftg., an der March. Anlässlich des 125-jährigen Bestehens der österreichischen Zollwache wurde 1995 zur Erinnerung an die Opfer des Zollwachekorps der Gedenkstein umgestaltet.

Wiener Tor, Wienerstr. 11. Das gut erhaltene Stadttor aus dem Mittelalter stellt auch heute noch eine imposante Einfahrt in die Stadt dar.

Storchenhaus, Schlosspark, im ehem. Pförtnerhaus, ✆ 0681/81644656 Im Infozentrum für Naturtourismus und Gebietsbetreuung erleben Sie die einzigartige Natur der March-Thaya-Auen. Ende August machen sich die Störche auf die 20.000 km lange Reise nach Südafrika. Dort verbringen Sie den Winter und kehren im Frühjahr nach Marchegg zurück. @ puf757

Marchegg Bahnhof (Marchegg)

15 Schloßhof (Engelhartstetten)

Vorwahl: 02285

Schloss Hof, Schlosshof 1, ✆ 20000 Das 50 ha große Schloss ist von besonderer kulturhistorischer Bedeutung. Es wurde als Jagd- und Landsitz für den Feldherrn Prinz Eugen von Savoyen erbaut. Maria Theresia ließ Schloss Hof zur größten Landschlossanlage der Habsburger-Monarchie ausbauen. Die sehenswerten, prunkvoll ausgestatteten Räumlichkeiten bieten Einblick in die damalige imperiale Welt. Die Anlage besteht aus dem Schloss, dem Barockgarten und dem Gutshof. @ xcj331

Gutshof, Schlosshof 1, ✆ 20000 Der Gutshof ist Schauplatz zahlreicher Themengärten und bietet Unterschlupf für selten gewordene Haustierrassen altösterreichischer Herkunft. Im 18. Jh. diente er zur Versorgung der Reit- und Nutztiere und der handwerklichen Instandhaltung. @ sqy611

Schlosspark, Schlosshof 1, ✆ 20000 Das Gartenparadies wurde nach französischem

Vorbild errichtet und zählt zu einem der bedeutendsten Gärten des deutschsprachigen Raums. Der Barockgarten erstreckt sich auf sieben zur March hin absteigenden Terrassen. @ ipq435

Die Gemächer im 1726 von Lukas von Hildebrandt errichteten Schlossgebäude beherbergen kostbare Möbel und Kunstgegenstände, die zum größten Teil eigens für Schloss Hof geschaffen wurden. Besonderen kulturhistorischen Wert besitzt das aus fünf Zimmern bestehende Appartement Maria Theresias. Ebenfalls höchst sehenswert sind die ganz in Weiß und Gold gehaltene Sala Terrena, der früh-klassizistische Festsaal und die zweigeschossige, kuppelüberspannte Kapelle.

Niederweiden (Engelhartstetten)

Schloss Niederweiden, Niederweiden 1, ✆ 02285/20000 7d Im Jahr 1725 von Prinz Eugen erworben, nahm Maria Theresias Hofarchitekt Nikolaus Pacassi 30 Jahre später tiefgreifende Veränderungen am Schloss vor (1773-1775). Sehenswertes: Kaiserappartement, Prinz Eugen Ausstellung, zweigeschossige Kapelle, Maria Theresia Appartement und das Bindeglied zwischen dem Schloss und der Natur des Gartens, die Sala terrena. @ dgr453

16 Engelhartstetten

TIPP

16 Wenn Sie hier rechts abbiegen können Sie einen Abstecher nach Loimersdorf machen.

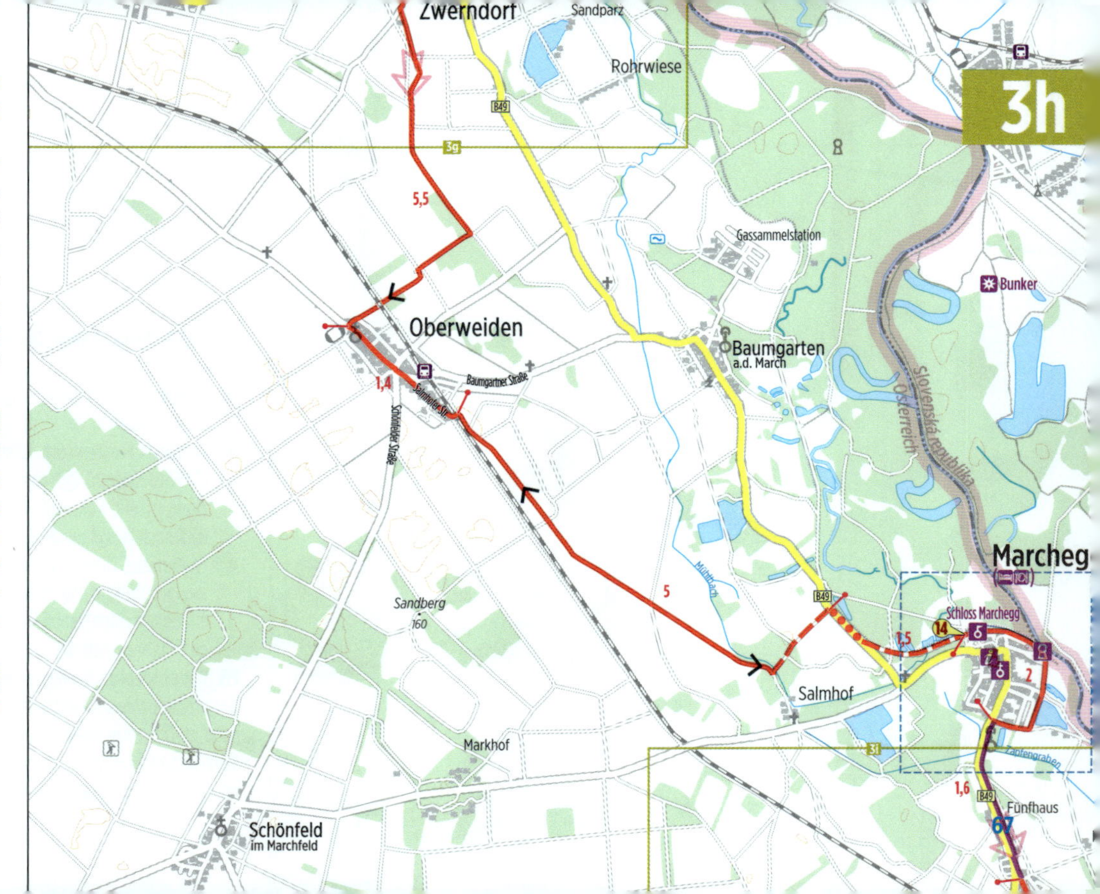

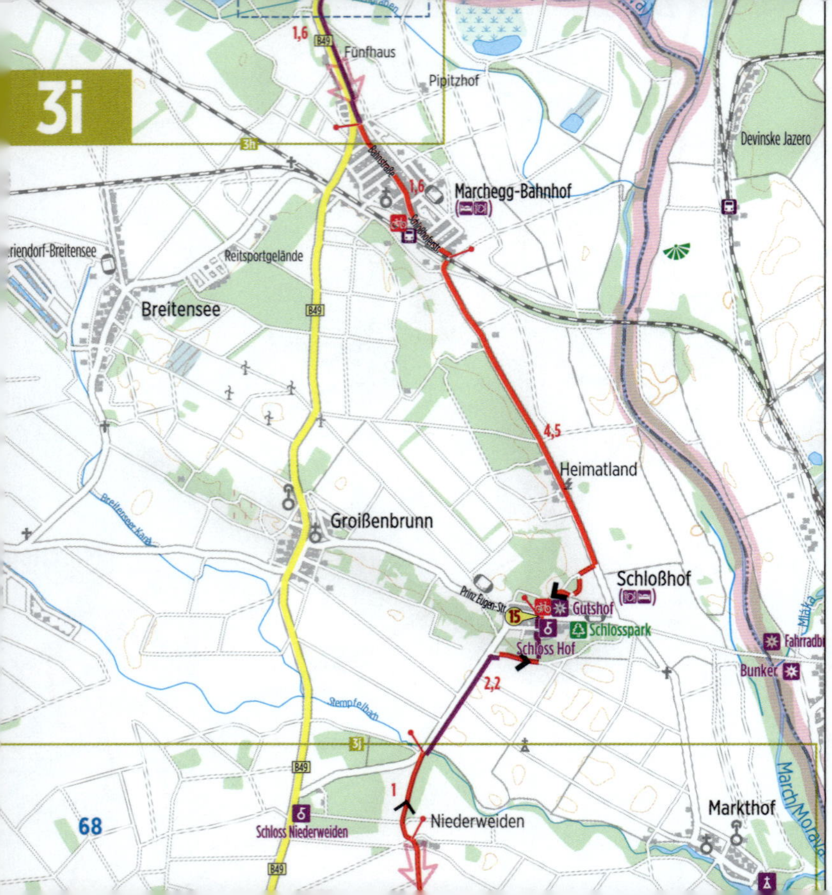

Loimersdorf (Engelhartstetten)

Vorwahl: 02214

Pollaschak-Haus, In der Hute 2, ☎ 20133, ☎ 0664/2856973 (7d) In dem 1768 erstmals erwähnten Haus werden alte bäuerliche Möbel, Gebrauchsgegenstände, Werkzeug sowie Exponate rund ums Bier gezeigt. Zusätzlich gibt es einen Schaugarten mit Pflanzenraritäten. @ lxy111

Stopfenreuth (Engelhartstetten)

Vorwahl: 02214

Pranger. Am Dorfanger mit Kugel und Schließeisen aus dem 16. Jh.

Forsthaus Stopfenreuth, Uferstr. 1, ☎ 2232, ☎ 0650/2600000 (7d) Auen-Informations-Zentrum mit Heurigen, Kanuverleih und Radinfostelle. @ mwd623

Auterrasse, Uferstr., ☎ 02212/3555 (24) Die zweigeschossige Plattform an der Donau ermöglicht einen Fernblick auf die umliegende Flusslandschaft. @ sgm172

Naturbadeplatz, bei der Auterrasse

Stopfenreuth und Bad Deutsch-Altenburg sind durch eine mächtige Spannbrücke verbunden. Von dieser Donaubrücke kann man den Schauplatz der Besetzung der Au durch Umweltschützer 1984 sehen. Der Protest verhinderte schließlich doch den Bau des Donaukraftwerkes Hainburg. Die Spuren der begonnenen Schlägerungsarbeiten sind noch deutlich zu erkennen.

AUSFLUG **17** Nachdem die Brücke überquert wurde, bietet sich die Gelegenheit das einzigartige Römerland nahe der Donau zu entdecken.

Ausflug ins Römerland nach Petronell-Carnuntum 7,6 km

Bad Deutsch-Altenburg

Vorwahl: 02165

Marktgemeinde, Erhardg. 2, ☎ 62900, @ vig212

Carnuntinum, Badg. 40-46, ☎ 33770 (7d) Das Museum wurde 1904 von Kaiser Franz Joseph I. eröffnet. Es zeigt einen großen Teil der Landessammlungen Niederösterreich zum antiken Carnuntum. @ kcu415

Marienkirche, Kirchenberg 3, ☎ 62243. Einer der ältesten Sakralbauten Niederösterreichs liegt auf einer Anhöhe im Ort. Der Baukern ist frühromanisch, die Pfeilerbasilika stammt vermutlich aus 1.000 n. Chr. Später wurde die

Kirche romanisch erweitert. Im 14. Jh. wurden ein eigenwilliger Turm und ein gotischer Chor zugebaut. Sehenswert sind die reichverzierten Maßwerkfenster und der Karner. @ ytc166

Amphitheater, Wienerstr. 52, ✆ 02163/33770 ⑦ Das Amphitheater der Militärstadt wurde im 2. Jh. n. Chr., auf den Zuschauerrängen fanden insgesamt rund 8.000 Menschen Platz. @ bof238

Bad Deutsch-Altenburg ist ein modernst ausgestatteter Kurort mit der stärksten Jod-Schwefelquelle Österreichs. Der Ort liegt im pannonischen Raum und zählt zu den sonnenreichsten Gebieten Österreichs. An derselben Stelle hatten schon vor 2.000 Jahren die Römer Carnuntums ihre Thermenanlagen erbaut.

Petronell-Carnuntum

Vorwahl: 02163

Donau Niederösterreich Tourismus, Hauptstr. 3, ✆ 355510, @ wyc452

Gemeindeamt, Kirchenpl. 1, ✆ 2228, @ smg466

Museum Auxiliarkastell, Hauptstr. 78, ✆ 0664/73674493 od. 0650/8901010 Thema: Begräbnisformen, Grabbeigaben sowie eine unterirdische Wasserleitung; Sonderausstellungen. @ tcn872

Schloss Petronell, Schlossallee 1, ✆ 0664/88337904. Ursprünglich ein Wasserschloss aus dem 11. Jh., erhielt es seine heutige Gestalt im 17. Jh. von dem bekannten Barockmeister Dominico Carlone. Das Schloss ist nur zu Veranstaltungen geöffnet. @ xdj848

Heidentor, ca. 1,5 km südl. des röm. Stadtviertels, ✆ 33770 ㉔ Das Heidentor wurde vermutlich unter Kaiser Constantin als Triumphbogen errichtet. @ ooi512

Römerstadt Carnuntum, Hauptstr. 1A, ✆ 33770 ⑦ Carnuntum war vom 1. bis 4. Jh. n. Chr. eine bedeutende römische Weltstadt an der Grenze des Römischen Reichs mit rund 50.000 Einwohnern. Der Park ist die größte archäologische Landschaft Österreichs, er ist in drei Kernzonen aufgeteilt: der Museumsbezirk, das Legionslager und die Zivilstadt. @ ykb457

Trainingsarena der Gladiatorenschule, ca. 800 m von der Zivilstadt entfernt ⑦ Die Baustrukturen sind vergleichbar mit der Schule Ludus Magnus von Rom. @ iui586

Petronell-Carnuntum, Heidentor

Als hätten die Bewohner Carnuntum gerade erst verlassen – so sehen das Bürgerhaus, die Stadtvilla und die Thermenanlage des Achäologischen Parks aus. Die Gebäude sind nachgebaut, geben aber einen erstaunlichen Einblick in den Alltag der Römer. Fußbodenheizungen verströmen wohlige Wärme und in der Küche duftet es nach Kräutern. Obwohl die Römer die sichtbarsten Spuren in Carnuntum hinterließen, reichen die Ursprünge der römischen Provinzhauptstadt noch weiter zurück. Schon zur Zeit der Illyrer und Kelten entstand hier am Kreuzungspunkt zweier uralter Handelswege, dem Wasserweg auf der Donau von West nach Ost und der Bernsteinstraße, die die Ostsee mit dem Mittelmeer verband, eine Siedlung, die den Namen Carnuntum (Stadt am Stein) trug. Unter Kaiser Tiberius wurde Carnuntum der Provinz Pannonien eingegliedert und erlebte durch die strategische Bedeutung des Lagers einen großen Aufschwung.

Der Einfall der Markomannen im Jahr 171 n. Chr. zerstörte die blühende Stadt, die jedoch unter Marc Aurel zurückerobert und wieder aufgebaut wurde. Als Rom Carnuntum den Hunnen überließ, ging die Stadt im Dunkel der Völkerwanderungszeit unter. Den Hunnen folgten die Ostgoten, die Langobarden und die Awaren. Wie die Stadt dann endgültig zu einem Ruinenfeld wurde, hat kein Berichterstatter festgehalten. Vielleicht, weil der Feind vom anderen Ufer niemanden überleben ließ. In einem Backofen hat man noch halbfertige Brote gefunden, als ob die Römer nicht einmal Zeit gehabt hätten, das Brot vom Feuer zu nehmen.

Was die Germanen nicht zerstörten und was sich dem natürlichen Verfall widersetzte, wurde von den Menschen demontiert. Wie durch ein Wunder blieben die beiden wuchtigen Pfeiler des Heidentores erhalten. Zahlreiche Forschungen zeigen, dass das wohl bekannteste römische Baudenkmal in Österreich kein Tor und auch nicht heidnisch war. Durch Befunde wurde eindeutig belegt, dass es sich hierbei um einen Pfeilerbau mit vier Durchgängen handelt, welcher zirka 354-361 n. Chr. als Triumphalmonumet für Kaiser Constantius II. errichtet wurde. Zu dieser Zeit war das Christentum bereits seit Jahrzehnten anerkannt und erlangte zudem verstärkte Bedeutung im gesamten römischen Reich.

17 Hainburg a.d. Donau

Vorwahl: 02165

- **Gästeinformation**, Ungarstr. 3, ✆ 62111400, @ oxu624
- **Gemeindeamt**, Hauptpl. 23, ✆ 621110, @ tcc614
- **Stadtmuseum Wienertor**, Hauptpl. 23, ✆ 0664/2261630 Themen sind die Stadt- und Urgeschichte, sowie die Tabakgeschichte von Hainburg. @ jwd476
- **Heimoburg**, Schlossbergstr., ✆ 62111400 Hier finden alljährlich die Burgspiele statt. Drei Fußwege führen zur Festung hinauf, Ausgangspunkt ist der Parkplatz beim Sportplatz. Der

Hainburg a. d. Donau

schweißtreibende Aufstieg lohnt mit einer atemberaubenden Aussicht! @ dca114

- **Wienertor**, Wienerstr. Das Tor ist ein Teil der Stadtbefestigung und wurde im 13. Jh. erbaut und wird als eines der künstlerisch bedeutendsten Stadttore Mitteleuropas erwähnt.
- **Altstadt**. Mit zahlreichen historischen Bürgerhäusern, Stadtmauern und Befestigungsanlagen aus dem 13. Jh. ist ein Rundgang durch die Altstadt empfehlenswert. Die Festungsanlage stammt aus dem 11. Jh.
- **Bergbad**, Braunsberger Str., ✆ 62111577, @ mfm775

Umgeben von waldigen Kuppen inmitten des Nationalparks Donauauen liegt die Mittelalterstadt Hainburg an der Donau. Die drei Stadttore und 15 Stadttürme aus dem 13. Jahrhundert lassen erkennen, dass die Stadt einst der wichtigste östliche Vorposten des „Heiligen Römischen Reiches Deutscher Nation" war. Davon zeugt auch die erste urkundliche Erwähnung aus dem Jahre 1042.

Hier windet sich die Donau zwischen dem Braunsberg am österreichischen Ufer, wo bei Ausgrabungen eine Keltensiedlung aus dem 2. Jahrhundert v. Chr. mit Wall, Palisade und Wachtürmen gefunden wurde, und dem Thebener Kogel über der Marchmündung am slowakischen Ufer hindurch. Bis 1918 hätte man Oberungarn schreiben müssen. Erst mit dem Ende des Ersten Weltkriegs verschoben sich die Grenzen und Bratislava wurde von der ungarischen Krönungsstadt zur slowakischen Hauptstadt. Aber Hainburg verlässt man gegen Osten noch immer durch das im Jahr 1260 erbaute Ungartor. Dass früher Tore errichtet wurden, damit niemand sie durchbreche und durchschreite, wird beim Anblick des über 31 Meter hohen Wienertores deutlich. Es wurde 1270 mit einem Teil des Lösegeldes für König Richard Löwenherz, das insgesamt 100.000 Kölner Mark (ca. 23.000 kg Silber) betrug, finanziert und gilt als eines der schönsten aus dieser Zeit. Oben auf dem Schlossberg sind die Ruinen der weitläufigen Burganlage zu sehen, die so betagt ist, dass sie schon im Nibelungenlied als „alt“ bezeichnet wurde.

Obwohl die Stadtmauern von Hainburg mehrmals von Feinden bestürmt wurden, sind die Befestigungen fast vollständig erhalten. Sie erstrecken sich von der Burg bis zur Donau. Das schmale Blutgässchen vor dem Fischertor, das sich zur Donau hin öffnet, erweckt grausige Erinnerungen an Hainburgs dunkelste Stunden.

Als die Türken am 12. Juli 1683 zum zweiten Mal versuchten bis Wien vorzustoßen, hielt die mächtige Befestigung Hainburgs dem Ansturm nicht mehr stand. Nach kurzer Belagerung war die Stadt sturmreif geschossen, die Türken überrannten die Mauern. Die Bevölkerung wollte in die Donauauen fliehen, doch die Flügel des Fischertores, die nach innen zu öffnen waren, konnten nicht rechtzeitig aufgerissen werden. In dem engen Schlauch vor dem Tor waren die Menschen gefangen wie in einer Mausefalle. Hinter ihnen drängten die Türken nach. Wer nicht in Panik niedergetrampelt wurde, starb unter den Krummsäbeln. 8.432 Hainburger sollen damals von den Türken niedergemetzelt oder verschleppt worden sein. Die Geschichte besagt, dass nur etwa 100 Menschen dem Massaker entkamen. Einer von ihnen war der junge Wagnergeselle Thomas Haydn. Ein Glück für die Musik, denn der junge Mann wurde der Großvater von Joseph Haydn.

Heute versperrt das Fischertor den Weg zur Donau nicht mehr. Auf einer hohen Mauer, die der Stadtmauer Konkurrenz macht, fährt die Bahn, die so vor jedem Hochwasser sicher ist. Früher war ihre Endstation Pressburg (Bratislava) – heute ist es der österreichische Grenzort Wolfsthal.

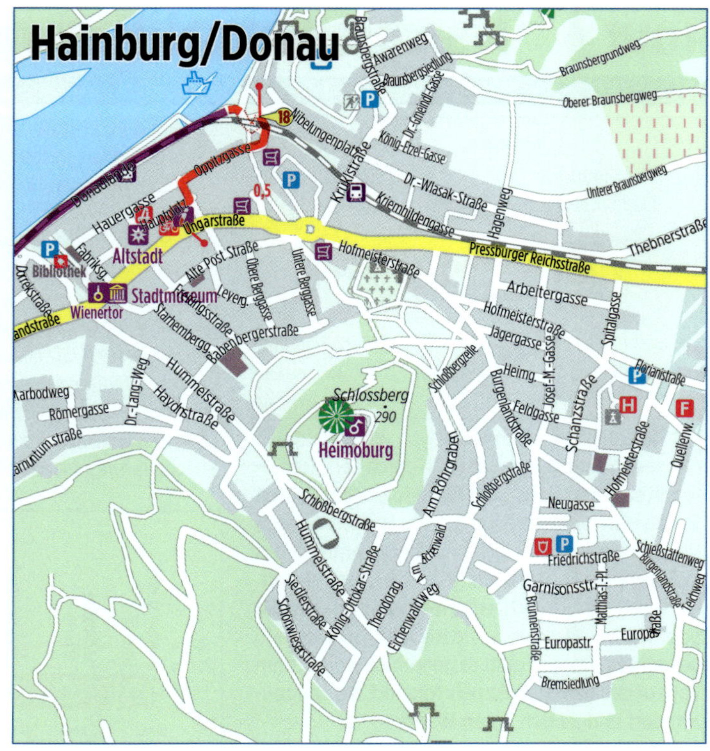

Tour 4 Marchfeldkanal-Radwanderweg 56,7 km

HM/km: ↗ 0,5 (26m) ↘ 0,1 (4m) Radweg: 7 % Unbefestigt: 80 % Verkehr: 0 %

Der familienfreundliche Radweg verspricht ein ruhiges und entspanntes Radeln durch den „Gemüsegarten Österreichs", das Marchfeld. Dabei lassen Sie die Marchfeldschlösser Schloss Hof und Schloss Niederweiden hinter sich und fahren entlang des Rußbaches in Engelhartstetten nach Leopoldsdorf, Markgrafneusiedl und Deutsch-Wagram, das für die Schlacht bei Wagram aus dem Jahr 1809 weithin bekannt ist. Danach geht es gemütlich weiter, dem Verlauf des Marchfeldkanals folgend, bis Langenzersdorf und zu den Toren Wiens.

Charakteristik

Start: Engelhartstetten

Ziel: Einlaufbauwerk Langenzersdorf

Wegbeschaffenheit: Die Route verläuft großteils auf dem unbefestigten Weg entlang des Kanals und zwischendurch immer wieder auf Güterwegen.

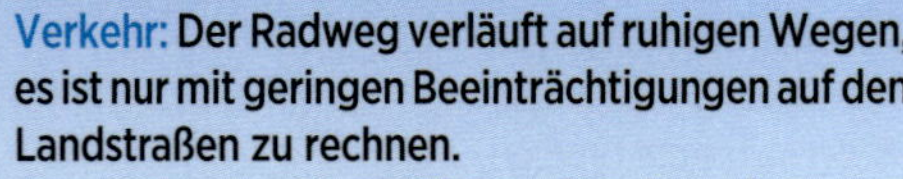

Verkehr: Der Radweg verläuft auf ruhigen Wegen, es ist nur mit geringen Beeinträchtigungen auf den Landstraßen zu rechnen.

Beschilderung: Marchfeldkanal Radwanderweg

Steigungen: Diese Tour verläuft durchgehend eben.

Schwierigkeitsgrad: leicht

Anschlusstour: 3

An- und Abreise: Postbusverbindung von Marchegg oder Hainburg nach Engelhartstetten, Bhf Langenzersdorf

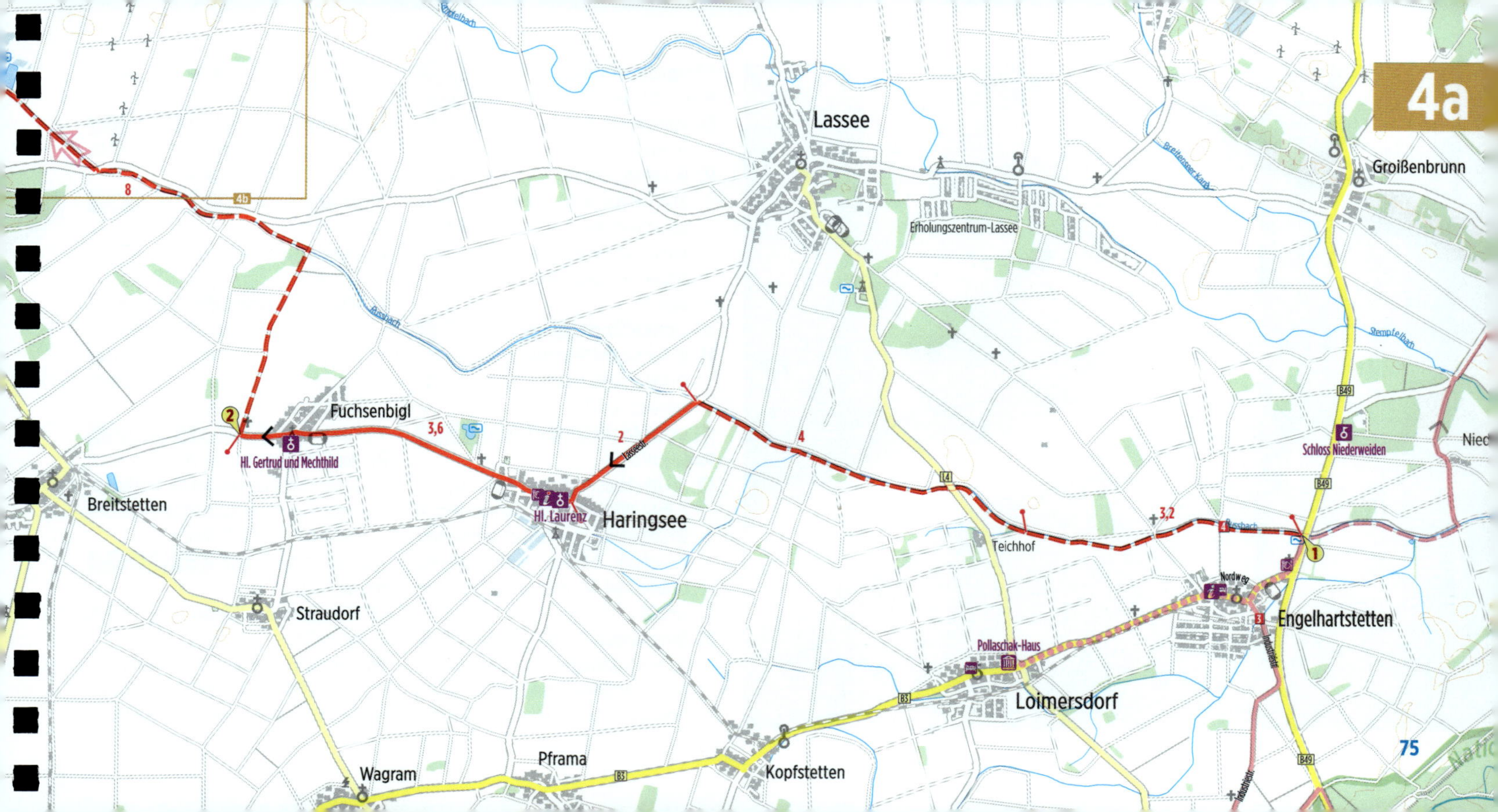
4a
Lassee
Groißenbrunn
Erholungszentrum-Lassee
Breitenseer Kanal
Russbach
Stempfelbach
Fuchsenbigl
Hl. Gertrud und Mechthild
Haringsee
Hl. Laurenz
Breitstetten
Straudorf
Teichhof
Schloss Niederweiden
Engelhartstetten
Nordweg
Industriestr.
Pollaschak-Haus
Loimersdorf
Pframa
Kopfstetten
Wagram
B3
B49
L4
8
3,6
2
4
3,2
4b
75

1 Engelhartstetten Haringsee

Gemeindeamt, Kircheng. 23, ☎ 02214/84004, @ giq847

Hl. Laurenz, Kircheng. Die im Kern frühgotische Wehrkirche (14. Jh.) wurde im 18. Jh. barockisiert. Kaiser Franz I. schenkte der Kirche 1840 eine achtregistrige Orgel – seine Initialen „F.I." sind seither auf dem Prospekt verewigt.

2 Fuchsenbigl (Haringsee)

Hl. Gertrud und Mechthild, Kirchenweg. Gräfin Katharina Barbara Herberstein stiftete die kleine Kirche (1718).

3 Leopoldsdorf im Marchfelde

Vorwahl: 02216

Heimatmuseum, Rathauspl. 3, ☎ 0664/4934647 Ⓒ Im Museum erfahren Sie Wissenswertes über römisch-germanische Bodenfunde, Arbeitsgeräte aus Handwerk, Leopoldsdorf in alten Urkunden u.v.m. @ fjj325

Spielemuseum, Raasdorferstr. 28, ☎ 70006, wegen Umzug eingeschränkter Betrieb. Das aus der privaten Sammlung Dagmar und Ferdinand de Casans hervorgegangene Museum zeigt zeitgenössische Brett-, Karten- und Gesellschaftsspiele. @ ugg441

Glinzendorf

Gemeindeamt, Im Anger 1, ☎ 02248/2585, ☎ 0681/20215762, @ vth858

Markgrafneusiedl

Vorwahl: 02248

Gemeindeamt, Altes Dorf 49, ☎ 2241, @ gwi758

Historisch-Archäologisches Museum, Museumstr. 1, ☎ 0664/1119007 Ⓒ Hier erleben Sie Archäologie und Geschichte zum Anfassen; experimentelle Archäologie, wechselnde Ausstellungen. @ qlx311

Parbasdorf

Napoleon-Denkmal. Das Denkmal erinnert an die Schlacht am Wagram. Nach der Kriegsverordnung Napoleons stand nach kurzer Zeit Parbasdorf in hellen Flammen.

4 Deutsch-Wagram

Vorwahl: 02247

Stadtgemeinde, Bahnhofstr. 1a, ☎ 2209, @ spg314

Eisenbahnmuseum, Bahnhof, ☎ 0664/4364745, ☎ 0664/73700281 Ⓒ Das Museum wurde der ersten österreichi-

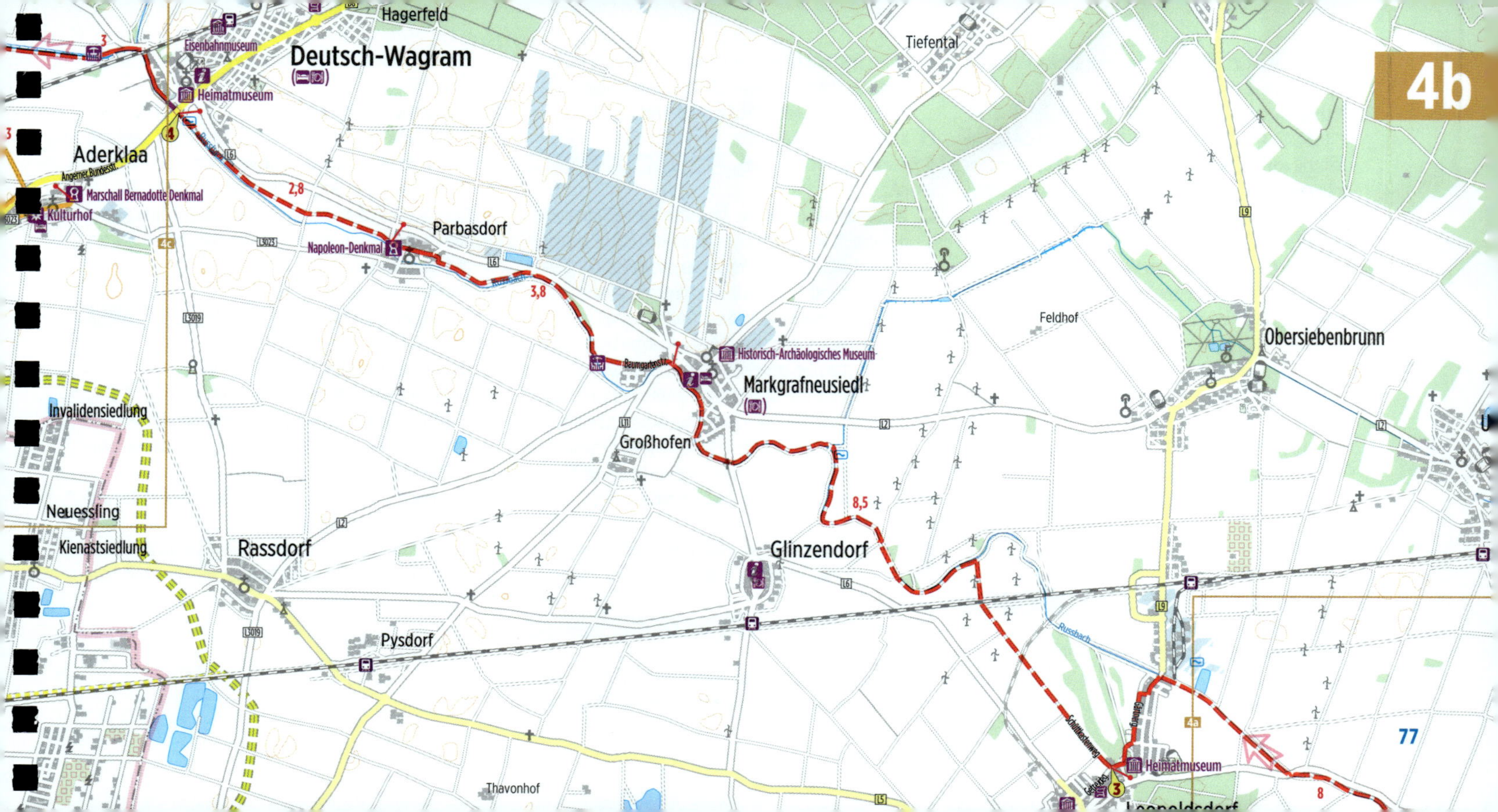
4b
Hagerfeld
Deutsch-Wagram
Eisenbahnmuseum
Heimatmuseum
Tiefental
Aderklaa
Angerner Bundesstr.
Marschall Bernadotte Denkmal
Kulturhof
2,8
Parbasdorf
Napoleon-Denkmal
3,8
Baumgartenstr.
Historisch-Archäologisches Museum
Markgrafneusiedl
Feldhof
Obersiebenbrunn
Großhofen
Invalidensiedlung
Neuessling
Kienastsiedlung
Rassdorf
8,5
Glinzendorf
Pysdorf
Russbach
Schüttkastenweg
Gärtnerg.
Heimatmuseum
Thavonhof
8
77
L6
L9
L2
L11
L5
L3019
L3023
4c
4a

schen Dampflok im Jahre 1837 gewidmet, die von Floridsdorf nach Deutsch-Wagram führte. @ jiy815

Heimatmuseum, Erzherzog Carl Str. 1, ✆ 3790, ✆ 0664/4364745 Am 5. und 6. Juli 1809 fand die blutige Schlacht am Wagram zwischen Napoleons Truppen und der österreichischen Armee statt. Das heutige Museum diente Erzherzog Carl vor und während der Schlacht als Hauptquartier. @ fle464

AUSFLUG **Wenn Sie Deutsch-Wagram verlassen haben, bietet sich nach 3 km die Gelegenheit, nach links über einen Stichweg, Aderklaa zu besichtigen.**

Aderklaa

Vorwahl: 02247

Marschall Bernadotte Denkmal, Aderklaa 41. Während der Schlacht bei Deutsch-Wagram war der Ort schwer umkämpft. Unzählige Sachsen unter Führung des Marschall Napoleons, Jean-Baptiste Bernadotte, mussten hier ihr Leben lassen.

Kulturhof, Aderklaa 34, ✆ 20904, ✆ 0699/81222788. Das Veranstaltungszentrum ist beliebter Treffpunkt für Kunst- und Kulturliebhaber.

Gerasdorf

Vorwahl: 02246

Stadtgemeinde, Kircheng. 2, ✆ 2272, @ pye761

Pfarrkirche, Kircheng. Nachdem sie von Hussiten zerstört wurde, ließ man die gotische Kirche im Jahr 1429 wieder aufbauen. Der Kirchturm musste nach dem Zweiten Weltkrieg wiederhergestellt werden. Die spätbarocke Ausstattung umfasst unter anderem einen Hochaltar aus der Zeit um 1780.

Badeteich Gerasdorf, Teichg.

5 Stammersdorf (Wien)

Vorwahl: 01

Wasserbehälter Bisamberg. Am Osthang des Bisambergs errichteten die Wiener Wasserwerke diesen 60.000 m³ fassenden Trinkwasserbehälter zur Versorgungssicherheit der Bezirke Floridsdorf und Donaustadt. Die künstlerische Ausfertigung stammt vom Maler und Bildhauer Gottfried Kumpf.

Alte Schanzen, Stammersdorf. Die ehemaligen Verteidigungsanlagen stammen ursprünglich aus dem Preußisch-Österreichischen Krieg 1866. Zum Einsatz kamen sie erst im Zweiten Weltkrieg. Eine Ruine auf Schanze X aus dieser Zeit besteht noch heute. Mittlerweile sind die Schanzen markante Trockenrasen und ein Naturdenkmal mit einer Vielfalt an Tieren und Pflanzen.

Familienbad Stammersdorf, Josef-Flandorfer-Str. 76, ✆ 2926169, @ arr151

TIPP **6 Angelfreunde aufgepasst! Aufgrund seiner Nähe zum Radweg bietet sich ein Besuch im Fischereimuseum an.**

21. Bezirk (Wien)

Vorwahl: 01

1. Wiener Fischereimuseum, Einzingerg. 1a, ✆ 0681/20806161 Das direkt am Marchfeldkanal gelegene 200 m² große Museum präsentiert die Geschichte der Fischerei Wiens. @ hih657

Bezirksmuseum Floridsdorf, Prager Str. 33, ✆ 2705194, ✆ 0664/5566973 Im Mautner Schlössl (1900) zeigt das Museum die Entwicklung der vormaligen Gemeinde Floridsdorf bis zum heutigen 21. Wiener Gemeindebezirk. @ sis681

Floridsdorfer Wasserpark, An der Oberen Alten Donau Der Park ist geprägt von Teichen, Schatten spendenden Bäumen und Spazierwegen.

Angelibad, Birnersteig 1, ✆ 2632269

Langenzersdorf

Vorwahl: 02244

Gemeindeamt, Hauptpl. 10, ✆ 2308, @ nxq154

Langenzersdorfer Museum, Obere Kircheng. 23, ✆ 3718, ✆ 0699/11091424 Gezeigt werden bildhauerische Werke von Anton Hanak und Siegfried Charoux, ergänzt mit wechselnden Sonderausstellungen. @ xhm357

Seeschlacht, ✆ 2308. Badeteich mit Restaurant, Spielplatz und Beachvolleyballplatz. @ siu714

PLANUNG **Die Tour endet nach Überquerung des Einlaufbauwerkes 7. Der Bahnhof in Langenzersdorf befindet sich ganz in der Nähe.**

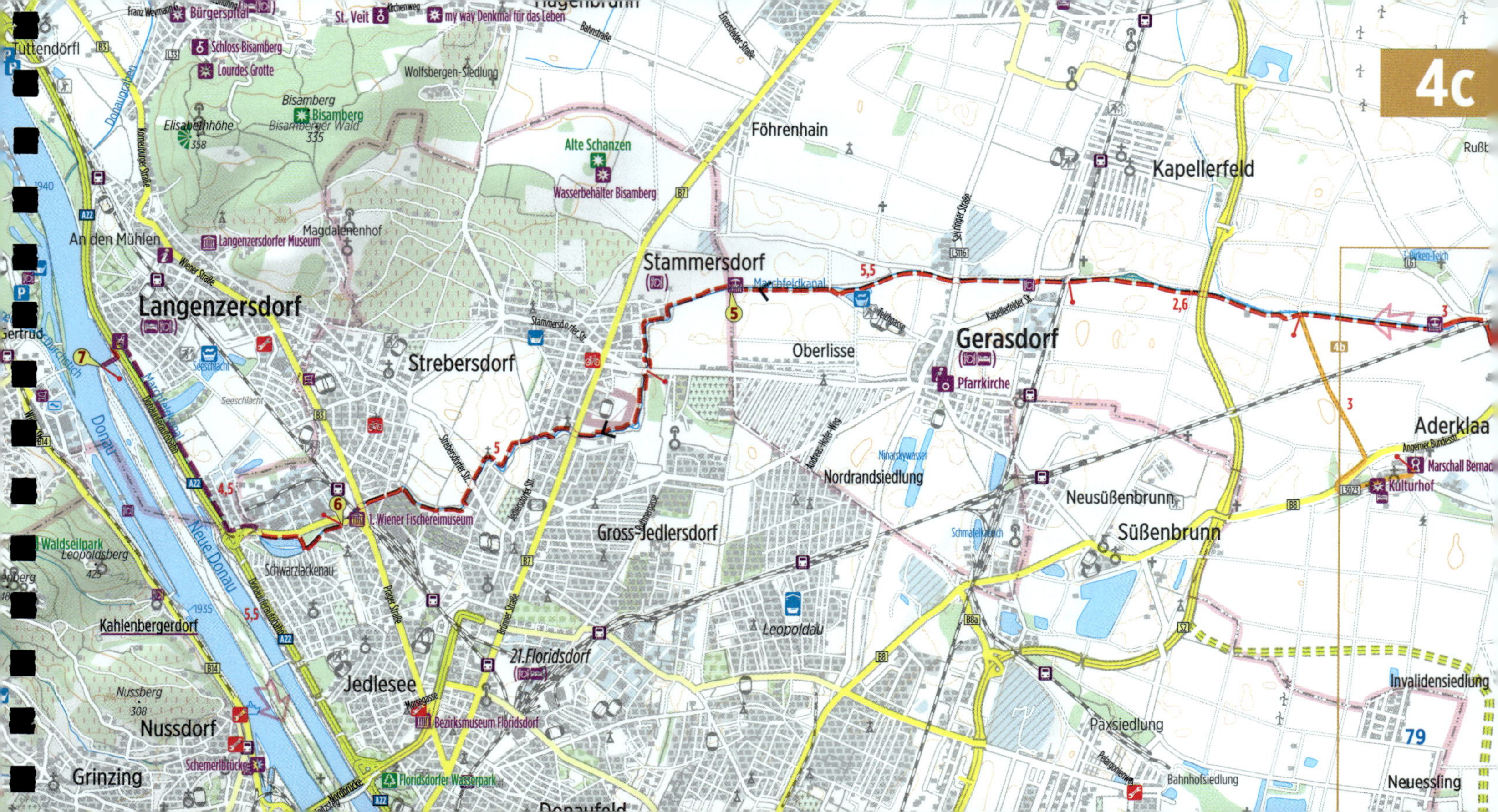
4c
Tuttendorfl
Bürgerspital
St. Veit
my way Denkmal für das Leben
Schloss Bisamberg
Lourdes Grotte
Wolfsbergen-Siedlung
Bisamberg
Bisamberg
Elisabethhöhe
358
Bisamberger Wald
335
Föhrenhain
Alte Schanzen
Wasserbehälter Bisamberg
Kapellerfeld
Rußb
An den Mühlen
Langenzersdorfer Museum
Magdalenenhof
Stammersdorf
Marchfeldkanal
Langenzersdorf
Strebersdorf
Oberlisse
Gerasdorf
Pfarrkirche
Seeschlacht
Aderklaa
Marschall Bernad
Kulturhof
Nordrandsiedlung
Neusüßenbrunn
Süßenbrunn
1. Wiener Fischereimuseum
Gross-Jedlersdorf
Waldseilpark
Leopoldsberg
425
Schwarzlackenau
Donau
Neue Donau
Kahlenbergerdorf
Leopoldau
21.Floridsdorf
Jedlesee
Nussberg
308
Nussdorf
Bezirksmuseum Floridsdorf
Paxsiedlung
Invalidensiedlung
79
Schemerlbrücke
Grinzing
Floridsdorfer Wasserpark
Bahnhofsiedlung
Neuessling
Donaufeld

Tour 5 Von der Lobau nach Hainburg 44,6 km

HM/km: ↗ 0,3 (13m) ↘ 0,6 (25m) Radweg: 96 % Unbefestigt: 6 % Verkehr: 0 %

Ausgehend von der Praterbrücke in Wien führt diese Tour entlang des Radweges am Hubertusdamm, der als Hochwasserschutz für die im Süden des Marchfelds gelegenen Ortschaften dient, durch die geschützte Umgebung des Nationalparks Donau-Auen. Dieser ist anhand seiner Nähe zur Großstadt etwas ganz Besonderes, vor allem auch, weil der Park auf mehr als 9.300 Hektar Fläche die letzte große Flussauen-Landschaft Mitteleuropas bewahrt.

Entlang des Dammes geht es zu den touristischen Highlights dieser Tour nach Orth und Eckartsau. Das mittelalterliche Wasserschloss und das Eckartsauer Barockschloss, in dem Kaiser Karl und Kaiserin Zita die letzten Wochen der Monarchie verbrachten, sind definitiv besuchenswert.

Das letzte Stück durch die Stopfenreuther Au, dem Kerngebiet der Au-Besetzung im Jahr 1984, führt Sie zum Ziel nach Hainburg.

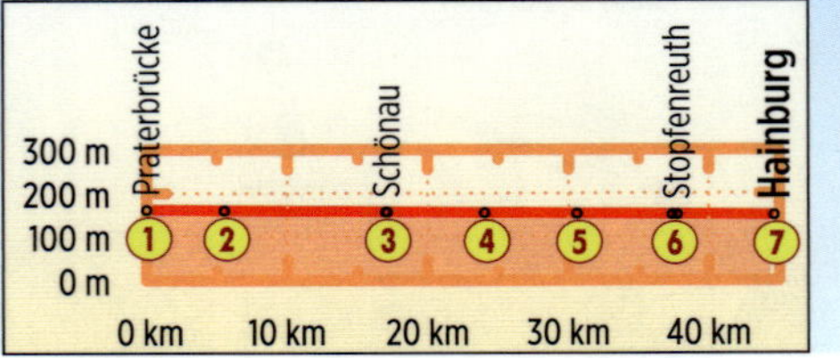

Charakteristik

Start: Praterbrücke Wien

Ziel: Hainburg

Wegbeschaffenheit: Die Route verläuft durchgehend auf befestigten Radwegen, kurz vor Schönau und Stopfenreuth befinden sich kurze, unbefestigte Wege.

Verkehr: Die Tour führt auf ruhigen Radwegen, die weit entfernt von verkehrsreichen Straßen sind, mit Ausnahme des Startes bei der Praterbrücke.

Beschilderung: Donauradweg

Steigungen: Durchgehend flach radeln Sie entlang der Donau.

Schwierigkeitsgrad: leicht

Anschlusstour: 3

An- und Abreise: U2-Station Donaustadtbrücke, Bhf Hainburg

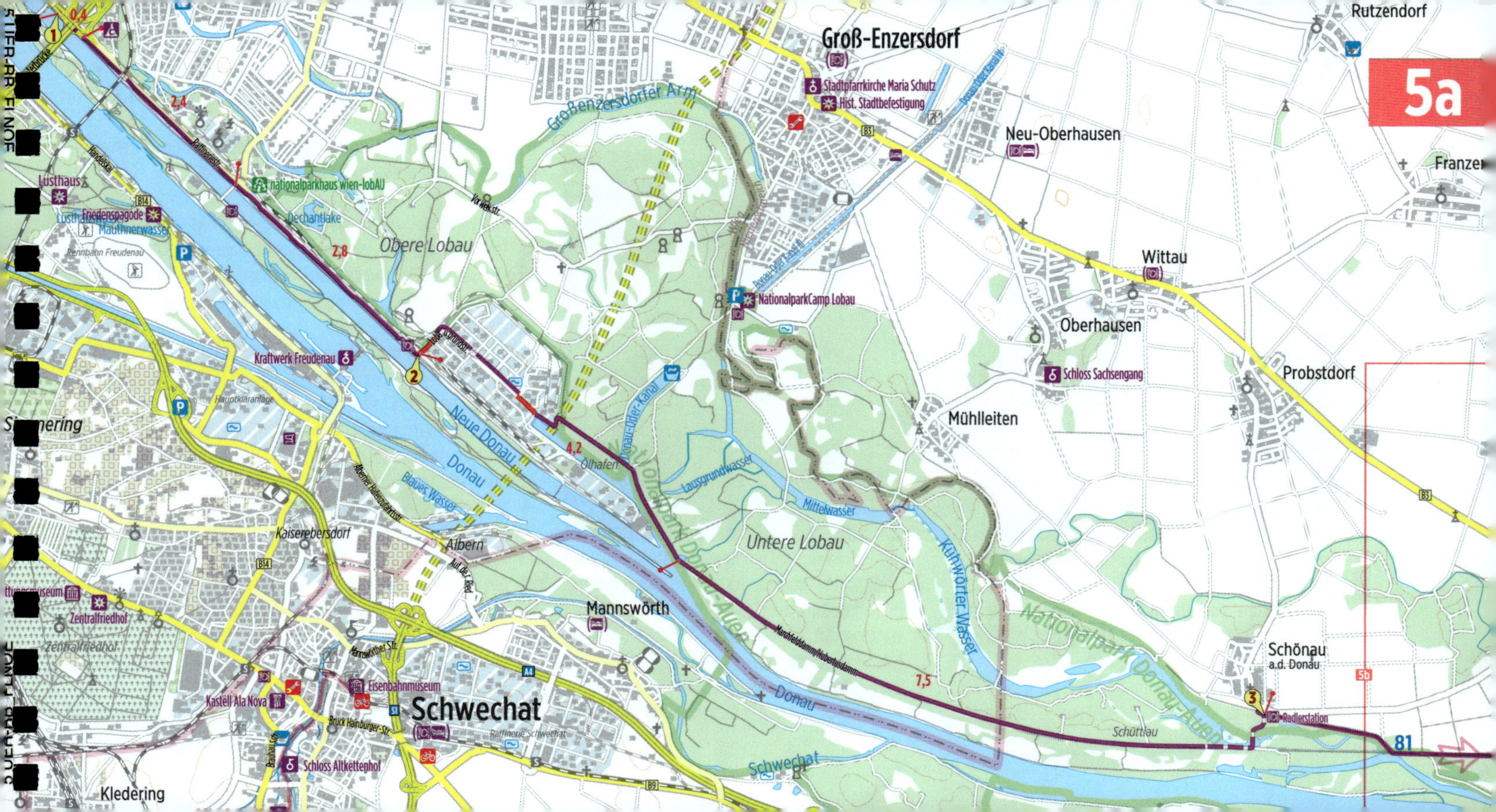
5a
Groß-Enzersdorf
Stadtpfarrkirche Maria Schutz
Hist. Stadtbefestigung
Rutzendorf
Neu-Oberhausen
Wittau
Oberhausen
Probstdorf
Schloss Sachsengang
Mühlleiten
NationalparkCamp Lobau
nationalparkhaus wien-lobAU
Obere Lobau
Untere Lobau
Lusthaus
Friedenspagode
Mauthnerwasser
Dechantlacke
Kraftwerk Freudenau
Neue Donau
Donau
Ölhafen
Mittelwasser
Lausgrundwasser
Kühwörter Wasser
Nationalpark Donau-Auen
Albern
Kaiserebersdorf
Mannswörth
Schwechat
Eisenbahnmuseum
Kastell Ala Nova
Schloss Altkettenhof
Zentralfriedhof
Kledering
Schönau a.d. Donau
Radlerstation
Schüttlau
Marchfelddamm/Hubertusdamm
Großenzersdorfer Arm
Donau-Oder-Kanal
0,4
2,4
2,8
4,2
7,5
81
5b

Nationalpark Donau Auen

EINSTIEG **1** Diese Tour startet bei der U2-Station Donaustadtbrücke neben der Praterbrücke. Halten Sie sich hierfür gleich links, um zum Radweg zu gelangen.

22. Bezirk (Wien)

Vorwahl: 01

- **Donaupark**, Arbeiterstrandbadstr. (24) Ein Großteil des Parks wurde vormals als Schießplatz (bis 1945) und als Mülldeponie (bis 1964) genutzt. Anlässlich der Internationalen Gartenschau „WIG 64" wurde der Park und der darin befindliche, 252 m hohe Donauturm im April 1964 eröffnet.
- **Wakeboardlift**, Am Wehr 1, 0676/5182711 (7d) Wakeboard & Wasserskianlage. @ wud362
- **nationalparkhaus wien-lobAU**, Dechantweg 8, 400049495 Das Besucherzentrum des Wiener Teils vom Nationalpark Donau-Auen bietet bei der tonAU-Ausstellung und im AU-Kino jede Menge Spaß für Groß und Klein. @ tdp823

GABELUNG **2** Sie entfernen sich kurzzeitig vom Radweg und fahren ein kurzes Stück entlang der **Lobgrundstraße**.

TIPP Hier wimmelt es von Wasservögeln, Wild und seltenen Tierarten, die sich an dem naturbelassenen Ökosystem erfreuen. Bei Hochwasser besteht die Gefahr, dass die Route nicht befahrbar ist, Sie müssen dann leider einen längeren Umweg machen.

3 Schönau an der Donau (Groß-Enzersdorf)

Mannsdorf an der Donau

AUSFLUG **4** Hier warten zwei Ausflugsmöglichkeiten: das Schloss Orth und die Schiffmühle an der Donau. Liebhaber von Fischgerichten kommen in Orth voll auf ihre Kosten.

4 Orth an der Donau

Vorwahl: 02212

- **Tourismusinformation**, Schlosspl. 1, Schloss Orth, 3555, @ ixn374
- **Gemeindeamt**, Am Markt 26, 2208, @ oab841
- **Fähre Orth - Haslau**, Uferstr. 17, 0664/4210058 (7d), @ dnv633
- **museumORTH**, Schlosspl. 1, Schloss Orth, 0676/5642767 (7d) In überdimensionalen Fotoalben werden die Ortsgeschichte, das Leben mit dem Fluss und die Werke berühmter Persönlichkeiten aus Orth behandelt. @ iku528

5b
Matzeneusiedl
Mannsdorf
a.d. Donau
Orth
a.d. Donau
Wagram
Pframa
Kopfstetten
Witzelsdorf
Eckartsau
Schloss Orth
museumORTH
Nationalpark-Zentrum
Schloss Eckartsau
Schlossgasse
Heustadelböden
Biberhaufen
Narrischer Arm
Uferhaus
Schiffmühle
Mühlschütt
Haslau
a.d. Donau
Themenweg
Donau
Donau
Nationalpark Donau-A
Hirschensprung
Maria Ellend
Neu Haslau
Regelsbrunn
Wildungsmauer
Trainingsarena der Gladiatorenschule
Heiden
Traunberg
195
Ellender Hof
Ellender Wald
Gladberg
205
Waldweg
Scharndorf
83
B3
B9
L8
5a
5c
7
1,4
1,2
6,5
0,8
4
5

Schloss Eckartsau

Schloss Orth, Schlosspl. 1, 3555 Das Wasserschloss gilt als ältestes der Marchfeldschlösser, es wurde erstmals 865 urkundlich erwähnt und war einst Jagdsitz der Familie Habsburg. @ csk725

Schiffmühle und Tschaikenfahrten, Uferstr., 0664/3341422 Sie finden die Mühle in Orth direkt bei der Donau, am Uferhaus und am Abenteuerspielplatz vorbei bis zum Landesteg „Zur Schiffmühle". Das Mühlschiff beherbergt ein Schiffmühlenmuseum und ist im Rahmen von Führungen zu besichtigen. @ dqb784

schlossORTH Nationalpark-Zentrum, Sclosspl. 1, 3555 Das Schloss beherbergt das museumORTH und das Besucherzentrum des Nationalparks Donau-Auen mit multimedialer Ausstellung sowie dem Outdoor-Bereich „Schlossinsel" mit begehbarer Unterwasser-Beobachtungsstation; außerdem ist ein Café, ein Shop und ein Turnierhof mit Aussichtsturm vorhanden. @ tub466

AUSFLUG 5 Wenn Sie etwas mehr als die Hälfte der Strecke auf dem Hubertusdamm zurückgelegt haben, können Sie nach links abbiegen und treffen auf das barocke Jagdschloss Eckartsau.

Eckartsau

Vorwahl: 02214

Gemeindeamt, Obere Hauptstr. 1, 22020, @ ldm774

Schloss Eckartsau, Schloss 1, 2240 Erfahren Sie im Barockschloss mehr über die Geschichte vom Ende der Donaumonarchie und schlendern Sie durch den 27 ha großen idyllischen Schlosspark. Besichtigung des Schlosses nur mit Führung. @ waw248

Das Schloss Eckartsau ist eng mit dem letzten Kapitel der Österreichisch-Ungarischen Monarchie verbunden: Nachdem Kaiser Karl im November 1918 abdankte, verbrachte er kurze Zeit mit seiner Familie in Eckartsau und trat von dort seine Reise ins Schweizer Exil an. Auszüge aus Kaiserin Zitas Tagebüchern geben Einblicke in berührende und private Momente der kaiserlichen Familien in deren letzten Tagen in Österreich. Der Schlosspark lädt zu einem Spaziergang ein. In der interaktiven Nationalparkausstellung erfahren Sie außerdem Interessantes über die Auwälder.

6 Stopfenreuth (Engelhartstetten) s. S. 68

AUSSICHT Lassen Sie sich auf alle Fälle nicht die Aussicht auf den Nationalpark Donau-Auen von der Auterrasse, einer zweigeschossigen, hochwassersicheren Plattform an der Donau, entgehen.

7 Hainburg a.d. Donau s. S. 71

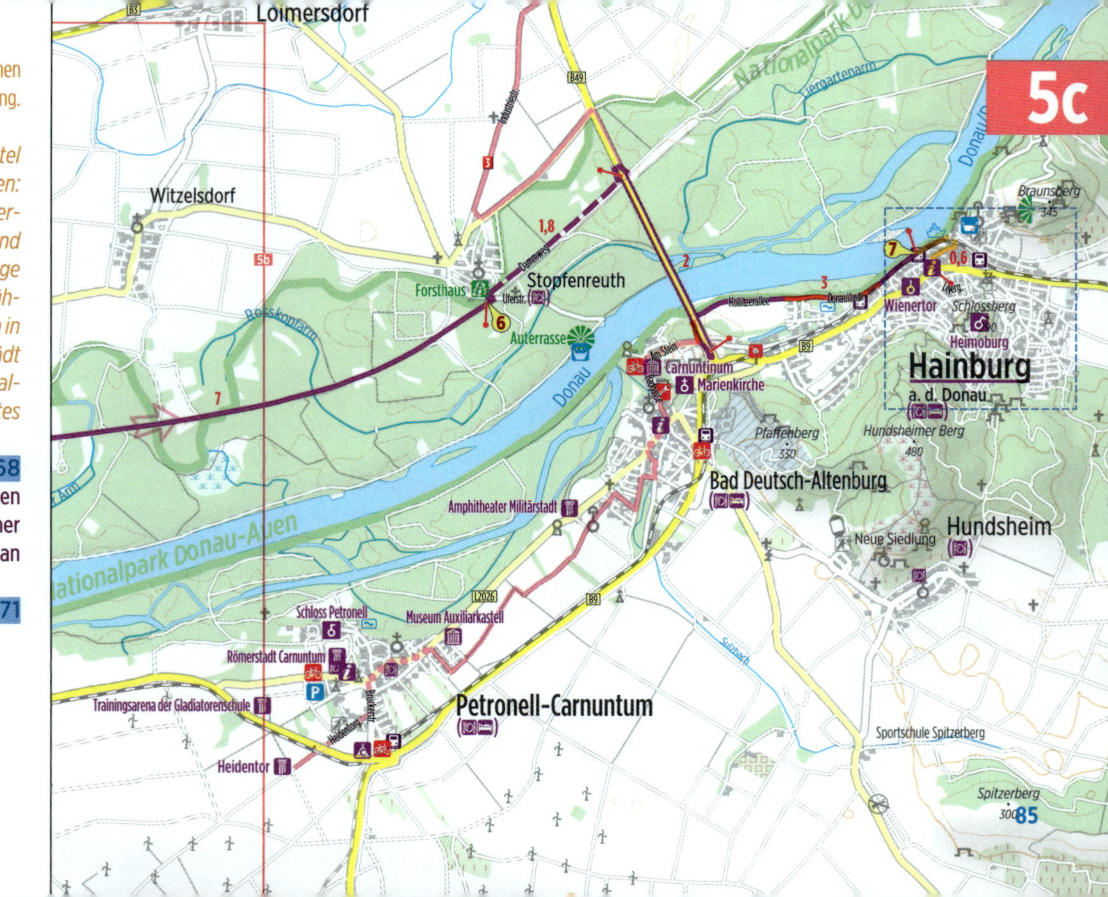

Tour 6 Triestingau-Radweg 37,1 km

HM/km: ↗ 2,7 (101m) ↘ 0,2 (9m) Radweg: 62 % Unbefestigt: 2 % Verkehr: 1 %

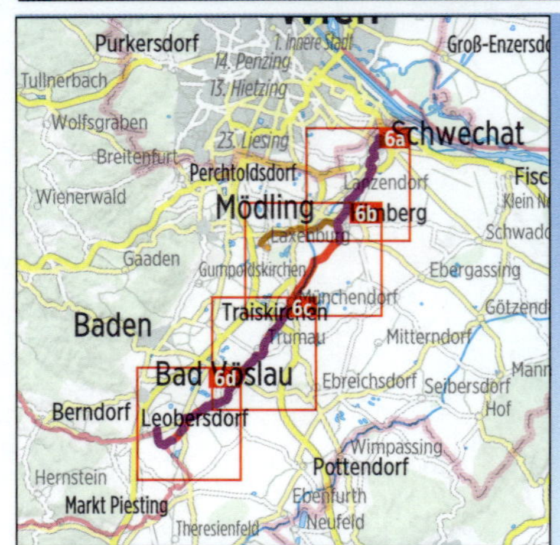

Die familienfreundliche Radtour führt entlang der Triesting von der Wiener Stadtgrenze durch die Thermenregion zum Schönauer Teich. Dabei genießen Sie den Weitblick der Landschaft und zahlreiche Heurigen locken mit leckeren Schmankerln. Das idyllische Schloss Rothmühle in Rannersdorf, ein Stadtteil Schwechats, zählte bereits Mozart zu seinen Gästen. In Himberg bietet sich ein Ausflug zu den Schlössern von Laxenburg an. Dort gilt der geschichtsträchtige Schlosspark als wahres Naherholungsgebiet und bietet erholsame Rast im Grünen. Sie radeln südlich weiter vorbei am Privatschaugarten in Münchendorf, durch Oberwaltersdorf, vorbei am Tattendorfer Kletterpark und beim Löwentor in Günselsdorf, um anschließend nach Schönau zu gelangen. Dort befindet sich das Naturschutzgebiet Schönauer Teich, welches zu den artenreichsten Brutplätzen des Landes für Wasservögel zählt.

Charakteristik

Start: Schwechat

Ziel: Schönau

Wegbeschaffenheit: Die Route verläuft auf asphaltierten Radwegen und verkehrsarmen Straßen. Es befindet sich lediglich ein kurzes, unbefestigtes Stück nach der A3-Unterführung in Münchendorf.

Verkehr: Der Radweg verläuft meist auf ruhigen Radwegen und Straßen dahin.

Beschilderung: Triestingau-Radweg (9a)

Steigungen: Ab Münchendorf geht es stetig sanft bergauf.

Schwierigkeitsgrad: leicht

Anschlusstour(en): 5, 7, 8

An- und Abreise: Bhf Schwechat, Bhf Leobersdorf

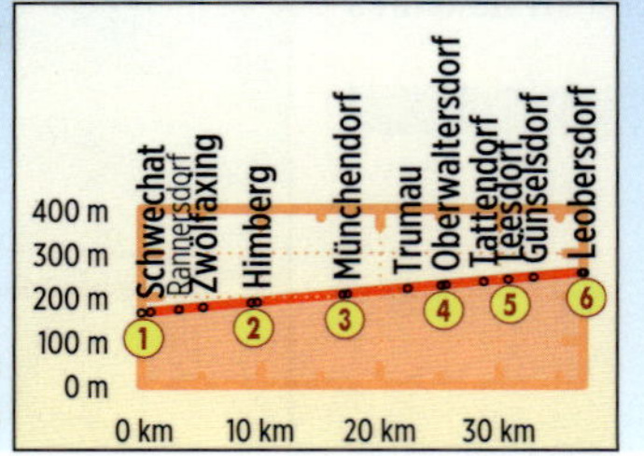

1 Schwechat

Vorwahl: 01

Eisenbahnmuseum, Hintere Bahng. 2, ☎ 9300024585, ☎ 0676/4757597 Besichtigung von Dampf-, Diesel- und Elektroloks. Hier befindet sich die älteste Dieseltriebwagengarnitur Österreichs. @ fux863

Schloss Altkettenhof, Schloßstr. Im prunkvollen Barockschloss aus dem 13. Jh. befindet sich seit 1960 das Bezirksgericht Schwechat.

Kastell Ala Nova. Der Standort des damaligen Reiterkastells war zur Sicherung des Gebietes zwischen Vindobona und Carnuntum aus strategischen Gründen bedeutsam. @ fmf854

Schwechater Sommerbad, Plankenwehrstr. 13, ☎ 707847571, @ per675

Rannersdorf (Schwechat)

Schloss Rothmühle, Rothmühlstr. 5, Rannersdorf. Das schmucke, zweigeschossige Barockschloss aus dem 17. Jh. ist heute Frühstückspension und Veranstaltungszentrum. @ cho772

Zwölfaxing

2 Himberg

Vorwahl: 02235

Hl. Georg, Kirchenpl., ☎ 86241. Einst war die Pfarrkirche hl. Georg (1130) Teil einer Burganlage, welche im 16. Jh. zerstört wurde. Der frühgotische Westturm stammt aus dem 15. Jh. Nach Zerstörungen im Zuge des Zweiten Weltkriegs wurde die Kirche in den Jahren 1951-1952 neu aufgebaut.

Waldbad, Im Wäldchen 1, ☎ 86218, @ dac635

Ausflug nach Laxenburg *8,4 km*

VARIANTE **2** Lassen Sie sich in Himberg nicht die Gelegenheit entgehen einen Ort, der Erholung, Kultur und Natur verbindet, zu besuchen. Denn der Schlosspark Laxenburg, der als Paradebeispiel historischer Gartenkunst des 18. und 19. Jhs. gilt, lockt mit Lustbauten, Tempeln, Wasserläufen, einer Grotte und dem Schlossteich.

Achau

Wasserschloss, Schlosspl. 1. Errichtet wurde das Schloss 1650 von dem Bauherr Ulrich Grappler (Gröppler) von Trappenburg, dem damaligen Weihbischof von Passau. Das Schloss befindet sich in Privatbesitz und ist nur von außen zu besichtigen.

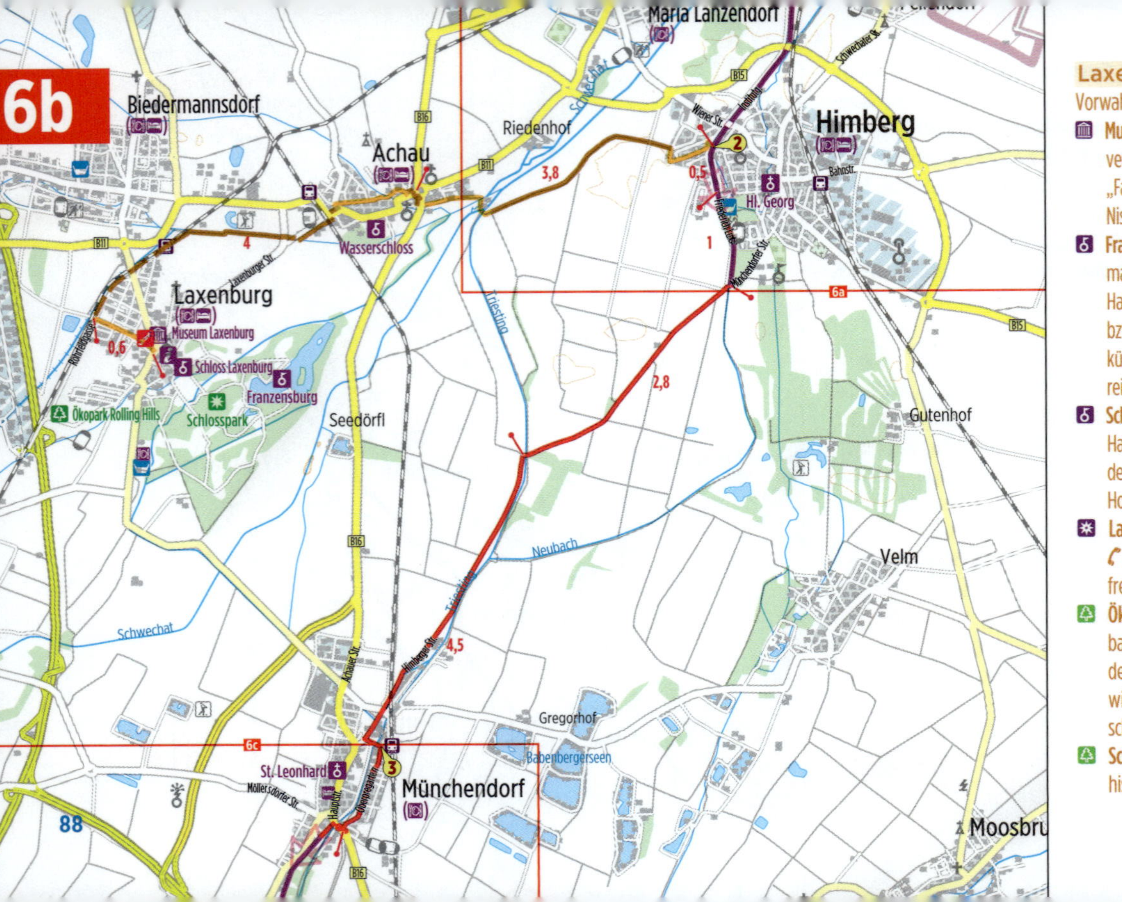

Laxenburg

Vorwahl: 02236

Museum Laxenburg, Herzog Albrecht Str. 9 Das Museum zeigt verschiedene Objekte zur Geschichte Laxenburgs, z. B. zum Thema „Falkenjagd", einige Modelle hervorragender Bauten sowie eine Nische aus dem „Alltags- und Handwerkerleben". @ hlr148

Franzensburg, Schlosspark, ✆ 71226 Ein Hauptwerk des romantischen Klassizismus (Ende d. 18. Jhs.), Denkmal der Dynastie Habsburg-Lothringen und Kunstwerk der Zeit Kaiser Franz II. (HRR) bzw. Franz I. von Österreich. Die imposante Burg steht auf einer künstlichen Insel im Parkteich und wird auch „Schatzhaus Österreich" genannt. Besichtigung nur im Zuge einer Führung. @ efr758

Schloss Laxenburg, Schlosspl. 1, ✆ 712260. Die Sommerresidenz der Habsburger wartet mit den verschiedensten Bauwerken innerhalb des Schlossparks auf: das Alte Schloss, der repräsentative Blaue Hof, die romantische Franzensburg und der Schlosspark. @ fjy373

Laxenburger Kultursommer, Franzensburg, Schlossplatz, ✆ 73640. Alljährliches Sommertheater von Juni-Aug. unter freiem Himmel. @ ckq761

Ökopark Rolling Hills Mit dem Aushubmaterial einer Autobahnabfahrt wurde auf Ackerland eine Hügellandschaft modelliert und mit heimischen Solitärpflanzen bepflanzt. Seither wird der Ort der Natur überlassen und bietet diversen heimischen Tier- und Pflanzenarten Platz.

Schlosspark, Schlosspl. 1, ✆ 712260 Einer der bedeutendsten historischen Landschaftsgärten Europas. Der rund 250 ha große

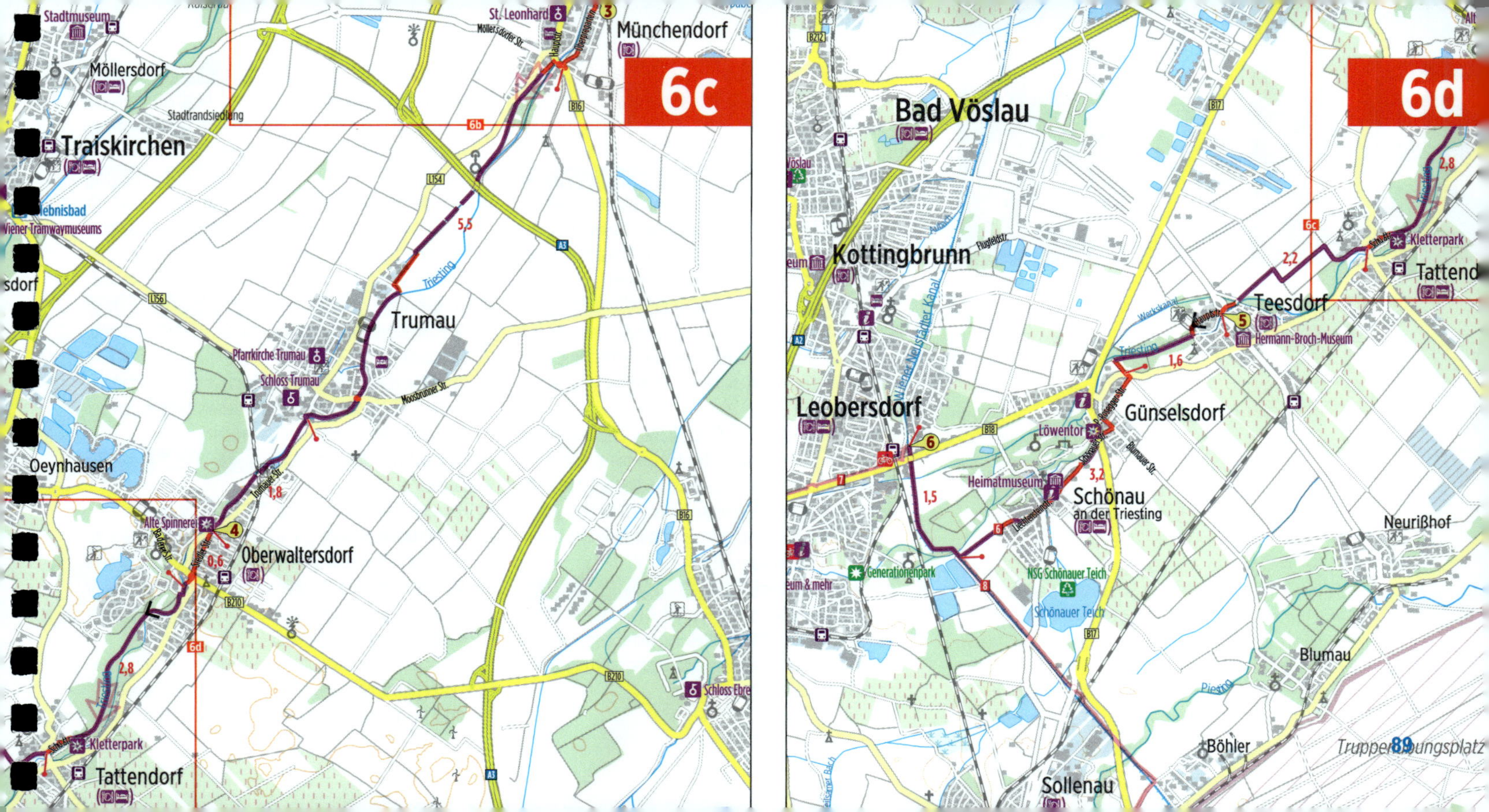

6c
Stadtmuseum
Möllersdorf
Stadtrandsiedlung
Traiskirchen
Wiener Tramwaymuseums
St. Leonhard
Möllersdorfer Str.
Hauptstr.
Münchendorf
6b
B16
L154
5,5
Triesting
Trumau
L156
Pfarrkirche Trumau
Schloss Trumau
Moosbrunner Str.
Oeynhausen
Trumauer Str.
1,8
Alte Spinnerei
4
0,6
Oberwaltersdorf
B210
6d
2,8
Kletterpark
Tattendorf
A3
Schloss Ebre
6d
B212
Bad Vöslau
Vöslau
B17
Kottingbrunn
Flugfeldstr.
Wiener Neustädter Kanal
6c
2,2
Kletterpark
Tattend
Teesdorf
Werkskanal
Hauptstr.
5
Hermann-Broch-Museum
Triesting
1,6
A2
Leobersdorf
Günselsdorf
Löwentor
B18
6
7
Blumauer Str.
Heimatmuseum
3,2
Schönau
an der Triesting
1,5
Neurißhof
Generationenpark
NSG Schönauer Teich
8
Schönauer Teich
Blumau
Piesting
Böhler
Sollenau

Franzensburg Laxenburg

Park mit seinen zahlreichen Sehenswürdigkeiten sowie Sport-, Kultur- und Kulinarikangeboten dient heute als beliebtes Naherholungsgebiet. @ ohy632

Um 1385 entstand mit der kleinen Ansiedlung Lachsendorf unter Herzog Albrecht III. eine Wasserburg, die später dem Ort Laxenburg den Namen geben sollte. Kaiser Maximilian ließ den Garten von Laxenburg nach niederländischer Art in einen Lust- und Ziergarten umgestalten. Nach den Zerstörungen durch die Türken 1683 entstanden bald darauf Burg, Kirche und Jagdrevier in neuem Gewand. Während der Regentschaft von Kaiserin Maria Theresia erhielt Laxenburg seine heutige Gestalt. Ihr Sohn Kaiser Joseph II. ließ die barocke Gartenanlage in eine freundliche Szenerie weiter Wiesenflächen, in denen sich lose Baumgruppen gruppieren, umgestalten. Den romantischen Teich mit Inseln, Brücken und Grotten ließ Kaiser Franz I. anlegen. 1798 bis 1836 kam inmitten dieser Idylle die Franzensburg als Nachahmung einer mittelalterlichen Burg hinzu. Der 250 Hektar große Schlosspark mit den uralten Baumgruppen, den antiken Tempeln und diversen gotischen Bauwerken hat bis heute nichts von seiner Anziehungskraft verloren.

3 Münchendorf

St. Leonhard, Kirchenpl. Der barock-klassizistische Saalbau mit Turm entstand in den Jahren 1773-1774 nach Plänen von Franz Anton Pilgram. Nach Pilgram sind auch die Pilgramgasse und die Pilgrambrücke in Wien-Margareten benannt.

Trumau

Pfarrkirche Trumau, Kircheng. Die nachgotische Kirche (16. Jh.) wurde im Auftrag des Stifts Heiligenkreuz errichtet. Die italienischen Meister Elias und Alexius Payos führten die Steinmetzarbeiten aus.

Schloss Trumau, Schloßg. 21, ✆ 02253/21808. Ursprünglich war das Gut Trumau ein befestigter Gutshof um den ab dem 15. Jh. langsam der Ort entstand. Zum Schloss wurde das Gut im 17. Jh. umgebaut. Zuletzt wurde es in den Jahren 1993 bis 1995 restauriert. Seit 2009 ist ein theologisches Institut im Schloss beherbergt. Der Hof ist frei zugänglich.

4 Oberwaltersdorf

Alte Spinnerei, Fabriksstr. 12, an der B18. Das Industriedenkmal ist in ursprünglicher Form erhalten und wurde zwischen 2002 und 2012 einer behutsamen Grundsanierung unterzogen. Nur von außen zu besichtigen. @ ggh416

Tattendorf

Kletterpark, Dumba Park 1, ✆ 0664/2333444 Abenteuerlustige und Naturbegeisterte kommen bei über 50 verschiedenen Kletterstationen bestimmt auf ihre Kosten. @ wnj466

5 Teesdorf

Hermann Broch Museum, Schulstr. 11, ✆ 0676/7446817 Ⓒ Ausstellung von unzähligen Bildern, Schriften u.v.m. aus Brochs Privatbesitz. Das wohl bekannteste Werk des österreichischen Schriftstellers ist der Roman „Der Tod des Vergil". @ apx438

Günselsdorf

Gemeindeamt, Wiener Neustädter Str. 2, ✆ 02256/62880, @ yae257

Löwentor, Wiener Neustädter Str. 6, an der B17. Die Portalanlage wurde 1812 gegenüber der Poststation als Haupteingang zur Parkanlage des Schlosses Schönau errichtet.

Schönau an der Triesting

Vorwahl: 02256

Gemeindeamt, Liechtensteinstr. 3, ✆ 63572, @ uee774

Heimatmuseum, Kircheng. 12, ✆ 6242550, 1. u. 3. So 8-10 Uhr. Informatives zur Geschichte und zum Alltagsleben des Ortes. @ fnm128

NSG Schönauer Teich. Die beliebte Raststation für Zugvögel ist Teil des Europaschutzgebietes Steinfeld und wurde 1979 unter Naturschutz gestellt. @ yjw575

ANSCHLUSS In Schönau angelangt, fahren Sie bis zum Wiener Neustädter Kanal, um danach rechts zum **Bahnhof Leobersdorf 6** zu gelangen, um ggf. die Heimreise anzutreten.

Tour 7 Triesting-Gölsentalradweg 62,4 km

HM/km: ↗ 7,1 (443m) ↘ 5,7 (353m) **Radweg:** 54 % **Unbefestigt:** 0 % **Verkehr:** 5 %

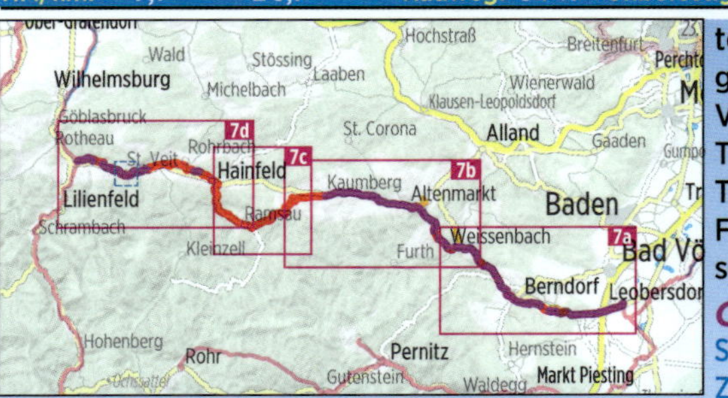

Diese Tour verspricht eine Reise durch abwechslungsreiche Landschaften. Am Rande des Wienerwaldes radeln Sie entlang der Triesting und der Gölsen durch die niederösterreichischen Voralpen. Ausgehend von Leobersdorf geht es auf ebenen Wegen nach Hirtenberg, Berndorf und Pottenstein. Flussaufwärts fahren Sie durch alpin anmutende Landschaften in Weissenbach, Altenmarkt und Kaumberg. Wenn Sie weiter nach Hainfeld fahren, wird es Ihnen Schweißperlen auf die Stirn treiben, denn hier ist die stärkste Steigung zu bewältigen. Danach geht es gemächlich weiter nach St. Veit an der Gölsen. Die nahe gelegene Traisensiedlung bietet Anschluss zum Traisental-Radweg. Entlang der zwei Flüsse entdecken Sie zahlreiche Museen sowie sehenswerte Kirchen.

Charakteristik

Start: Leobersdorf

Ziel: Traisensiedlung (Traisen)

Wegbeschaffenheit: Die Route verläuft ausschließlich auf asphaltiertem Untergrund.

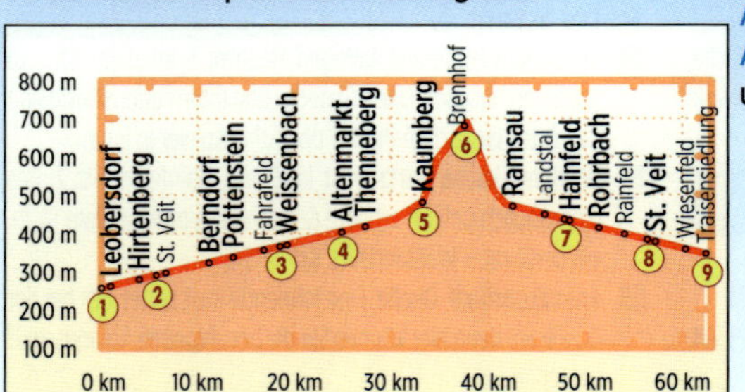

Verkehr: Der Radweg verläuft meist auf ruhigen Radwegen und Straßen dahin, mit etwas mehr Verkehr ist nur zwischen Ramsau und Hainfeld zu rechnen.

Beschilderung: Triestingtal Radweg (42), Gölsental Radweg (42)

Steigungen: Bis Rollmannhof geht es bergauf, am Ende mit einer kräftigen Steigung, danach geht es bergab.

Schwierigkeitsgrad: mittel

Anschlusstour(en): 6, 8, 10

An- und Abreise: Bhf Leobersdorf, Bhf St. Veit und Traisen

1 Leobersdorf

Vorwahl: 02256

Marktgemeinde, Rathauspl. 1, 62396, @ axp747

LEUM - Lichtmuseum & mehr, Liese Prokop Pl. 1, 63671 Wissenswertes über die Sammlung alter Beleuchtungskörper und die Leobersdorfer Ortsgeschichte. Filme, Hörstationen und Angebote zur Sinneswahrnehmung (Fühlen und Riechen) machen den Museumsbesuch zu einem einzigartigen Erlebnis. @ rle866

Generationenpark, Robert Stolz G. Neben Spaß und Spannung für Kinder bietet der Park auch Erholung und Entspannung für Erwachsene an. @ xkh341

Erlebnisbad, Obere Grabeng. 18, 62723, @ wgx537

Wellnessoase, Obere Grabeng. 18, 63225. Sauna, Dampfbad und Tepidarium. @ lvw641

Hirtenberg

Vorwahl: 02256

Pfarrkirche, Leobersdorfer Str. 6, 81101. Die neugotische Kirche, die auch als Kaiser-Jubiläums-Kirche bezeichnet wird, wurde im Gedenken an Kaiserin Elisabeth 1898 geweiht.

2 St. Veit a. d. Triesting (Berndorf)

Berndorf

Vorwahl: 02672

Tourismusbüro, Leobersdorfer Str. 42, 87001, @ vjn273

Tourismusbüro, Alexanderstr. 7, 8225352, 0676/848225304, @ vpc656

Krupp Stadt Museum, Bahnhofstr. 4, 81376, 0676/848225382 Das Museum bietet Einsicht in die Geschichte Berndorfs und ist ein Ort kultureller und künstlerischer Begegnungen. @ bwv254

Krupp Mausoleum, Klostermanng. Das Mausoleum der Familie Krupp ließ Arthur Krupp 1884 erbauen. Es kann nur von außen besichtigt werden. @ lxm425

Stadttheater, Kislingerpl. 6, 8225343, 0676/848225381. Das Theater zeigt Operetten, Kabaretts und Konzerte der österreichischen Pop- und Rockszene, bis hin zu den alljährlichen Festspielen und bietet knapp 480 Sitzplätze. @ yiw526

Erlebnisbad, Sportpromenade 14, 0676/848225380. Hier ist Freizeitspaß garantiert: ein Sport-, Erlebnis- sowie Kinderbecken, eine Großwasserrutsche mit über 63 m Länge, eine Speedrutsche, ein Saunabereich mit Sauna, Dampfbad und Solarium, ein Beachvolleyballplatz, eine Kegelbahn u.v.m. @ klo165

Pottenstein

Sterbehaus Ferdinand Raimund, Hauptpl. 6, im ehem. Gh Zum goldenen Hirschen. Diese Gedenk- und Informationsstätte hält den österreichischen Dichter und Schauspieler in Ehren.

Wallfahrtskirche Maria Trost im Elend, Hainfelder Str. 2. Das ursprünglich gotisch erbaute Gotteshaus wurde ab dem 17. Jh. ein berühmter Wallfahrtsort. @ kkf373

Antoniusbründl-Quelle. Eine lohnende Rast bietet sich bei der Quelle an, denn hier können Sie die beruhigende Aulandschaft genießen.

Fahrafeld (Pottenstein)

AUSFLUG 3 In Weissenbach bietet sich die Gelegenheit das sehenswerte Dörfchen Neuhaus (423 m Seehöhe) zu besuchen.

Neuhaus (Weissenbach a. d. Triesting)

Pfarrkirche, Burg 2. Die Pfarrkirche wurde als Teil der Neuhauser Burg erbaut und ist dem Hl. Johannes Nepomuk geweiht. Sie wurde an der Stelle einer romanischen Burgkapelle vom evang. H. C. v. Wolzogen 1610-1612 errichtet, im Rahmen der Gegenreformation wurde die Kirche verlassen und später von der Spiegelfabrik als Magazin verwendet. Seit 1733 ist diese Kirche zur Pfarrkirche erhoben worden und der Innenraum wurde barockisiert. @ spf523

Burg Neuhaus, Burg 1, 0664/6216999. Die im Wienerwald gelegene Burg befindet sich auf 423 m Seehöhe an der Straße von Weissenbach nach Nöstach und wurde erstmalig urkundlich im 13. Jh. erwähnt, 1683 Zerstörung durch die Osmanen. Die Bausubstanz der Burg profitierte von der Gründung einer Spiegelfabrik (1694), die im Westtrakt der Burg untergebracht war. @ qwj545

Waldschule, Kirchensteig 3. Schulklasse samt Tafel im Freien, errichtet im Jahre 1931 von dem Volksschullehrer R. Rossrucker aufgrund der beengten und bei Hitze unerträglichen Verhältnissen der einklassigen Schule in den Räumlichkeiten der Burg. Verschiedene Zeitungsberichte und eine Wochenschau machten diese Unterrichtsform bekannt.

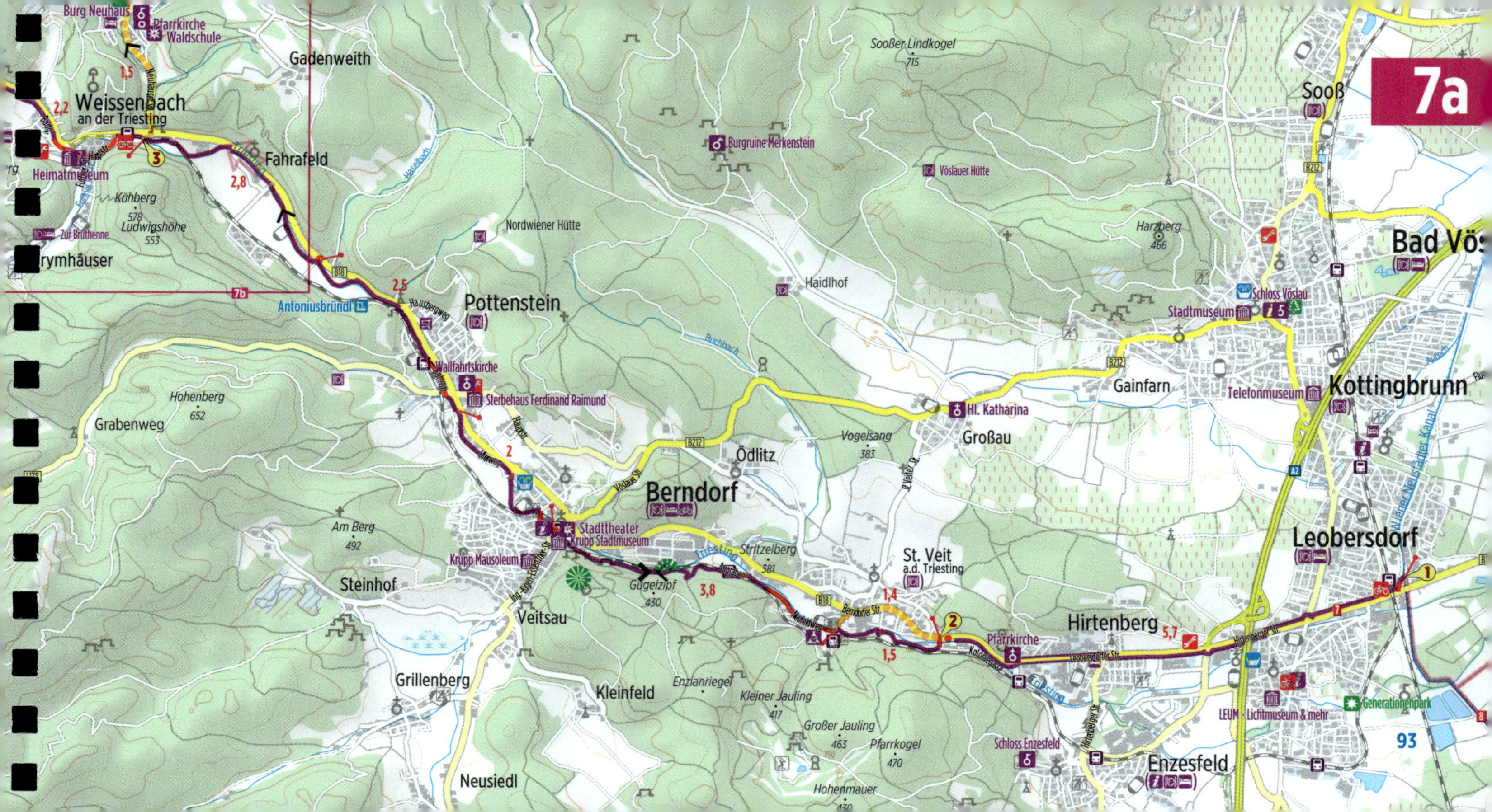

7a
Weissenbach
an der Triesting
Burg Neuhaus
Pfarrkirche
Waldschule
Gadenweith
Heimatmuseum
Fahrafeld
Kühberg
578
Ludwigshöhe
553
Zur Brühtenne
Antoniusbründl
Pottenstein
Wallfahrtskirche
Sterbehaus Ferdinand Raimund
Nordwiener Hütte
Burgruine Merkenstein
Vöslauer Hütte
Sooßer Lindkogel
715
Sooß
Haidlhof
Harzberg
466
Bad Vös
Schloss Vöslau
Stadtmuseum
Gainfarn
Telefonmuseum
Kottingbrunn
Hl. Katharina
Großau
Vogelsang
383
Ödlitz
Hohenberg
652
Grabenweg
Berndorf
Stadttheater
Krupp Stadtmuseum
Krupp Mausoleum
Am Berg
492
Steinhof
Veitsau
Gugelzipf
430
Stritzelberg
381
St. Veit
a.d. Triesting
Leobersdorf
Hirtenberg
Pfarrkirche
Grillenberg
Kleinfeld
Enzianriegel
Kleiner Jauling
417
Großer Jauling
463
Pfarrkogel
470
Hohenmauer
Schloss Enzesfeld
Enzesfeld
LEUM - Lichtmuseum & mehr
Generationenpark
Neusiedl
93

Mit Blick auf die Araburg bei Kaumberg

Neuhauser Teich, Nöstacher Str. Mit Bänken rund um den Teich lädt das beliebte Naherholungsgebiet und Naturdenkmal zu einer erholsamen Rast.

Der heute fast unscheinbare Ort hatte bereits zwei Blütezeiten. 1694 wurde eine Spiegelfabrik errichtet. Das Ortsbild von Neuhaus ist – neben der Burg – geprägt aus seiner Blütezeit im 19. Jahrhundert, als es als Kurort prachtvolle Villen und drei Hotels, errichtet von Simon Graf Wimpffen, mit Parkanlagen aufwies.

3 Weissenbach a. d. Triesting

Vorwahl: 02674

Marktgemeinde, Kirchenpl. 1, 87258, @ idc874

Triestingtaler Heimatmuseum, Kirchenpl. 3, 87822 Knapp 10.000 Exponate behandeln in acht Themenräumen Kunst und Kultur, Landwirtschaft, Naturwissenschaft u.v.m. @ bro541

TIPP Der Radpavillon in Altenmarkt bietet optimale Gelegenheit für eine Verschnaufpause. Weitere Rastplätze sind am Rad-Verkehrsübungsplatz in Hirtenberg und bei der Weißbleiche in Schönau.

4 Altenmarkt an der Triesting

Vorwahl: 02673

Gemeindeamt, Hainfelder Str. 35, 2200, @ mde368

Pfarrkirche St. Johannes Baptist. Die Kirche wird 1401 erstmals schriftlich erwähnt. Im Jahr 1783 wurde sie barockisiert.

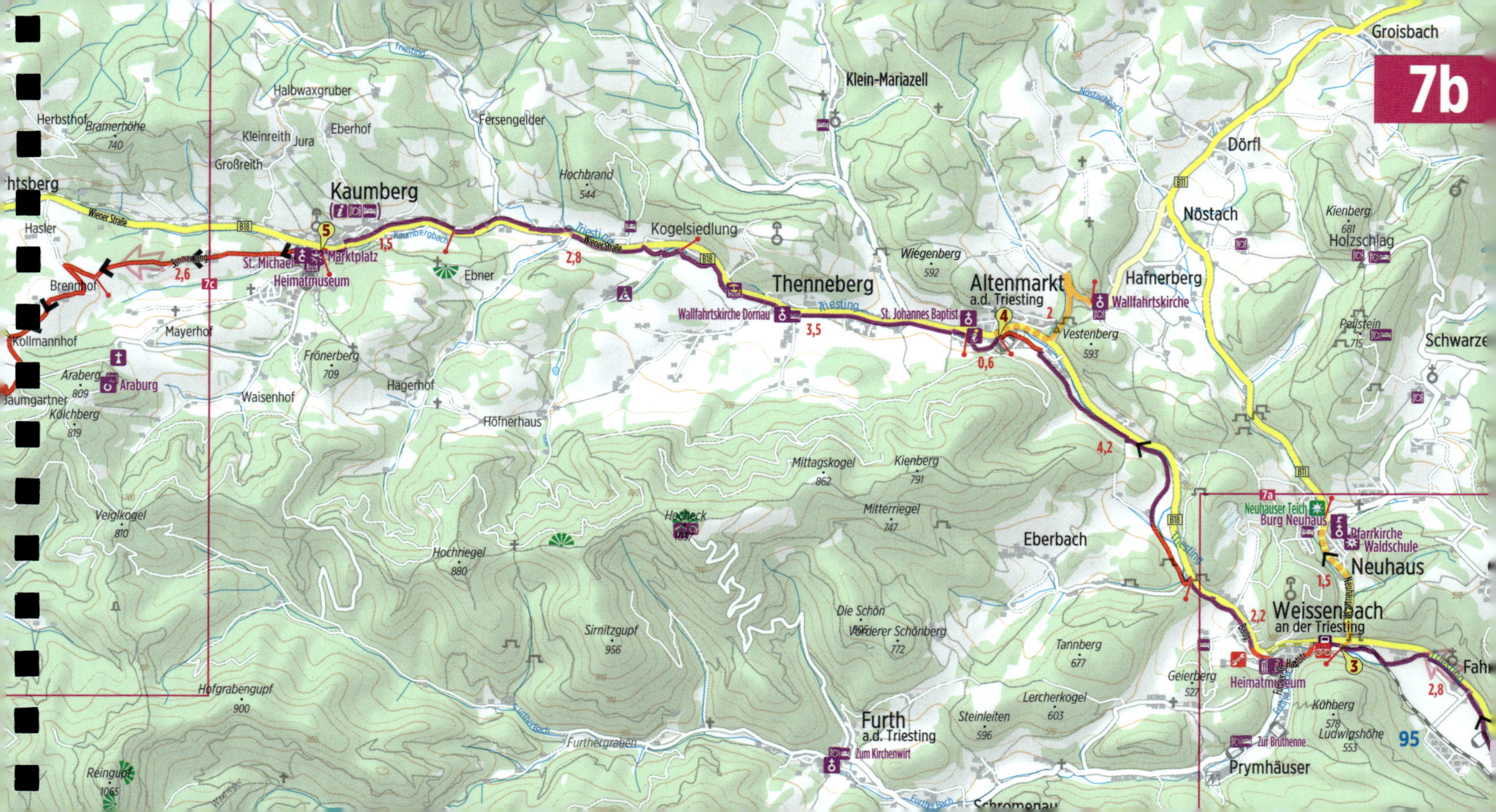
7b
Groisbach
Klein-Mariazell
Halbwaxgruber
Herbsthof
Bramerhöhe
740
Kleinreith
Jura
Eberhof
Fersengelder
Großreith
Dörfl
Kaumberg
Hochbrand
544
Nöstach
Kienberg
681
Holzschlag
Hasler
Wiener Straße
Kogelsiedlung
St. Michael
Marktplatz
Heimatmuseum
Ebner
Wiegenberg
592
Altenmarkt
a.d. Triesting
Hafnerberg
Wallfahrtskirche
Brennhof
Thenneberg
Wallfahrtskirche Dornau
St. Johannes Baptist
Vestenberg
593
Pellstein
715
Schwarze
Kollmannhof
Mayerhof
Frönerberg
709
Araberg
809
Araburg
Hagerhof
Baumgartner
Waisenhof
Kölchberg
819
Höfnerhaus
Mittagskogel
862
Kienberg
791
Mitterriegel
747
Veiglkogel
810
Hocheck
1037
Hochriegel
880
Eberbach
Neuhauser Teich
Burg Neuhaus
Pfarrkirche
Waldschule
Neuhaus
Weissenbach
an der Triesting
Die Schön
Vorderer Schönberg
772
Sirnitzgupf
956
Tannberg
677
Geierberg
527
Heimatmuseum
Hofgrabengupf
900
Furth
a.d. Triesting
Zum Kirchenwirt
Steinleiten
596
Lercherkogel
603
Kühberg
578
Ludwigshöhe
553
95
Zur Bruthenne
Prymhäuser
Furthergraben
Reingupf
1065
Schromenau
Triesting
Kaumbergbach
Nöstachbach
B18
B11
7a
7c
5
4
3
2,6
1,5
2,8
3,5
0,6
2
4,2
2,2
1,5
2,8

AUSFLUG **4** Nach rund 2 km können Sie die barocke Wallfahrtskirche an dem Via Sacra Pilgerweg besichtigen. Dafür folgen Sie der eingezeichneten Variante.

Hafnerberg (Altenmarkt an der Triesting)

Vorwahl: 2673

Zum kleinen Semmering, Hafnerberg 15, ✆ 20112, @ mtw633

Wallfahrtskirche Hafnerberg, Hafnerberg 74, ✆ 02673/2271, n. tel. V. @ uyh624

Am jetzigen Platz der Kirche am Hafnerberg stand ursprünglich eine Mariensäule des Müllermeisters Pankraz Reichart aus Fischamend.Von Wiener Händlern wurde eine kleine Kapelle gestiftet, die über dieser Säule stand und von den Wallfahrern gerne besucht wurde. Der Bau einer größeren Wallfahrtskirche wurde vom Konvent des Stiftes Klein-Mariazell beschlossen. Mit Hilfe von Spenden des Hof-Sattlermeisters Adam Petras kam der Bau zustande, die erste Grundsteinlegung erfolgte 1729. Unter der Bauleitung des Sohnes Pater Laurentius Petras wurde der Bau 1745 vollendet, Vater und Sohn starben kurz danach. Eine interessante Darstellung der Hafnerberger Kirche befindet sich am Seitenaltar des Hl. Donatus, hier ist der Heilige im Gebet für den Wallfahrtsort zu sehen. Das Kuppelfresko stammt vom Maler Joseph Ignaz Mildorfer, einem Schüler J. Bergls. In einer Flachkuppel ohne Laterne hat der Künstler ein Fresko mit dem Motiv der Himmelfahrt Mariens realisiert. Rechts neben der zentralen Figur ist Joseph dargestellt, in der Wolke darunter befinden sich die Eltern Mariens, Joachim und Anna. Im Hochaltar befindet sich die Gnadenstatue Maria mit Kind in einem von Engeln getragenen goldenen Baldachin. Für unseren Zeitgeist leicht verstörend wirken die Figuren gegenüber der Kanzel, die den in Indien und Ostasien wirkenden Missionar Hl. Franz Xaver bei der Taufe eines Indianers und eines Schwarzafrikaners zeigen.

Thenneberg (Altenmarkt an der Triesting)

Wallfahrtskirche Dornau, Hainfelder Str. Die spätbarocke Kirche (18. Jh.) befindet sich an der Via Sacra, dem Pilgerweg von Wien nach Mariazell.

5 Kaumberg

Vorwahl: 02765

Gemeindeamt, Markt 3, ✆ 282, @ vuj251

Heimatmuseum, Markt 5, ✆ 282, ✆ 0650/676257 Exponate, Bilder und Modelle informieren über die Geschichte der Gemeinde. @ awj413

Pfarrkirche Kaumberg. Langhaus und Apsis stammen aus dem 14. Jh., besonders erwähnenswert ist ein Heiliggeistloch mit der Verzierung von Flammenzungen in der Mitte des Langhauses aus dem 16. Jh.

Marktplatz. Der Fassbrunnen stammt aus dem 17. Jh. und verschafft den Einwohnern auch heute noch eine einmalige Erfrischung.

ANSTIEG Bergauf radeln ist angesagt! Um die Steigung zu meistern, empfehlen wir, in einen leichteren Gang zu schalten.

6 Kollmannhof (Kaumberg)

Fahrabach (Ramsau bei Hainfeld)

Ramsau bei Hainfeld

Vorwahl: 02764

Gemeindeamt, Dorfpl. 1, ✆ 8203, @ rvq112

Pfarrkirche, Oberdörfl 8. Die Kirche ist ein Juwel der Neugotik und ist mit dem Hochaltar aus Türnitzer Marmor definitiv sehenswert. @ cll345

Aquapark Ramsau, Oberdörfl 4, ✆ 300220. Das Freibad mit der längsten Wasserrutsche Niederösterreichs bietet Sport und Spaß für die gesamte Familie. @ pdi644

7 Hainfeld

Vorwahl: 02764

Stadtgemeinde, Hauptstr. 5, ✆ 22460, @ oto818

Museum Historischer Bierkrüge, Wiener Str. 16, ✆ 224682, ✆ 0676/9754186 Bestaunen Sie im ersten und einzigen Museum Österreichs, welches von Mag. Johann Hasenauer 2003 gegründet wurde, die rund 350 Krüge aus der Zeit von 1500-1950. Das Braustüberl lädt mit frisch gezapftem Bier zu einer Rast ein. @ cry166

Pfarrkirche, Feldg. 36. Gründung des steirischen Markgrafen Ottokar. Die Pfarrkirche wurde ursprünglich als Wehranlage errichtet, der nördliche Teil ist noch als Wehrmauer erkennbar.

Zur rechten Seite des Hauptschiffes befindet sich der Seelenaltar mit einem spätgotischen Kruzifix aus dem Jahre 1500. Eine Besonderheit stellt das Epitaph (1593) von Hans Schaub dar, das ein Bild mit dem Lebensweg des Menschen darstellt, beginnend bei Adam und Eva bis hin zum Blick auf das Kreuz der Erlösung, darunter ist Hans Schaub mit seiner Familie in der unteren Reihe abgebildet. @ dli675

Stadtbad, Badpromenade 27, ✆ 22460, @ oii225

In der Gegend um Hainfeld entstanden ab dem ausgehenden Mittelalter Wegkreuze entlang der Via Sacra. Oftmals wurde die Kreuzigungsdarstellung auf simples Blech gemalt, das in Hainfeld hergestellt wurde. Viele dieser „Blechernen Herrgötter" sind bis heute erhalten geblieben.

Hainfeld, das lokale Zentrum der Eisenindustrie und der Arbeiterbewegung, ist die Geburtsstätte der österreichischen Sozialdemokratie. Dr. Viktor Adler gelang es am Parteitag zur Jahreswende 1888/89 die verschiedenen Arbeiterverbände zur Sozialdemokratischen Partei zu vereinen.

Rohrbach an der Gölsen

Vorwahl: 02764

Gemeindeamt, Hauptpl. 4, ✆ 2334, @ ynj878

Pfarrkirche, Kircheng. In der gotischen Kirche (15. Jh.) ist das Ölbergrelief und der neugotische Hochaltar sehenswert. @ dal527

Bernreit (Rohrbach an der Gölsen)

Rainfeld (St. Veit an der Gölsen)

INS ZENTRUM

8 Fahren Sie bei der Brücke nach links, danach ein kurzes Stück der Gölsentalstraße folgen, um anschließend entlang der Hauptstraße das Zentrum von St. Veit zu erkunden.

8 St. Veit an der Gölsen

Vorwahl: 02763

Gemeindeamt, Kirchenpl. 1, ✆ 2212, @ cwk711

Steingarten, bei der Wehrmauer des ehem. Kirchhofs 24 Hier sind Steine aus der umliegenden Gegend, aus der Wienerwald-Flyschzone und den umgebenden nördlichen Kalkalpen ausgestellt. Eine genaue geologische und botanische Beschreibung ist im Gemeindeamt erhältlich. @ nds414

Pfarrkirche, Kichenpl., ✆ 2265. Im 15. Jh. wurde aus der ursprünglichen Kapelle (aus 1122) eine Hallenkirche errichtet. Besonderes

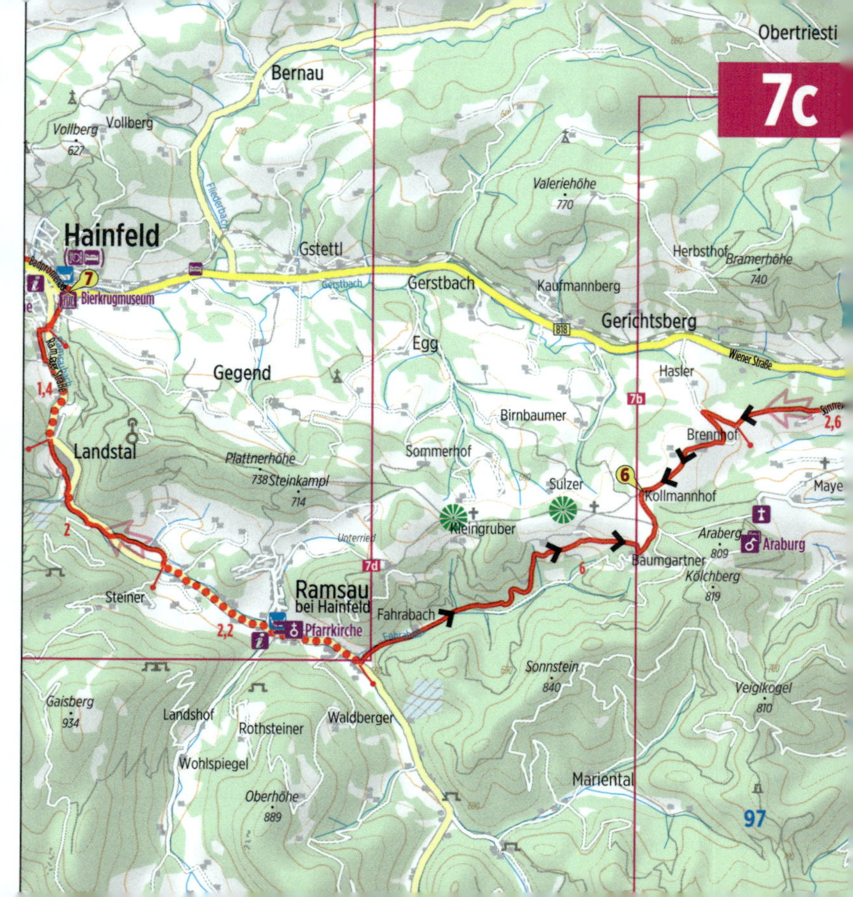

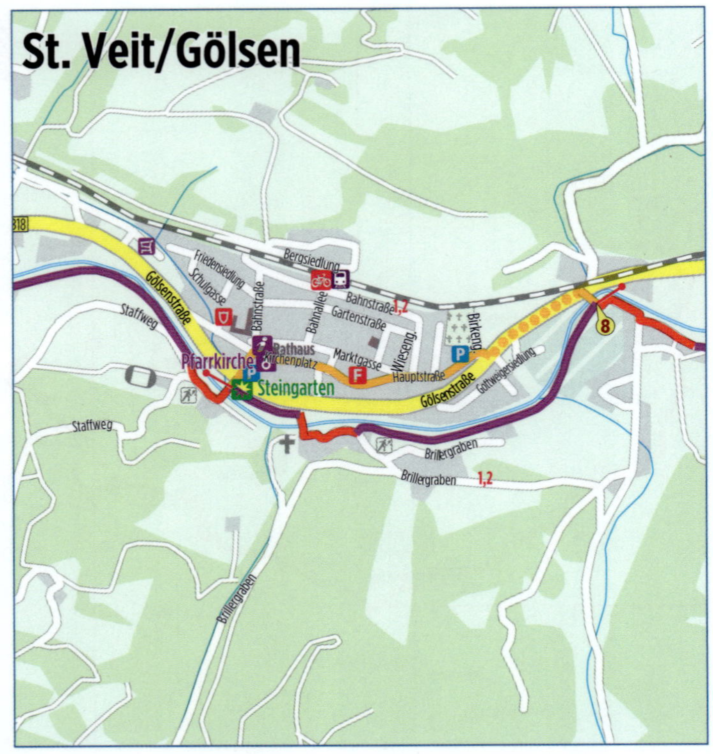

Relikt aus vergangenen Bauweisen ist das Trichterloch mit einem Glasbild (Motiv: Jesuskopf) und der so genannte Apostelbalken, eine im Mittelalter übliche Darstellung von Jesus mit seinen zwölf Aposteln. @ cxs463

Die Gründungssage von St. Veit erzählt von einer Jagdgesellschaft, bei der der Sohn eines Ritters einen Speer auf einen kapitalen Hirschen geworfen hatte. Der verletzte Hirsch trabt auf den Jungen los, gabelt ihn mit seinem Geweih auf und läuft in blindem Schmerz talwärts. In seiner Angst betete der Ritter zum Patron des Kindes, dem Hl. Veit und schwor, eine Kapelle zu errichten, sollte er seinen Sohn wieder lebendig finden. Dann folgte der Ritter der blutigen Spur am Boden, und fand seinen Sohn zwar verletzt, aber lebendig am Ufer wieder. So wurde der Sage zufolge eine Kapelle und der Ort gegründet.

Historisch nachgewiesen wurde die Staffburg, die um 1100 von Friedrich von der Hohenstauffe errichtet wurde. Da die Burg bereits um 1202, bei der Errichtung des Stiftes von Lilienfeld, abgerissen wurde, ist der Umriss der Burganlage am Staff kaum mehr zu erkennen.

ANSCHLUSS Nachdem Sie St. Veit an der Gölsen besucht haben, radeln Sie entlang der Gölsen weiter durch das Örtchen **Wiesenfeld**, bis Sie in der **Traisensiedlung** ankommen **9**. Hier ist der Anschluss zu Tour 10 (s. S. 112) gegeben.

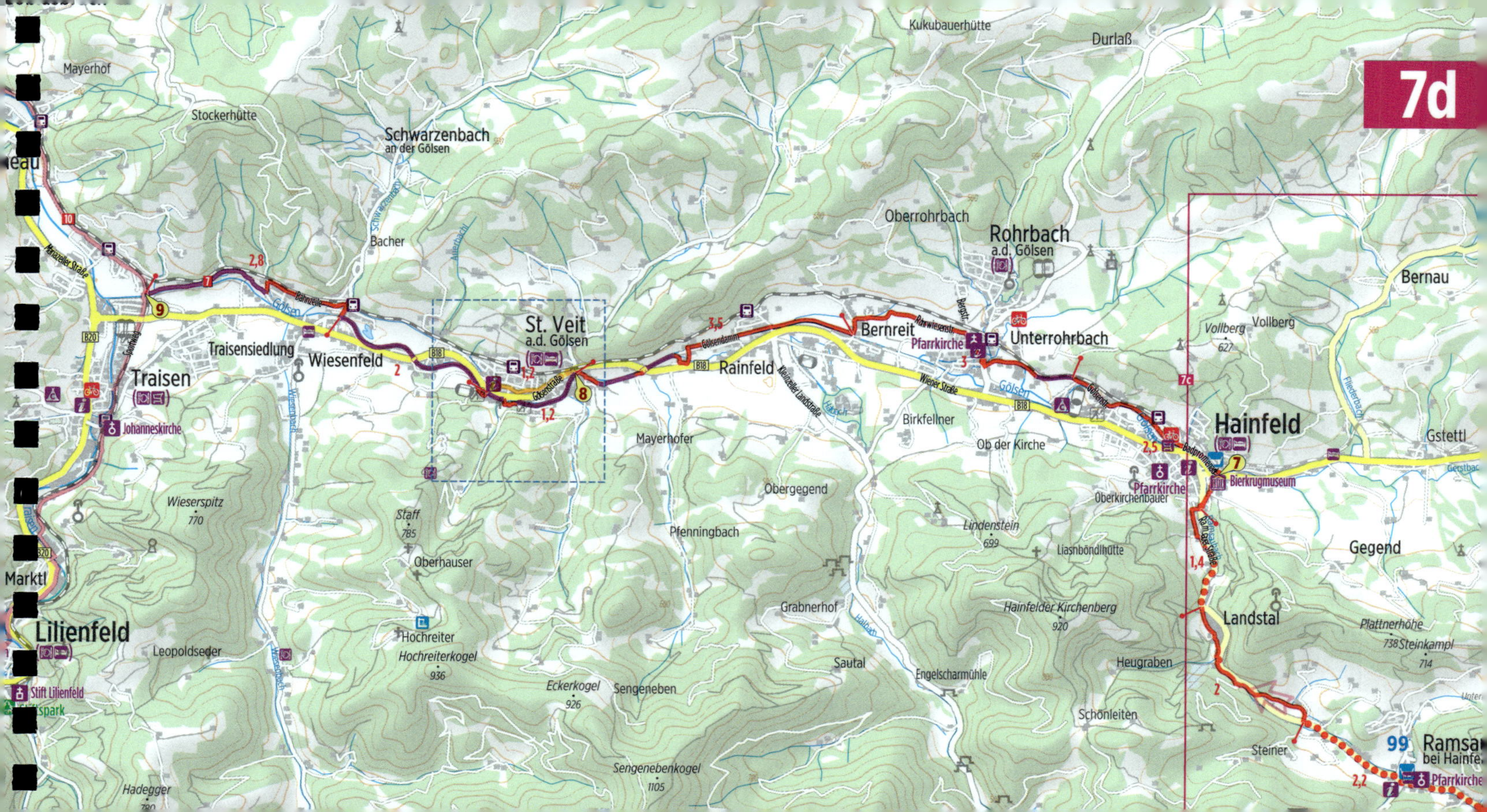
7d
Kukubauerhütte
Durlaß
Mayerhof
Stockerhütte
Schwarzenbach
an der Gölsen
Bacher
Oberrohrbach
Rohrbach
a.d. Gölsen
Bernau
Mariazeller Straße
Traisen
Traisensiedlung
Wiesenfeld
St. Veit
a.d. Gölsen
Gölsenstraße
Rainfeld
Bernreit
Pfarrkirche
Unterrohrbach
Vollberg
627
Wiener Straße
Gölsen
Birkfellner
Ob der Kirche
Hainfeld
Pfarrkirche
Bierkrugmuseum
Gstettl
Oberkirchenbauer
Johanneskirche
Mayerhofer
Obergegend
Wieserspitz
770
Staff
785
Oberhauser
Pfenningbach
Lindenstein
699
Liasnböndlhütte
Gegend
Marktl
Lilienfeld
Leopoldseder
Stift Lilienfeld
Hochreiter
Hochreiterkogel
936
Grabnerhof
Hainfelder Kirchenberg
920
Landstal
Plattnerhöhe
738
Steinkampl
714
Eckerkogel
926
Sengeneben
Sautal
Engelscharmühle
Heugraben
Schönleiten
Steiner
Ramsau
bei Hainfeld
Pfarrkirche
Sengenebenkogel
1105
Hadegger
99
2,8
2
1,2
1,2
3,5
3
2,5
1,4
2
2,2

Tour 8 Piestingtal-Radweg 56,5 km

HM/km: ⬀ 9,5 (536m) ⬂ 2,0 (112m) Radweg: 35 % Unbefestigt: 2 % Verkehr: 0 %

Die Radtour entlang der wildromantischen Piesting führt durch betörende Aulandschaften und idyllische Dörfer, denn das Biedermeiertal zeigt sich dem Besucher durchaus abwechslungsreich: der Hochschneeberg, der Unterberg und der Öhler ragen in den Voralpenhimmel und die Landschaft wechselt in bewaldete Hügel, felsige Berge und schmale Täler. Anfang des 19. Jahrhunderts war es die bevorzugt aufgesuchte Region der kreativen Köpfe. Dichter, Musiker und Maler wie Ferdinand Raimund, Friedrich Gauermann, Johannes Brahms oder Joseph Höger wurden von der schlichten Einfachheit und vom gemütvollen, naturnahen Leben inspiriert. Garantiert werden atemberaubende Ausblicke auf viele Burgen und Schlösser und vielleicht erweitern Sie Ihren Wissensschatz in den zahlreichen, unterschiedlichen Museen entlang des Radweges.

In Wöllersdorf befindet sich die sagenumwobene Höhlturmhöhle, die zur damaligen Notzeit als Zufluchtsort diente. Der Abstecher zu den Myrafällen in Muggendorf ist ein faszinierendes Naturspektakel, dass Sie sich nicht entgehen lassen sollten. Auch Gutenstein lockt zu einem Besuch, denn es ist für die Raimundspiele weithin bekannt. Forthin müssen Sie in die Pedale treten, denn ein schweißtreibender Aufstieg in Richtung Rohr im Gebirge steht bevor.

Ferdinand Raimund beschrieb das Flair der Region mit den Worten: „Ich hab dich gewählt, wildschönes Tal und tausend Klügere teilen meine Wahl."

Charakteristik

Start: Wiener Neustädter Kanal bzw. Schönauer Teich, Leobersdorf

Ziel: Rohr im Gebirge

Wegbeschaffenheit: Die Route verläuft auf asphaltierten Radwegen und verkehrsarmen Straßen, ein kurzer unbefestigter Teil befindet sich nach Sollenau.

Verkehr: Der Radweg verläuft auf ruhigen Radwegen und Straßen dahin.

Beschilderung: Piestingtal-Radweg (43)

Steigungen: Anfangs geht es sanft bergauf, zwischen Schwahof und Haselrast dann kräftiger, am Ende geht es sanft bergab.

Schwierigkeitsgrad: mittel

Anschlusstour(en): 6, 7

An- und Abreise: Bhf Leobersdorf, Bhf Gutenstein (17,1 km vor Rohr im Gebirge)